ORDINE DEI GIORNALISTI
CONSIGLIO NAZIONALE

1 - Studiare da giornalista

La deontologia del giornalista

a cura di Michele Partipilo

Centro *di*
Documentazione
Giornalistica

CENTRO *di*
DOCUMENTAZIONE
GIORNALISTICA

Piazza di Pietra, 26
00186 Roma
tel. 066791496
fax 066797492
www.cdgweb.it
info@cdgweb.it

Indice

La deontologia del giornalista

Prefazione

Sono ormai lontani i tempi di quando il giornalismo s'imparava nelle redazioni. La fretta, l'informazione in tempo reale, i siti in continuo aggiornamento, le agenzie che vomitano notizie ogni secondo hanno trasformato le redazioni: non più botteghe, ma catene di montaggio dell'informazione. Non c'è più un caposervizio o un collega anziano che ti spieghi come impostare un pezzo, come approcciare un titolo, dove andare a cercare delle belle immagini. Tutti hanno fretta e allora ciascuno si arrangia come può. E questo avviene proprio quando più forte si fa la richiesta della società di una informazione di qualità, frutto del lavoro e dell'impegno di professionisti attenti, capaci, preparati, sensibili.

Da tempo l'Ordine dei giornalisti è impegnato a colmare questi vuoti. Prima di tutto con le scuole che, grazie alla collaborazione delle Università, sono diventate il luogo di formazione professionale per eccellenza. E in questi anni molto lavoro è stato svolto per livellare verso l'alto le scuole di giornalismo, imponendo standard di preparazione sia a livello pratico che teorico. Ma i giornalisti che si formano nelle scuole sono pur sempre una minima parte: c'è una marea di giovani e meno giovani che arrivano al sospirato traguardo del tesserino da professionista per le vie più diverse. È soprattutto a loro che abbiamo pensato nel rifare questi volumi per la preparazione all'esame. Abbiamo cercato infatti di non limitarci a un ormai indilazionabile aggiornamento – l'ultima edizione risaliva al 2003 – ma anche di adeguarne i contenuti alla mutata realtà italiana.

Un ringraziamento particolarmente sentito va a tutti coloro che sono stati impegnati in questo progetto: dagli autori ai coordinatori. Un grazie ancora più sentito se si considera che tutti hanno lavorato gratuitamente permettendo così di poter mantenere condizioni di particolare favore per l'acquisto dell'opera da parte dei praticanti.

L'impostazione scientifica dei quattro corposi volumi resta grosso modo la stessa: singoli tomi, venduti anche separatamente, e dedicati rispettivamente alla deontologia, alla professione, al diritto. A questi tre si è aggiunto in questa edizione un quarto volume che raccoglie i documenti più importanti per lo svolgimento della professione: la Costituzione, i testi delle leggi, le norme del codice penale e, infine, tutte le carte e i codici deontologici.

Nel volume dedicato alla deontologia si è cercato di individuare i fondamenti etici e giuridici delle regole che governano la professione. Poi, un'analisi e un commento di tutti i codici e le carte di autoregolamentazione cui i giornalisti devono fare riferimento.

Una massa notevole che testimonia l'attenzione con cui in questi anni l'Ordine ha mostrato sensibilità verso le diverse questioni etiche che andavano emergendo, dalla tutela dei minori alla difesa della *privacy,* fino agli ultimi documenti che affrontano il problema degli immigrati e delle cronache sportive. Testi e analisi sono a cura di colleghi o di esperti negli specifici settori affrontati

A tutti gli autori – che ci hanno ascoltato – abbiamo chiesto il massimo della chiarezza e riferimenti bibliografici per poter approfondire l'argomento. Non si tratta quindi né di saggi accademici né di esibizioni culturali, bensì di quei suggerimenti che un tempo caratterizzavano le "botteghe" di giornalismo.

Lorenzo Del Boca
Presidente Ordine nazionale dei giornalisti

Gli autori

Gli autori

Francesco ("Franco") Abruzzo. (Cosenza, 1939). Laureato in Scienze politiche e storiche, è giornalista professionista dal 3 febbraio 1963. Ha iniziato la professione il 1 ottobre 1959 presso le redazioni calabresi dei quotidiani "Il Tempo" e il "Giornale d'Italia" per poi trasferirsi a Milano, dove ha lavorato (come cronista giudiziario, caposervizio di cronaca giudiziaria e caposervizio al "politico" e ai "Fatti della Vita") a "Il Giorno" dal giugno 1965 al novembre 1983. Dal dicembre 1983 al marzo 2001 ha lavorato a "Il Sole 24 Ore" (capo redattore centrale, articolista e inviato).
Nel 1978 con Walter Tobagi e Massimo Fini ha fondato la componente sindacale di "Stampa democratica" e tra il 1975 e il 1982 ha fatto più volte parte del cdr de "Il Giorno".
Nel luglio 1975 è stato assunto da Eugenio Scalfari come cronista giudiziario di "Repubblica" (ma successivamente rinunciò all'incarico).
Dal 15 maggio 1989 al 7 maggio 2007 è stato presidente dell'Ordine dei giornalisti della Lombardia.
Dal 1999 al 2007 ha tenuto un corso di "Diritto dell'informazione" nell'Istituto "Carlo De Martino" per la Formazione al Giornalismo. Dall'ottobre 2001 al 2004 ha insegnato "Storia del giornalismo" all'Università Statale di Milano-Bicocca. Dal novembre 2002 al 2008 ha insegnato "Diritto dell'informazione e dell'editoria" allo Iulm di Milano. Dall'anno accademico 2004/2005 insegna "Diritto dell'informazione e dell'editoria" nel corso di laurea magistrale in Sociologia presso l'Università statale di Milano-Bicocca.
Ha pubblicato: *Il giornalista, la legge e l'esame di Stato* (Associazione "Walter Tobagi" per la Formazione al Giornalismo, Milano 1990); *Guida del giornalista* (Il Sole 24 Ore Libri, Milano 1992); *Codice dell'informazione* (Centro di Documentazione Giornalistica, Roma 1996, pagine 1087; II edizione, ottobre 1999, pagine 1.287; III edizione in due volumi, ottobre 2001, pagine 2.176; IV edizione in due volumi, aprile 2003, pagine 2.608; V edizione, in tre volumi, aprile 2006, pagine 3.046).

Claudio Alò. Laureato in giurisprudenza nel 1966, dopo aver lavorato diversi anni all'ufficio stampa della Confindustria, è stato - dal 1975 al 1985 - prima caposervizio e poi capo della redazione romana del "Sole-24 Ore". È poi passato al "Messaggero", quotidiano nel quale è stato per un anno inviato e quindi capo del servizio economico ed editorialista. Dal 1984 al 2006 ha tenuto un corso di giornalismo economico alla Scuola di giornalismo della Luiss. È stato presidente dell'Associazione stampa romana dal 1990 al 1994.

Mario Bernardini. Nato a Roma nel 1934, si è laureato in Medicina e chirurgia nel 1958 e dal 1979 è giornalista pubblicista iscritto all'Ordine dei giornalisti del Lazio.
Dal 1992 è consigliere nazionale dell'Ordine dei Giornalisti e dal 1999 presidente dell'Associazione stampa medica italiana, gruppo di specializzazione inquadrato nella Fnsi.

Dario De Liberato. Collaboratore del "Messaggero" (redazione di Chieti) dal 1961; corrispondente di "Stadio" dal 61 al 74. Corrispondente per l'Abruzzo de "La Stampa"; collaboratore della sede Rai di Pescara. Dal 1969 responsabile servizi sportivi de "il Resto del Carlino" per l'Abruzzo. Inviato sportivo. Dal 1974 ad Ancona capo dello sport e inviato, cronista di giudiziaria. Nel 1977 vice capo redattore e successivamente capo redazione e redattore capo delle Marche. Già consigliere nazionale della Fnsi, vice presidente nazionale dell'Ussi per tre mandati. Nel 1988 ha ricevuto il premio "Notizia d'argento" nelle Marche e nel 2002 il premio nazionale "Marco Lucchetta" Ordine- Ussi. Dal 1996 è Cavaliere ufficiale della Repubblica italiana. Membro dell'esecutivo dell'Ungp, probo-viro della Fnsi e componente Commissione ricorsi dell'Ordine giornalisti nonchè coordinatore per l'Ordine del gruppo di lavoro " Informazione e sport".

Francesco De Vito. (Maida - Cz, 1938). Risiede a Roma dal 1953. Ha cominciato l'attività giornalistica nel 1960 come vicecapo ufficio stampa di una missione diplomatica estera. Nel 1969 è stato tra i promotori de "Il Manifesto" e dal momento della trasformazione della rivista in quotidiano, nel 1971, vi ha lavorato prima come redattore agli esteri, poi come caposervizio al sindacale e infine come notista politico. Nel 1976 è passato a "L'Espresso", dove ha lavorato fino al 2000, prima come redattore politico-parlamentare e poi come inviato. Continua l'attività giornalistica con rapporti di collaborazione. Iscritto dal 1975 all'Associazione stampa parlamentare, dal 1986 al 2007 è componente del Consiglio direttivo e ne è stato presidente per due mandati, dal 1989 al 1994. Fa parte del collegio dei probiviri. È stato consigliere nazionale della Federazione nazionale della stampa italiana e componente il Consiglio direttivo e la Giunta esecutiva dell'Associazione stampa romana. Eletto per la prima volta nel Consiglio nazionale dell'Ordine dei giornalisti per la circoscrizione Lazio e Molise nel 1995, è stato riconfermato nel 1998, nel 2001, nel 2004 e nel 2007. Dal 1998 al 2007 è stato componente del Comitato esecutivo.

Elio Donno è iscritto all'Ordine dei Giornalisti, Elenco Pubblicisti dal 1959. Ha iniziato la sua attività giornalistica nel 1954, collaborando a "Mercoledì Sport", "Sport Sud", alla "Gazzetta del Mezzogiorno" e al "Corriere del Giorno".
Dal 1961 è corrispondente da Lecce del "Corriere dello Sport" per il quale ha svolto anche compiti di inviato, dell'agenzia Ansa e del "Corriere della Sera".
Da 50 anni quindi è testimone attento e commentatore preciso delle vicende del calcio salentino e pugliese.
Particolarmente impegnato in campo associativo, è stato tra i primi iscritti dell'Ussi, di cui è vice presidente nazionale da 9 anni.
È stato componente del Collegio nazionale probiviri e consigliere nazionale della Federazione della stampa.
Per oltre 20 anni è stato prima consigliere e poi vice presidente dell'Ordine dei giornalisti della Puglia.
È consigliere nazionale dell'Ordine dei giornalisti. In tale organismo fa parte della Commissione ricorsi, che attualmente presiede.

Franco Elisei. (Ancona, 1952). Dal 2000 è caposervizio responsabile della redazione di Pesaro de "Il Messaggero". Dal 1978 è iscritto all'Ordine dei Giornalisti e dal 1998 è consigliere nazionale. Attualmente è componente del gruppo "Informazione e Minori" e del Comitato tecnico-scientifico per le Scuole di Giornalismo. È docente a incarico alla Facoltà di Sociologia dell'Università degli Studi "Carlo Bo" di Urbino per le discipline di "Etica dell'Informazione" e "Linguaggi e tecniche della scrittura giornalistica". Già redattore del periodico "Rivista Militare" del ministero della Difesa a Roma, vicecapocronista ad Ancona poi caposervizio a Pesaro del quotidiano "Corriere Adriatico" ed ex art.2 del Tg regionale Rai Marche. Ha svolto l'incarico di delegato per le Marche della Casagit e di consigliere del direttivo Sigim, incaricato dei rapporti tra cdr e sindacato. Ha insegnato nel 1996 giornalismo televisivo alla Scuola professionale regionale di Urbino e ha frequentato corsi di aggiornamento giornalistico a Maastricht e Bruxelles.

Roberto Natale (Roma, 1958). Laureato in Filosofia. Giornalista Rai grazie ad una borsa di studio vinta nel 1981. Assunto nel 1988 alla Testata Giornalistica Regionale, è stato per 8 anni conduttore dei Tg e dei Gr della redazione del Lazio.
Nell'attività sindacale è stato prima portavoce del Gruppo di Fiesole, poi vicepresidente dell'Associazione stampa romana.
Dal novembre 1996 all'ottobre 2006 è stato segretario dell'Usigrai (il sindacato dei giornalisti Rai), eletto per tre mandati consecutivi.
Dal novembre 2007 (congresso di Castellaneta Marina) è presidente della Fnsi.

Michele Partipilo. Nato a Carbonara (Bari) il 7 marzo del 1961. Vive e lavora nel capoluogo pugliese. Si è laureato in filosofia con il massimo dei voti nel 1987 discutendo una tesi su Benedetto Croce e l'età barocca. Nello stesso anno ha superato l'esame di Stato e ha conseguito il titolo di giornalista professionista. Dal 1986 lavora nella redazione centrale della "Gazzetta del Mezzogiorno": prima come redattore agli esteri, dove ha avuto modo di seguire come inviato gli eventi dell'area medio-orientale con numerosi reportage da Iran, Iraq, Israele, Libano e Siria; poi come coordinatore dell'edizione pubblicata in lingua albanese "Gazeta Shqipetare".
Attualmente all'interno del giornale ricopre l'incarico di capo redattore centrale, curando il coordinamento dell'intera redazione della "Gazzetta del Mezzogiorno".
Dal giugno del 1995 al maggio 2007 è stato presidente dell'Ordine dei giornalisti della Puglia. Nel 2007 è stato eletto consigliere nazionale dell'Ordine ed è

entrato a far parte del Comitato esecutivo con la delega alla formazione e alle scuole di giornalismo.
Come docente ha tenuto numerosi corsi e seminari per la formazione dei giornalisti occupandosi in particolar modo di diritto dell'informazione, deontologia e *privacy*. Nel 2004 e nel 2005 è stato docente a contratto presso l'Università degli studi di Foggia. Come docente di "Diritto dell'informazione" ha tenuto un corso al Formez nell'ambito dell'attuazione della legge 150/2000.
È autore di saggi e dispense riguardanti il diritto d'informazione e la deontologia. Ha curato, per conto dell'Ordine dei giornalisti della Puglia, il volume *I ferri del mestiere - Le regole della professione giornalistica*. Nel 2005 ha pubblicato con l'editore Cacucci di Bari il volume *Le notizie e la persona, dalla diffamazione alla tutela della* privacy.

Ruben Razzante. Professore di "Diritto dell'informazione e del prodotto culturale" e di "Diritto del *copyright* e legislazione dei beni culturali" all'Università Cattolica di Milano. Giornalista professionista, ha lavorato dal 1987 al 1995 al quotidiano "Il Giornale", diretto da Indro Montanelli e, successivamente, al "Corriere della Sera", a Mediaset, a Telelombardia e a Radio 24-Il Sole 24 Ore. È direttore del Master in giornalismo dell'Università della Basilicata e docente ai corsi dell'Ordine nazionale dei giornalisti per la preparazione all'esame di Stato. Membro del consiglio d'amministrazione della Fondazione "Ugo Bordoni" e della Fondazione "Valore Italia", Ruben Razzante collabora con il settimanale "Oggi" e ha dato alle stampe due volumi: *Giornalismo e comunicazione pubblica* (Franco Angeli, 2000) e *Manuale di diritto dell'informazione e della comunicazione* (Cedam, quarta edizione, 2008). Svolge un'intensa attività pubblicistica e convegnistica sui temi della libertà dell'informazione, della tutela della *privacy*, dei nuovi mezzi di comunicazione, della deontologia dei giornalisti.

Pierluigi Roesler Franz, romano, 62 anni, sposato con tre figli. Si è laureato in Economia e Commercio presso la Libera Università degli Studi Sociali Pro Deo di Roma (poi Luiss - Guido Carli). Giornalista professionista, ha iniziato la sua attività nel 1976 come cronista giudiziario presso la redazione romana del "Corriere della Sera" e vi è rimasto fino al 1984 per poi passare alla redazione romana de "La Stampa" dove ha lavorato per 25 anni. È andato in pensione nell'agosto 2009.
È autore di articoli riguardanti soprattutto l'attività giudiziaria (ha letto più di 600 mila sentenze della Cassazione e tutte le pronunzie emesse dalla Corte costituzionale negli ultimi 33 anni), l'attività legislativa del Parlamento, i problemi fiscali e i diritti del cittadino (dal 1991 al 1994 ha curato su "La Stampa" un'apposita rubrica). Per 11 anni fino al 2004 è stato presidente dell'Associazione stampa romana (sindacato unitario dei giornalisti del Lazio). È consigliere dell'Ordine nazionale dei giornalisti e componente del collegio sindacale Inpgi (in precedenza ne é stato consigliere per 18 anni). Dal 1993 è l'unico giornalista a far parte del Consiglio direttivo del Centro nazionale studi di diritto del lavoro "Domenico Napoletano", considerato uno dei centri studi più importanti d'Italia.

Antonio Viali. (Roma, 1939). È stato direttore del Consiglio nazionale dell'Ordine dei giornalisti fino al 2006. Laureato in giurisprudenza, ha seguito corsi della Scuola Superiore per la Pubblica Amministrazione. È entrato mediante concorso all'Ordine nazionale dei giornalisti nel 1968, dopo una breve esperienza presso la Federazione nazionale della stampa italiana. Autore di numerose pubblicazioni e saggi sui problemi della professione giornalistica, in Italia e all'estero, ha curato le edizioni dell'"Annuario dei Giornalisti", la giurisprudenza professionale e il volume *La professione di giornalista e il suo ordinamento* (Centro di Documentazione Giornalistica, 1992) e *Giornalista. La professione, le regole, la giurisprudenza* (Centro di Documentazione Giornalistica, 2001). Ha svolto attività di ricerca e di studio sulle nuove tecnologie nel campo dell'informatica, sulla condizione del giornalista in Italia, anche con riferimento alla legislazione e alla giurisprudenza in materia di libertà di stampa e sul problema del pubblicismo.

Marco Volpati. Esordisce all'"Avanti" nel 1966. Giornalista professionista dal 1968. Dal 1970 al 1991 alla Rai: prima al Giornale Radio a Milano, poi al Tg3 Lombardia. Dal 1988 capo della redazione Rai della Liguria.
Nel 1991 a Mediaset, caporedattore centrale a Studio Aperto, poi al Tg4.
È stato vicesegretario della Fnsi, segretario dell'Associazione lombarda dei giornalisti, consigliere dell'Ordine in Lombardia e consigliere nazionale dall'89 al '92, consigliere dell'Inpgi e del Fondo integrativo di Previdenza.
Eletto nel Consiglio nazionale dell'Ordine nel 2004, rieletto nel 2007. È presidente della Commissione giuridica del Cnog.
È docente di "Teorie e Tecniche della Comunicazione Radio-Televisiva" all'Università Statale di Milano.

Michele Partipilo

1

Etica e deontologia del giornalista

1.1. Perché una deontologia per il giornalista

1.1.1. Le regole possibili

In un saggio del 1997 (1) l'avvocato Corso Bovio, formatore di intere generazioni di colleghi, si poneva l'interrogativo se davvero potesse esserci una deontologia per il giornalista. Mettendo insieme la grande competenza giuridica, l'esperienza accumulata in lunghi anni di attività professionale nell'ambito dei reati legati all'informazione e una mai sopita passione per la scrittura arrivava alla conclusione che «v'è nella funzione del giornalista un *quid* di eversivo e rivoluzionario che lo rende (o lo deve rendere) refrattario all'ordine di un Ordine e di una deontologia. Un anarchico disciplinato è una contraddizione in termini. E, se questa è la stampa, noi non possiamo farci niente: la deontologia per un giornalista è soltanto una parola, al più una vaga "tendenza" o una realtà molto virtuale».

Il giornalista dovrebbe essere un anarchico disciplinato: una contraddizione in termini

L'analisi e le conclusioni di Corso Bovio non sembrano lasciare spazio ad alcuna possibilità per una reale applicazione di norme deontologiche all'attività giornalistica. La «contraddizione in termini» di cui parla il compianto giurista è forse anche la motivazione profonda della proliferazione di carte, codici e documenti che costituiscono ormai il sovrabbondante bagaglio deontologico del giornalista italiano. Sotto la spinta dell'opinione pubblica, a partire dagli anni Novanta, la categoria – sia attraverso l'Ordine sia attraverso la Fnsi che gruppi e associazioni varie – ha prodotto una copiosa e talvolta ridondante normativa comportamentale. Alcuni documenti, come la Carta di Treviso, hanno riscosso grande attenzione, mostrandosi validi e applicabili anche nel contesto internazionale dell'informazione; altri, come il Codice di deontologia, sono stati imposti dal legislatore per evitare al giornalista di dover sottostare a vincoli troppi rigidi; altri ancora come la Carta di Roma sugli immigrati sono stati recepiti sull'onda di un *politically correct* il cui rispetto, però, talvolta appare difficile anche da parte del più coscienzioso cronista.

Siamo comunque di fronte a un *corpus* normativo imponente che pone innanzitutto un problema di praticità: il giornalista che voglia essere deontologicamente irreprensibile conosce e riesce a rispettare tutte le prescrizioni contenute in quelle carte? La risposta, nella maggior parte dei casi, è prevedibile che sia uno scontato no, tanto che l'Ordine nazionale sta pensando di procedere a una sorta di semplificazione, riducendo la mole di documenti a pochi testi fondamentali.

La proliferazione di carte e codici è da addebitarsi principalmente a due fattori: la tradizione romanistica imperante in Italia sia a livello culturale che a livello legislativo e dunque la pretesa di voler classificare ogni ambito dell'infinita varietà di situazioni in cui il giornalista è chiamato ad esercitare la professione; lo scarso peso nella società civile di un discorso di etica pubblica.

Tutte cause che traggono vigore da un duplice *deficit* etico: della società italiana nel suo complesso e della personale formazione del singolo giornalista. È noto che il nostro Paese ha un numero sterminato di leggi – si parla di 150mila – pari al doppio o addirittura al triplo di quelle di Francia, Germania o Gran Bretagna. La principale ragione dell'obesità normativa consiste proprio nella esasperata – e a volte disperata – volontà di codificare il comportamento umano in ogni situazione, restringendo quanto più possibile la funzione interpretativa e applicativa della norma. Nei cosiddetti paesi di "*common law*", cioè dove la legge si preoccupa soprattutto di fissare alcuni principi essenziali e affida poi alla responsabilità e alla sensibilità del giudice la loro applicazione caso per caso, la produzione normativa è nettamente più bassa. In tali paesi, Gran Bretagna in testa, è anche più frequente il ricorso all'autoregolamentazione da parte di categorie di lavoratori o di gruppi sociali. La maggiore attenzione verso il principio da rispettare piuttosto che verso il cavillo da aggirare fa sì che vi sia una più generale sensibilità etica e che, soprattutto a livello deontologico, si proceda con poche chiare norme a forte contenuto morale. In altri termini, è la sostanza che non si lascia sopravanzare dalla forma.

Servirebbe più attenzione verso il principio da rispettare piuttosto che verso il cavillo da aggirare

In Italia, al contrario, accade spesso che il giornalista abbia un comportamento formalmente irreprensibile, rispettoso dei commi di tutte le Carte, ma che nella realtà vada a svolgere un cattivo servizio a lettori e telespettatori.

Per rispondere allora all'acuta critica di Corso Bovio, possiamo dire che se si interpreta la deontologia del giornalista come una rete sempre più fitta e dettagliata di prescrizioni da rispettare, non c'è dubbio che egli abbia ragione e che ci si trovi di fronte a quella "contraddizione in termini" così ben descritta e analizzata in quel vecchio ma ancora insuperato saggio del 1997. Se invece si provasse a riportare la deontologia del giornalista in un alveo più corretto, sia sotto il profilo semantico che teoretico, se cioè venisse più saldamente ancorata a quei principi condivisi che danno senso alla professione, allora il rischio di una contraddizione in termini diventerebbe assai più remoto e probabilmente svanirebbe del tutto. Ma per poter aderire a questa seconda opzione è importante partire da una critica serrata dell'esistente e, soprattutto, da un'analisi storica e sociale di quel che è stato e di quel che è il giornalismo nel nostro Paese.

1.1.2. Chi sono i giornalisti italiani

Un'unanimità di giudizi porta ad assegnare al giornalismo italiano una serie di particolarità che lo contraddistinguono rispetto alle realtà degli altri paesi. Nella maggior parte dei casi si rivelano purtroppo caratteristiche legate a un'arretratezza presente in vari campi: culturale, professionale ed economico. Parlare di giornalismo significa prima di ogni cosa parlare dei giornalisti. Non c'è dubbio che in Italia godano di una condizione privilegiata – almeno sotto l'aspetto normativo – rispetto alla maggior parte delle altre nazioni. «A questi professionisti dell'informazione l'ordinamento attribuisce uno *status* di grande favore, tutelati come sono – non diversamente per esempio, dagli avvocati e dai medici, che svolgono attività che analogamente impingono in valori costituzionali – da un albo e da un Ordine professionale. L'appartenenza all'Ordine comporta, infatti, diverse conseguenze tra cui, per quanto qui maggiormente interessa, la tutela del segreto professionale, il godimento in maniera cospicua della scriminante del diritto di cronaca, l'esclusività idonea a ricoprire le posizioni di direttore e vice direttore responsabile della stampa periodica, il vantaggio di consistenti deroghe alla disciplina della *privacy*, nonché la sottoponibilità al giudizio dei pari in caso di responsabilità disciplinare» (2).

Le differenze con i colleghi degli altri paesi non si limitano al solo aspetto giuridico della professione, ma vanno ben al di là, affondando le radici in un *corpus* sociale che il più delle volte ha visto l'informazione come un'ancella della politica, ovvero come un'attività legata agli umori del potere, più tesa a creare consenso, o quantomeno ad attenuare il dissenso, che a diffondere fatti e valutazioni. Scrive Giovanni Bechelloni: «La peculiarità più importante è che in Italia non si sono mai creati quei due tipi di giornali che sono caratteristici di molti altri paesi: i giornali di qualità e i giornali popolari. In secondo luogo è rimasto tipico lungo tutta la storia del giornalismo italiano fino ai nostri giorni, il primato della politica; in una duplice accezione: centralità della copertura di politica interna rispetto a tutti gli altri temi e centralità dell'orientamento politico-ideologico della testata e del singolo giornalista» (3).

Si assiste oggi a una progressiva atrofizzazione della sensibilità etica

Se a tutto questo si aggiunge l'eterogeneità della formazione, solo recentemente mitigata dall'attività delle scuole di giornalismo realizzate dall'Ordine in collaborazione con le Università, si comprende bene come il gruppo sociale dei giornalisti sia molto composito e differenziato al suo interno per preparazione culturale, formazione professionale e sensibilità sociale. Proprio una forte coscienza etica e la condivisione di alcuni principi potrebbero (dovrebbero) essere allo stesso tempo l'elemento unificante della categoria e lo strumento per fronteggiare le pretese del mondo politico. Al contrario, si assiste oggi a una progressiva atrofizzazione della sensibilità etica, spesso nascosta dietro la richiesta di più esplicite e cogenti norme deontologiche, che sta minando la complessiva credibilità dell'intero sistema dell'informazione. Con tutti i problemi e le conseguenze che ne derivano, a cominciare da un innegabile imbarbarimento dei costumi e del linguaggio. A un sostanziale ruolo di giornalisti come classe dirigente, riconosciuto a livello sociale nel ventennio che parte dal 1975 (4), si va sostituendo una meno gratificante valutazione di "classe negligente". E questo non solo per il rapporto spesso poco trasparente con la politica, ma anche per la crescente difficoltà ad affrontare le trasformazioni sociali prodotte dal dilagare delle nuove tecnologie comunicative e dallo stesso sistema dei media di cui i giornalisti fanno parte.

Non c'è dubbio che parte delle responsabilità di una tale situazione ricada sull'Ordine professionale che talvolta ha interpretato il suo ruolo in una chiave vetero-regolamentativa, nel senso che ha finalizzato la sua azione al semplice rispetto delle norme, preoccupandosi in maniera residuale dei cambiamenti in atto e delle risposte formative che andavano elaborate. Solo nel corso degli ultimi anni, attraverso una serie di iniziative rivolte verso le scuole di giornalismo e gli stessi pubblicisti – per i quali la legge del '63 non prevede alcun esplicito obbligo di formazione – è stata posta maggiore attenzione al problema di un accesso di qualità alla professione. Un accesso che non può più avvenire secondo quelle regole fissate negli anni '60 del Novecento, quando di fatto si stabilì il rapporto un giornalista-un posto di lavoro, lasciando però agli editori la facoltà di scegliere e costruire i nuovi professionisti.

1.2. I confini dell'orizzonte deontologico

1.2.1. Dalla filosofia al diritto

La deontologia si differenzia dall'etica perché accanto alla affermazione di principi affianca sanzioni per le eventuali violazioni

Avviare un discorso sulla deontologia di una qualsiasi professione significa innanzitutto individuarne i fondamenti etici e giuridici. L'orizzonte deontologico è infatti delimitato da questi due confini le cui estremità s'intersecano fino a essere in qualche parte indistinguibili.

Il termine deontologia, letteralmente 'dottrina dei doveri', fu coniato dal filosofo inglese Jeremy Bentham che lo utilizzò come titolo per un'opera scritta tra il 1814 e il 1831 e pubblicata in una versione ampiamente rimaneggiata da John Bowring nel 1834 (5). In realtà con quel neologismo mutuato dal greco, il filosofo voleva indicare una 'etica privata' che egli vedeva contrapposta a una 'etica politica', cioè quella che oggi preferiamo chiamare 'etica pubblica'. Si tratta di una distinzione che nelle pagine seguenti sarà approfondita perché risulterà fondamentale per cercare di individuare un possibile agire morale da parte del giornalista.

Nel corso degli anni il termine deontologia ha assunto un significato leggermente diverso rispetto a quello concepito da Bentham e sta a indicare l'insieme dei principi e delle norme di comportamento interne a una determinata categoria di persone. La deontologia si differenzia dall'etica perché accanto all'affermazione di principi affianca sanzioni per le eventuali violazioni. Di qui la necessità di appoggiarsi al diritto per procedere a una minima tipizzazione degli illeciti e rendere cogenti le prescrizioni che altrimenti resterebbero pure enunciazioni morali.

Nel caso del giornalismo, se si guarda all'esperienza italiana, mentre sono visibili e numerosi i pilastri giuridici, non sono facilmente individuabili quelli etici. O meglio, i pochi ai quali si fa comunemente riferimento sono generati da una riflessione che nasce o ruota attorno a questioni originate dal diritto come, per esempio, il pluralismo, la democrazia, l'obiettività e via di questo passo. È carente cioè una riflessione intorno a valori primi alla base dell'attività giornalistica e che consentano quindi di poter affrontare con la necessaria specificità il tema del buono e del bene. Al contrario, se si guarda all'esperienza dei paesi di cultura anglosassone, il giornalista si sente fortemente vincolato da prescrizioni di natura etica, che quasi sempre non comportano alcuna sanzione se non la generale riprovazione della categoria e, nei casi più clamorosi, della stessa opinione pubblica. Scrive Alberto Papuzzi: «Il giornalismo americano e inglese non separa la deontologia dall'etica, perché il termine *ethics* assorbe entrambi i concetti, relegando *deontology* strettamente alla filosofia» (6). Questo fa sì che siano sufficienti pochi e ben chiari principi e che non vi sia la necessità di un giudice disciplinare con tutto il suo armamentario di norme e procedure. Spesso sono le singole testate a dotarsi di un codice interno, basato ovviamente sui principi generali e condivisi della professione, che può comportare nei casi più gravi anche sanzioni sul piano materiale.

Secondo Norberto Bobbio: «Norma deontologica vuol dire sostanzialmente norma morale. La differenza fra un codice morale e un codice giuridico è che il primo ha una sanzione puramente interna, mentre il secondo ha sanzioni istituzionalizzate: sono istituzioni la procedura giudiziaria, il giudice, l'avvocato che ti accusa o ti difende, le regole per la conduzione del processo, la sentenza che dà ragione o torto. Nel caso dei codici deontologici, invece, la sanzione tipica è la riprovazione dei membri dell'associazione. Per quel che riguarda l'etica dei giornalisti esiste un Ordine che attribuisce sanzioni di carattere morale o sociale e la sanzione sociale fondamentale – l'espulsione – è una sanzione interna che dipende dall'organizzazione» (7).

Anche oggi che il corpus *deontologico del giornalista è piuttosto consistente, è assai debole un'organica riflessione morale attorno alla professione*

Le ragioni del nostro *deficit* etico sono assai diverse. La principale risiede all'interno della stessa categoria che storicamente ha concepito e vissuto la propria attività più come un mestiere che come una professione e dunque più regolata da consuetudini e da norme del diritto positivo che da autonomi principi morali. La radicata convinzione – ancora oggi piuttosto diffusa – secondo cui il giornalismo s'impara 'sui marciapiedi' è il corollario più evidente di tale impostazione. La conferma sta nel fatto che gli attuali documenti deontologici compaiono solo negli anni 90 del Novecento e, guarda caso, all'indomani della cosiddetta "sentenza decalogo" della Corte di Cassazione che mise un punto fermo nella definizione del 'diritto di cronaca'. Di fronte a una così evidente 'ingerenza' dei giudici, che dettavano con quella sentenza precisi limiti e regole comportamentali, i giornalisti non potevano restare a guardare o continuare a discutere su questioni che rischiavano ormai di essere superate anche per effetto delle novità introdotte in rapida successione dallo sviluppo tecnologico.

Accanto a queste possibili spiegazioni di natura storica esiste una motivazione di carattere più generale e che fa capire perché, anche oggi che il *corpus* deontologico del giornalista è piuttosto consistente, sia assai debole una organica riflessione morale attorno alla professione. Certo, il contesto generale, per tutta una serie di ragioni storiche (8), non aiuta. A fronte di generici ed episodici richiami all'etica da parte dell'opinione pubblica, come osserva Umberto Galimberti (9), dobbiamo constatare che viviamo «una sorta di spaesamento dell'etica, che ogni giorno deve confrontarsi con la sua impotenza prescrittiva. Sembra infatti che nel nostro tempo il *dovere* non sia più nelle condizioni di prescrivere il *fare*, ma solo di inseguire gli effetti già prodotti dal *fare*». Una riflessione molto interessante e sulla quale torneremo più ampiamente in seguito. Per ora basti considerare come il venir meno di una capacità prescrittiva della morale costringa a spostare l'attenzione sempre più verso la dimensione normativizzante e a far invocare quindi carte deontologiche sempre più numerose e vincolanti che alla fine potrebbero rivelarsi asfissianti per l'attività giornalistica, rischiando di sfiorare il limite dell'incostituzionalità.

1.2.2. Quale etica

Il giornalista perde sensibilità, diventa più cinico e meno attento a difendere la qualità della professione

Ogni discorso intorno all'etica espone a diversi rischi che, nel caso del giornalismo, diventano ancora più evidenti. Il primo e più generale pericolo è dato dalla possibilità di legare a un orientamento ideologico o religioso i valori fondanti della professione. Esistono per esempio numerosi e interessanti documenti del magistero cattolico circa l'etica delle comunicazioni sociali: la maggior parte dei giornalisti li guarda però con diffidenza temendone l'impostazione confessionale e, soprattutto, sospetta che la loro osservanza possa insidiare l'indipendenza e l'autonomia della professione. Lo stesso accade per quei colleghi politicamente impegnati, fino a ieri molto numerosi, che orientavano il loro agire etico rispetto a presupposti ideologici. Sia per tali ragioni che per un generale processo di deresponsabilizzazione degli individui, si assiste sempre più spesso a una estraniazione – Marx l'avrebbe chiamata alienazione – dal proprio lavoro: il giornalista perde sensibilità, diventa più cinico e meno attento a difendere la qualità della professione. A parziale discolpa del giornalista va detto che la sua attività da tempo è inserita in un contesto molto ampio, al centro di enormi interessi economici e politici, per cui molto spesso la sua battaglia etica può sembrare una lotta contro mulini a vento. Da qui l'interrogativo se sia giusto continuare a parlare ancora in termini di deontologia o se non sia necessario discorrere ormai in termini di etica pubblica.

A difficoltà e incertezze proprie della categoria, si aggiunge il fatto che il termine etica possiede una pluralità semantica che, nel campo dell'informazione e quindi del giornalismo, rischia di creare pericolose confusioni. È perciò indispensabile tentare di spiegare i termini del discorso per una chiara comprensione delle pagine seguenti.

Nel suo primo e più antico significato la parola etica (dal greco *éthos*: costume, comportamento, consuetudine) indica una riflessione valutativa sull'agire dell'uomo, intesa sia come attività pratica che come attività intellettuale. Siamo come si vede in un ambito in cui filosofia ed etica quasi coincidono: la distinzione è data solo da quel *quantum* valutativo che nella riflessione filosofica, per dirla con un'espressione matematica, tende a zero.

Il termine *éthos*, che traduciamo con un unico suono e un'unica grafia, in greco antico corrispondeva a due parole simili, varianti solo nella consonante iniziale. Indicavano una sottile differenza di contenuto: una si riferiva all'insieme dei comportamenti del singolo, l'altra a quelli della comunità. A confondere definitivamente i due termini fu il latino con il sostantivo *mos-moris*. Indica infatti sia i costumi individuali che quelli collettivi. Questo spiega perché nelle lingue di derivazione latina, come l'italiano, sono presenti sia il termine 'etica' che il termine 'morale', usati quasi sempre come perfetti sinonimi, anche se alcuni preferiscono utilizzare il termine etica per indicare i comportamenti a livello sociale e il termine morale per quelli individuali.

Altri invece distinguono i due termini sotto un altro aspetto: «L'etica concerne in generale i nostri abiti, i nostri comportamenti. Essa implica descrizioni fenomenologiche e analisi strutturali, mentre si tiene lontana da giudizi di valore. Anche questi, infatti, rientrano a loro volta negli abiti sociali che frequentiamo, sono parte dei nostri comportamenti quotidiani. La morale si ispira a princìpi e mira a definire ciò che è buono, giusto, dotato di valore universalmente condivisibile, eccetera. Va da sé allora che quando parliamo di "buona informazione" già stiamo esprimendo un giudizio morale ispirato ai valori. Per esempio diamo per scontato che tutti convengano sul fatto che si debba informare in maniera adeguata e veritiera, che si debba essere "obiettivi" e non faziosi» (10).

Quando parliamo di "buona informazione" già stiamo esprimendo un giudizio morale ispirato ai valori

Nel momento in cui la riflessione sull'agire si lega a un particolare contenuto o obiettivo, che si può chiamare valore, si assiste al formarsi di "etiche" differenti: per esempio esistono un'etica laica e un'etica che fa riferimento a valori religiosi o che considera la divinità come prima e insostituibile fonte; ma ci sono anche un'etica dei doveri e un'etica delle virtù, un'etica della responsabilità e un'etica della verità. Le soluzioni, al di là degli esempi citati, sono numerose e sono legate al fatto – già ampiamente analizzato da Aristotele – che non ci si limita a riflettere su un singolo comportamento, ma si tende a inserire ogni discorso in un'ampia rete di relazioni e dunque quei comportamenti possono essere analizzati e valutati secondo diverse angolazioni. Sono in altri termini quei due significati iniziali della parola etica che continuamente s'intrecciano e si confondono spostando di volta in volta l'attenzione ora sul singolo ora sulla collettività. Gli interrogativi su azioni o su eventi che poi si utilizzano per definire o descrivere altri eventi fanno entrare l'uomo in una dimensione aperta del problema in cui è possibile individuare più soluzioni. Nella scelta di queste soluzioni si gioca la libertà dell'individuo e il suo agire eticamente buono o cattivo.

Volendo schematizzare in maniera semplificata l'interminabile cammino dell'etica, è possibile individuare sostanzialmente tre fasi: una prima detta "antica" e che è legata principalmente alla definizione dell'agire umano e a come esso si configura. Aristotele e tutta la filosofia greca ne sono il riferimento e il contesto storico e culturale.

In una seconda fase il cristianesimo e tutto il complesso di prescrizioni già presenti nella morale ebraica rafforzano e sviluppano nella riflessione sull'etica le tematiche legate al "dovere", cioè alla necessità di adeguare i comportamenti

– soprattutto sul piano individuale – alle richieste di un'istanza superiore. C'è un dio che fissa per sempre e per tutti ciò che è giusto e ciò che è sbagliato, ciò che è buono e ciò che è cattivo.

La terza fase, che si può chiamare "moderna", caratterizza nei modi più differenti tutta la riflessione del Novecento. La violenta critica di Nietzsche, che mette in discussione la risposta religiosa alla domanda esistenziale dell'uomo, apre la strada a un percorso in cui l'agire umano può fare a meno di Dio. E dunque il dovere, inteso come risposta a un imperativo categorico, si affievolisce per trovare vigore quando è originato dalla necessità di raggiungere obiettivi condivisi o di alimentare valori in favore dello sviluppo della persona. Da questa nuova sensibilità etica scaturiscono per esempio tutte le associazioni di volontariato, i gruppi che si battono per la pace nel mondo o per l'abolizione della pena di morte.

È solo in un'etica del dubbio che possono essere trovate le risposte agli interrogativi e ai conflitti sollevati ogni giorno dall'attività professionale

Dopo questa piccola premessa di carattere storico si può provare a rispondere subito a quella che è la domanda di sottofondo al presente lavoro: a quale modello di etica è bene che si ispiri il comportamento di un giornalista?

Per la natura stessa della sua attività, il giornalista non può ispirarsi né a un'etica della verità né a un'etica della responsabilità, come pure sembrerebbe auspicabile a un primo sguardo. È solo in un'**etica del dubbio** che possono essere trovate le risposte agli interrogativi e ai conflitti sollevati quotidianamente dall'attività professionale.

Ma prima di affrontare il tema centrale nella definizione di una deontologia del giornalista, è utile soffermarsi ancora un po' sulla storia dell'etica analizzandola rispetto all'oggetto di cui si è occupata.

1.2.3. Lo sviluppo delle etiche applicate

La debole riflessione teorica e lo scarso impegno scientifico dei giornalisti nello studio dei problemi sottesi alla professione hanno fatto sì che la costruzione dei fondamenti etici della loro deontologia fosse appannaggio esclusivo degli studiosi della comunicazione. I quali, nell'ansia teoretica, hanno spesso dilatato i termini e in qualche caso hanno anche sacrificato sull'altare delle astrazioni i contenuti dell'attività giornalistica. Il risultato è che oggi, nonostante l'accresciuta e ormai insostituibile funzione sociale, il giornalismo è inglobato in una riflessione che lo spoglia delle principali caratteristiche legate alla sua dimensione morale. L'effetto "politico" di questo abuso scientifico è la progressiva trasformazione del giornalista in un "operatore della comunicazione". Uno stravolgimento della professione – molto apprezzato dal mercato, non solo quello strettamente editoriale (11) – facilitato dalla flessibilità dei moderni media, e perfettamente in linea con tutti i fenomeni di assimilazione e imitazione, così diffusi e caratteristici del mondo globalizzato.

Si è prima accennato al fatto che con Nietzsche venga messa radicalmente in discussione l'etica religiosa. Non c'è più un dio a farsi garante di valori e giudice dei comportamenti non conformi ai doveri che da quei valori scaturiscono. Di pari passo avanzano le conoscenze scientifiche e le capacità tecniche. Il sacro ruolo materno della natura è anch'esso messo in discussione. L'agire umano si fa sempre più libero da condizionamenti esterni e, in pratica, deve rispondere solo a se stesso o, al massimo, al principio del vantaggio economico che può procurare. L'uomo è strapotente: può costruire e distruggere, può dominare i fenomeni naturali e piegarli ai suoi bisogni.

Di fronte a questo radicale mutamento, l'etica classica, con i suoi tradizionali modelli fondati sull'essere o sulla natura dell'uomo o con un'autorità ultima garante del quadro dei valori di riferimento, non riesce più a dare risposte soddisfacenti. Occorre ripensare un complesso di princìpi partendo non più dagli astratti interrogativi che avevano tolto il sonno a Platone e ad Aristotele, ma dai problemi concreti. Il punto di approccio del discorso etico diventano gli effetti e le situazioni prodotte dall'agire fortemente tecnologizzato. Nascono così le cosiddette "etiche applicate", cioè una riflessione critica sull'impatto provocato dalle nuove tecnologie sui vari ambiti della vita. Si affermano in tal modo una serie di discipline, se si vuole di "micro-etiche", come la bioetica e l'etica ambientale, l'etica economica e l'etica sociale, ma anche l'etica della comunicazione e l'etica dell'informazione. Quest'ultima è forse l'applicazione più recente e ancora da approfondire, soprattutto per quanto riguarda l'ambito giornalistico.

"Etiche applicate", cioè una riflessione critica sull'impatto provocato dalle nuove tecnologie sui vari ambiti della vita

È evidente che parlare di "etiche applicate" significa allargare lo sguardo dal comportamento del giornalista agli effetti e alle reazioni che il suo agire provoca nella società. Ciò fa sì che il discorso esca dall'ambito squisitamente deontologico e sconfini nel campo della cosiddetta "etica pubblica", laddove – per esempio – è possibile affrontare con tutti i mezzi necessari anche le questioni legate all'antico confronto tra informazione e potere. Sostiene Enrico Morresi: «Il *virtuous journalist* è un illuso se ritiene di far valere i propri criteri morali dentro un sistema massmediatico in cui ben altre sono le "ragioni" che contano: la tiratura, l'*audience* della trasmissione, gli introiti pubblicitari che si riesce ad attirare. Il sistema dei codici e dei consigli incontra proprio qui il suo limite. In gioco non è più soltanto la morale del singolo giornalista, ma lo statuto del giornalismo d'informazione nel suo insieme» (12). Di parere contrario è Sebastiano Maffettone, il quale proprio nella deontologia del giornalista vede uno dei due pilastri del pluralismo dell'informazione: «L'illusione che la massima offerta di informazione e comunicazione garantisca la completa libertà è oggi palpabile. Così come la massima indipendenza della stampa non è assicurata dall'ampiezza del mercato. La tutela costituzionale e legislativa, da un lato, e l'autocontrollo professionale, dall'altro, costituiscono sistemi di difesa del pluralismo» (13).

Gli studi sull'etica pubblica sono in piena fase di approfondimento, alla luce anche dei mutati scenari politici internazionali in seguito alle trasformazioni avvenute nell'ultimo decennio del secolo scorso. Con il termine "etica pubblica" s'intende non tanto l'insieme di quei comportamenti pubblici, cioè sociali, quanto i principi e le conseguenze delle azioni di chi vuole svolgere o è chiamato a svolgere una funzione al servizio della collettività. Anche in questo caso, come per la deontologia, siamo debitori a Bentham. Per lui «l'idea che esista anche un'etica pubblica accanto a quella privata, nasce quando la legislazione non appare più come uno strumento sufficiente a provvedere al benessere della società» (14). In questo senso l'etica pubblica s'inserisce – e da alcuni è considerata esclusivamente sotto questo profilo – a pieno titolo nel discorso politico. Al sindaco, al parlamentare, al ministro viene chiesto di adeguare i suoi comportamenti a precise responsabilità all'interno del tessuto sociale. Il "conflitto d'interessi" è per esempio una delle situazioni che l'etica pubblica mette in risalto. Non solo politici e amministratori, evidentemente coinvolti a un livello più alto, ma anche al modesto impiegato – in ragione della sua funzione sociale – è richiesto un agire consapevole verso un'etica pubblica. Scrive Enrico Morresi : «L'informazione (giornalistica, *ndr*) è un bene pubblico ed è dunque un'etica pubblica a doverne sostenere principi, regole e applicazioni» (15).

Etica della informazione ed etica della comunicazione sono termini con una pluralità di significati

1.2.4. Etica della comunicazione ed etica dell'informazione

L'etica della comunicazione nasce in maniera codificata e autonoma nella seconda metà del Novecento ed è generata dal poderoso sviluppo di tutti gli strumenti tecnici tipici della comunicazione (televisione, telefono, Internet) e dalla rapida evoluzione delle attività a essi legate (giornalismo, pubblicità, marketing). È vero però che se si restringe il campo dell'etica della comunicazione al solo problema del linguaggio, allora emergono radici più antiche. Alcuni dialoghi di Platone possono tranquillamente costituire una prima riflessione intorno alla realizzazione pratica di un'etica comunicativa.

Gli studi sull'etica della comunicazione si sono sviluppati soprattutto nell'area culturale anglo-americana, con una marcata attenzione alla casistica e all'elaborazione di codici di comportamento, dando vita così a un'interessante produzione deontologica. Anche in Francia e Germania l'etica della comunicazione ha potuto contare su approfonditi studi, soprattutto in direzione degli effetti sociali e di un'analisi dei condizionamenti prodotti dai processi comunicativi sulla realtà quotidiana.

In Italia la riflessione è partita in ritardo rispetto agli altri paesi e oggi appare legata soprattutto allo studio delle comunicazioni di massa. In particolare c'è il tentativo di fornire una trattazione articolata dei differenti aspetti della disciplina a fronte di una più generale impostazione filosofica che aveva caratterizzato l'"etica della comunicazione" di Karl-Otto Apel e l'"etica del discorso" di Jurgen Habermas.

Non c'è dubbio che nella situazione determinatasi a livello planetario, con la comunicazione che condiziona la politica e l'economia, con l'enorme influsso dei mezzi di informazione e delle grandi agenzie internazionali, oggi sia molto avvertita la necessità di un'etica nella comunicazione. Cioè di una serie di princìpi e regole, universalmente condivisi e accettati, che possano orientare e sorreggere l'agire umano in questo campo così delicato e complesso. Proprio la ricerca di riferimenti validi in generale costituisce l'aspetto più qualificante dell'etica della comunicazione, altrimenti si rischia di finire o in un moralismo spicciolo, legato a ciò che l'individuo può accettare o rifiutare; oppure di limitarsi alla concezione di una serie di regole, con il loro bagaglio di divieti e di sanzioni, valide per una o per alcune delle professioni che si rifanno a questo contesto, come accade con le diverse deontologie. Ma sempre più spesso le risposte alle costanti critiche di studiosi e semplici cittadini, che avvertono quotidiani condizionamenti, vengono ricercate in un campo inadeguato come quello del diritto. Il costante richiamo alla necessità di produrre leggi che vadano a regolare, spesso ricorrendo al diritto penale, ogni ambito della vita dei cittadini è la riprova di un bisogno sociale da soddisfare: «Proprio l'assenza di una diffusa sensibilità morale è ciò che oggi fa nascere l'esigenza di un'etica della comunicazione» (16).

Prima di proseguire è opportuno però fare qualche chiarezza sull'altro termine al centro dell'attenzione: la comunicazione. La parola comunicare – nel suo significato primo – indica semplicemente il "fare comune" (17). Questo tipo primordiale di comunicazione non risponde a uno scopo esterno, non si prefigge un obiettivo, ma vuole semplicemente soddisfare la condizione innata dell'uomo di non essere, e pertanto di non sentirsi, solo su questa Terra. Il bisogno di una comunicazione elementare è una naturale esigenza non solo dell'uomo, ma di tutti gli esseri viventi: anche le piante e gli animali – secondo codici basati sui suoni, sugli odori o sui colori – comunicano. Solo che nell'uomo la comunicazione avviene in una situazione di libertà, cioè non è necessitata da alcun fine; al contrario nelle piante e negli animali la comunicazione ha il fine supremo della sopravvivenza della specie in quanto tesa all'accoppiamento o alla impollinazione.

«L'assenza di una diffusa sensibilità morale è ciò che oggi fa nascere l'esigenza di un'etica della comunicazione»

Una prima domanda etica da porsi a questo punto potrebbe essere la seguente: quanta comunicazione oggi risponde al primordiale bisogno dell'uomo di "fare-comune" e quanta invece è finalizzata a raggiungere un certo obiettivo – non necessariamente materiale – nella società?

Un altro elemento da tener presente quando si parla di comunicazione è che essa non solo è contenuto ma anche forma. Il celebre *incipit* del Vangelo di Giovanni («In principio era il Verbo e il Verbo era presso Dio») mostra come anche nell'antichità questa doppia veste della comunicazione fosse nota. Giovanni infatti è l'evangelista colto, quindi scrive in greco e ciò che oggi noi leggiamo passando attraverso il latino *verbum* nella stesura originale era in realtà definito come *logos*, cioè il termine che in greco antico indica sia la parola che il pensiero, ovvero sia il contenuto che lo strumento con cui viene manifestato. Una ventina di secoli dopo, il sociologo americano Marshall McLuan arriverà a formulare la popolare teoria secondo cui «il *medium* è il messaggio».

All'interno del grande edificio dell'etica della comunicazione va oggi affermandosi l'esigenza di approfondirne un particolare aspetto e cioè quello dell'informazione. Attenzione, però, perché anche il termine informazione è plurisemantico e dunque si tratta di capire a quale specifico settore devono applicarsi la ricerca di princìpi e norme e l'agire morale. Il significato primo del verbo informare è semplicemente "mettere in-forma". Si può mettere *in-forma* la cagliata e si avrà il formaggio; si potrà mettere *in-forma* giornalistica la comunicazione e si avrà l'informazione; si potranno mettere *in-forma* binaria una serie di numeri e si avrà l'informatica (18). Come si vede basta spostarsi di campo per mutare il significato della parola informazione: proprio da questa sostanziale indeterminatezza trae origine nel settore degli studi epistemologici il progressivo offuscamento delle caratteristiche proprie dell'attività giornalistica, relegandola a un ruolo ancillare rispetto agli altri settori del vastissimo mondo dell'*in-formazione*.

Con il termine *etica dell'informazione* oggi si fa infatti riferimento sempre più spesso a quella «teoria etica secondo cui il modo migliore per comprendere e risolvere i problemi etici sollevati dalle tecnologie della comunicazione e dell'informazione (Ict, *Information and Communication Technology*) è adottare un approccio ambientalista, attraverso il quale tali problemi sono inseriti nell'analisi di un nuovo ambiente ecologico, chiamato *infosfera*» (19). A definire questa nuova teoria ha contribuito soprattutto un gruppo di studiosi e ricercatori dell'Università di Oxford che, a partire dall'ultimo decennio del secolo scorso, hanno lavorato a una rifondazione filosofica dell'etica informatica. Chi invoca un'etica dell'informazione semplicemente per chiedere maggiore accortezza nello scrivere una notizia o nel realizzare un servizio televisivo rischia di non essere compreso e quindi che la sua richiesta – pur fondamentale nell'ambito proprio dell'attività giornalistica – resti inascoltata.

L'etica classica risulta inadeguata a risolvere la vasta gamma di problemi posti dalle tecnologie della comunicazione

Con un anglismo, ma con migliore approssimazione, bisogna allora parlare di *media ethics*, cioè dell'etica propria di coloro che operano attraverso gli strumenti della comunicazione di massa. E in questo ambito che il giornalismo trova una sua più soddisfacente collocazione, sebbene ai mezzi di comunicazione di massa siano legati anche altri settori come la pubblicità, lo spettacolo e il cinema.

È chiaro che l'etica classica risulta inadeguata a risolvere la vasta gamma di problemi posti dalle magnifiche e progressive tecnologie della comunicazione, per cui *l'information ethics* nasce come etica applicata, partendo cioè dallo studio di casi individuali da cui ricavare regole generali di comportamento. Al contrario delle etiche *standard* (etica della virtù, dell'utilitarismo, ecc) in cui la valutazione morale è basata sull'autore dell'azione (il giornalista) o sull'azione stessa (l'informare, cioè la notizia), *l'information ethics* pone al centro dell'analisi l'elemento che subisce l'azione. In altri termini agisce come l'etica medica: ciò che determina il bravo o il cattivo dottore è il risultato conseguito dal paziente. Nell'ambito dell'*information ethics* il "paziente" non è solo il lettore o lo spettatore che ricevono le notizie, ma anche qualunque agente, documento o operazione. Per **agente**, come accennato prima, s'intende qualsiasi entità in grado di interagire con un documento (può essere una persona, ma anche un software). Per **documento** s'intende invece ogni genere di dati, informazioni e conoscenze, codificati e implementati in qualsiasi formato semiotico, senza alcun limite di dimensione, tipologia e struttura sintattica (quindi dagli oggetti digitali alle narrazioni orali, dai testi a stampa ai filmati tv, agli sms). Per **operazioni** s'intendono tutte le interrelazioni dinamiche tra agenti e documenti.

Applicando al giornalismo le regole dell'*information ethics*, la valutazione morale diventa più ampia e non pesa più sul comportamento del solo giornalista, bensì considera anche l'evento in sé e l'effetto che esso ottiene sull'opinione pubblica o su altri eventi. Un rapporto molto più articolato, la cui complessità spesso sfugge e anzi contrasta con la codificazione deontologica, che mira invece a definire ora e per sempre ogni possibile comportamento del giornalista rispetto alle varie situazioni in cui opera. Il limite di tale approccio è dato dal grado di eticità di un paese. In una realtà come quella italiana che – abbiamo visto – presenta preoccupanti carenze di fondo, l'effettivo peso dell'*information ethics* sulla qualità dell'informazione è molto basso. Di qui la necessità di fare affidamento su un controllo di tipo deontologico che, seppur facendo leva solo sui singoli, risulta più incisivo. Del resto deve pur esserci una ragione se un grande filosofo liberista come Karl Popper, proprio negli ultimi anni della sua vita, abbia maturato una grande diffidenza nei confronti della televisione (ma ormai il *format* tv è presente in tutta l'informazione giornalistica) fino a chiedere che debba esserci una patente o un brevetto per chi si occupa di televisione (20). E questa "patente" che cos'è se non l'autocontrollo professionale dettato dalla deontologia? Né sono auspicabili altre forme di intervento, poiché «il controllo dello Stato rischia di condurre alla sorveglianza politica, mentre quello del mercato all'oligopolio delle compagnie che controllano i media più importanti» (21).

Il fascismo, a partire dal 1928, aveva inquadrato i giornalisti in un "Albo" con norme piuttosto rigide

1.2.5. L'esigenza storica di una codificazione deontologica

Il fascismo, a partire dal 1928, aveva inquadrato i giornalisti in un "Albo" con norme piuttosto rigide e con il dichiarato obiettivo di esercitare un'ulteriore forma di controllo sulla libertà di espressione. Uno strumento ben diverso, soprattutto negli obiettivi, rispetto all'Ordine che nascerà nel 1963. Dai mesi successivi alla nascita dell'Albo partì una "epurazione silenziosa" della categoria. Ricorda Antonio Viali che se nel 1925 i giornalisti di tutto il paese erano 3.300, due anni dopo si erano ridotti a 1.664, cioè la metà. «Tale epurazione dal '39 al '43 fu accentuata con dolorose conseguenze soprattutto a seguito della pubblicazione della legislazione razziale recepita dal Comitato per l'Albo nel 1940 (22)».

In Italia fino agli Anni '50 del secolo scorso l'unico mezzo di comunicazione veramente di massa era il giornale quotidiano, seguito da una ricca pubblicistica periodica. In ogni caso si trattava di stampa, anche se la propaganda fascista e la lotta di liberazione avevano mostrato le grandi potenzialità della radio, che di lì a poco avrebbe avuto uno sviluppo clamoroso, cui avrebbe fatto seguito a partire dagli Anni '60 l'affermazione della televisione. L'esistenza in quel periodo di un unico strumento d'informazione condizionò gli stessi costituenti, che legarono fortemente la libertà di espressione alla libertà di stampa, fin quasi a farle coincidere.

La rigida concezione della funzione della stampa, una diffusa sensibilità morale e la forte presenza della Chiesa, con tutti i suoi imperativi religiosi, avevano di fatto resa superflua una riflessione autonoma e approfondita sull'etica del giornalismo. Sia perché l'etica religiosa del cristianesimo cominciava ad occuparsi anche della comunicazione (23) (soprattutto per quanto riguardava il cinema), sia perché non se ne sentiva l'esigenza, vista l'esistenza dei soli giornali nelle cui redazioni mestiere e deontologia erano la stessa cosa, i giornalisti si occuparono assai poco di una possibile fondazione morale della loro attività.

In questo contesto fece una timida apparizione una bozza di Codice etico messo a punto dal Consiglio nazionale della stampa nel 1957 (*cfr*. appendice a fine testo). In un primo tempo il Codice doveva essere compreso nel testo di legge per l'istituzione dell'Ordine, ma il ddl presentato dal ministro Guardasigilli Aldo Moro nel 1959 non ne faceva menzione, forse perché si limitava a riorganizzare il contenuto di una proposta messa a punto dalla Federazione della stampa nel 1953, cioè prima che lo stesso Codice venisse elaborato. Fu l'on. Guido Gonella a inserire nell'art. 46 del suo disegno di legge una elencazione di diritti e doveri del giornalista, così come formulata nel codice del 1957. Ma il Comitato ristretto, creato per unificare le varie proposte, decise di riassumere il contenuto dell'art. 46 del ddl Gonella e aggiungerlo all'articolo 1, dando vita così all'attuale articolo 2 della legge ordinistica (24).

Il sindacato dei giornalisti italiani, almeno fino alla nascita ufficiale dell'Ordine nel 1963, restò anche l'anima etica della professione

Scrive Vittorio Roidi: «Nel testo della legge del 1963, durante il lungo *iter* parlamentare, più volte comparve un vero e proprio decalogo del buon giornalista. Nella formulazione poi approvata dalle Camere non ce n'è traccia, ma riassumendo e interpretando l'articolo 2, pur così stringato, i doveri emergono con chiarezza (25)».

Come si è visto, il sindacato dei giornalisti italiani, almeno fino alla nascita ufficiale dell'Ordine nel 1963, restò anche l'anima etica della professione facendosi carico di compiti e funzioni che andavano ben oltre la semplice ancorché fondamentale funzione sindacale.

Quel primo «codice», sebbene fosse rivolto solo alla stampa, servì ad avviare una riflessione interna alla categoria, alla luce anche dell'assetto che la neonata democrazia aveva assegnato ai *media* e dei rapidi sviluppi delle tecnologie dell'informazione. Secondo alcuni l'elaborazione avvenne anche in seguito al clamore suscitato dal caso Montesi (26), il primo esempio di "giallo mediatico", paragonabile per dirompenza ai più recenti casi di Cogne o di Perugia. Ma in quella circostanza i giornali entrarono pesantemente in campo costringendo gli inquirenti a riaprire le indagini e poi schierandosi in colpevolisti e innocentisti rispetto ai nomi eccellenti che a mano a mano venivano coinvolti nella vicenda. Se si può prendere in considerazione il peso di quel caso giudiziario sulla nascita del primo codice etico allora è forse corretto ipotizzare che, sull'onda dell'emergenza, i giornalisti prendono coscienza del proprio ruolo e dei propri problemi. Esattamente come accadrà una ventina d'anni dopo di fronte all'esplosione di un fenomeno assolutamente nuovo per il nostro paese: la nascita delle radio e tv 'libere'. Una novità resa possibile dallo sviluppo tecnologico e che non solo mette in crisi il sistema legislativo di riferimento (che ancora oggi, a una quarantina d'anni di distanza, arranca) ma mina alla base le regole sull'accesso alla professione contenute nella legge ordinistica.

Quel che accadde nel nostro paese a partire dall'inizio degli Anni '70 fu una vera e propria rivoluzione con conseguenze enormi sul piano culturale, sociale e politico. Due sentenze della Corte costituzionale (la n. 225 del 1974 e la n. 202 del 1976) cancellano il monopolio pubblico sull'informazione radiotelevisiva dando vita alla cosiddetta "libertà d'antenna". Nel giro di pochi anni si assiste alla tumultuosa crescita prima delle radio private e poi delle televisioni. L'ordinamento e la vita sociale vengono spiazzati (27). Anche la professione giornalistica, cristallizzata sulla carta stampata e sulla Rai, è messa in crisi e ancora oggi, che il sistema ha trovato un suo equilibrio, se ne avvertono le conseguenze.

Il primo documento deontologico a vedere la luce è la Carta di Treviso, anche per la forte pressione dell'opinione pubblica

In un contesto di grande fermento la magistratura interviene ancora, questa volta decidendo sul cuore della professione. Nel febbraio del 1984 una sentenza della Corte di Cassazione – ribattezzata non a caso "sentenza decalogo" – raccoglie i precedenti indirizzi giurisprudenziali ed elenca puntigliosamente che cosa e come può essere pubblicato senza che i giornalisti incorrano nel reato di diffamazione. Il punto di partenza dei magistrati è eminentemente giuridico, definire cioè quando la pubblicazione di una notizia che costituisce offesa all'onore e alla reputazione non sia punibile in virtù dell'interesse o della sua utilità sociale. Le ricadute sul piano strettamente professionale e quindi anche etico, sono evidenti. Nelle redazioni si tengono infuocate assemblee, ci sono proteste e contestazioni, in alcuni la sentenza evoca atmosfere legate ai decreti di mussoliniana memoria. È questa la molla che mette la categoria davanti non solo al mutato ruolo dell'informazione nella società ma anche davanti alle proprie responsabilità per non aver saputo adeguare per tempo i canoni professionali, e quindi deontologici, alle nuove esigenze degli italiani.

La Fnsi e poi l'Ordine, attraverso nutriti gruppi di studio, mettono mano alla riflessione sulle questioni più scottanti. Ma per arrivare a un risultato concreto devono passare sei anni da quello storico pronunciamento della Cassazione. Sei anni in cui si capisce che quella sentenza e quel "decalogo" erano in realtà tesi a dare un nuovo slancio al senso di responsabilità del giornalista e a difendere la libertà di espressione. Il primo documento deontologico a vedere la luce è la Carta di Treviso, anche per la forte pressione dell'opinione pubblica e per l'attiva partecipazione alla stesura di un'associazione – Telefono Azzurro – interessata alla tutela dei minorenni. Il documento è in generale accolto con favore nelle redazioni, anche se non mancano i mugugni. Nascono i primi problemi e i Consigli regionali degli Ordini devono far fronte a dubbi interpretativi e applicativi.

Sempre nel 1990, mentre viene alla luce la Carta di Treviso, un altro intervento della magistratura costringe i giornalisti, messi sul banco degli imputati da una fetta dell'opinione pubblica e da buona parte dei politici, ad allargare ulteriormente l'orizzonte della riflessione deontologica. L'elemento scatenante è quel complesso di inchieste raccolte sotto il nome di "Mani pulite" che partono dalla Procura di Milano ma che ben presto si estendono a tutto il Paese. Viene scoperta una fitta rete fatta di clientele e di corruzione, gestite direttamente dai partiti: il pesante coinvolgimento del Partito socialista e della Democrazia cristiana porta allo sfaldamento del sistema politico. La Prima Repubblica è in agonia. Ma non è tanto questo a mettere in crisi la moralità del giornalismo e dei giornalisti, quanto il fatto che l'enorme clamore e la dimensione degli scandali spingono a sommari processi mediatici. Da questo momento, e purtroppo anche per gli anni futuri e per vicende del tutto diverse, le aule giudiziarie si trasferiscono dapprima sulle pagine dei giornali e poi nei salotti televisivi. I giornalisti con preoccupante leggerezza vestono i panni dei giudici, trasformando spesso le cronache in verdetti inappellabili. In più di un caso uomini politici e d'affari si tolgono la vita perché incapaci di resistere all'enorme pressione mediatica che si scatena contro di loro (28). A questo punto la professione deve darsi rigide regole per cercare di prevenire ciò che il Codice penale può solo reprimere.

Un nuovo momento di crisi arriva nel 1997 con l'entrata in vigore della cosiddetta "legge sulla privacy*"*

Nasce così da questa lunga e travagliata fase la Carta dei doveri. Ben presto anche le singole testate si danno codici di autoregolamentazione: sono fondamentalmente carte etiche che non prevedono sanzioni per i responsabili delle eventuali violazioni.

Negli anni seguenti la richiesta di un maggiore tasso di responsabilità nell'agire dei giornalisti non si arresta, anzi aumenta. La crescente pervasività dell'informazione e il *deficit* di preparazione etica e culturale, provocato nella maggior parte dei casi dal venir meno della formazione del giornalista all'interno delle redazioni, sono le principali cause che alimentano la domanda di «regole». Sulla spinta di vasti settori dell'opinione pubblica ma anche di categorie professionali (avvocati, magistrati, medici, operatori finanziari) si lavora alla preparazione di altri documenti deontologici.

Un nuovo momento di crisi – anche questa volta con assemblee nelle redazioni, proteste e manifestazioni di piazza – arriva nel 1997 con l'entrata in vigore della cosiddetta "legge sulla *privacy*", la n. 675/96 che prevede un Codice di deontologia per l'attività giornalistica. Il Codice è previsto che sia scritto dal Consiglio nazionale dell'Ordine, ma deve essere approvato dal Garante, la nuova Autorità istituita dalla legge. Nonostante le buone intenzioni manifestate da entrambe le parti, si colgono momenti di tensione nelle dichiarazioni pubbliche e si rischia che esplodano clamorosamente quando il Garante respinge una prima stesura del documento, aprendo la strada all'ipotesi – prevista dalla legge – che possa esservi un codice temporaneo emanato in via sostitutiva dalla stessa Autorità. Scrive Mauro Paissan, componente dell'Autorità garante: «Forte è stata per una fase la tentazione da parte di alcuni dirigenti dell'Ordine di "farsi imporre" il Codice e di non collaborare a redigerlo. E anche quando si è entrati nel merito, sono emersi tentativi di predisporre un testo che il Garante riteneva elusivo, mentre da parte dell'Ordine si vantava un'azione a tutela del diritto costituzionale alla libertà di stampa» (29).

Negli anni dal 1993 al 2009, la codificazione deontologica vive una stagione prolifica. Accanto ai documenti già menzionati ne nascono altri che riguardano l'informazione economica, il rispetto degli stranieri, l'informazione sportiva, l'informazione giudiziaria; e altri sono in attesa di essere approvati come la dichiarazione sull'informazione sanitaria. Al di là della considerazione già espressa che un così gran numero di codici è forse indice di una scarsa sensibilità etica, va rilevato che la deontologia da sola non basta a garantire la correttezza dei giornalisti. «Lasciata sola, la deontologia si sedimenta, dimentica i propri fondamenti e tende a una continua autogiustificazione. Princìpi di condotta scaturiti da una riflessione etica rischiano di cristallizzarsi in regole deontologiche immutabili e assolute, in "a priori" che nessuno più osa mettere in questione, taglienti come un diamante. È la riflessione etica che permette di decristallizzare la deontologia e di lottare contro la sedimentazione» (30).

C'è da tener presente anche un altro aspetto, sollevato da Carlo Gessa, e riguarda sia l'eccesso di codificazione deontologica che il più volte ventilato ricorso a un Giurì per la correttezza dell'informazione, presente in una piattaforma votata all'unanimità nel 2002 dal Consiglio nazionale dell'Ordine. E come tale ereditata anche dal Documento di indirizzo per la riforma dell'Ordine approvato allo stesso Consiglio nel 2008 a Positano. Pur apprezzando lo spirito delle iniziative che tendono a classificare i comportamenti dei giornalisti, l'illustre giurista – sin dal 1993 – metteva in guardia dalla contraddizione che una simile soluzione introdurrebbe nello specifico della professione: «Una eventuale codificazione a priori di ipotetiche regole comportamentali, non solo non risulterebbe mai esaustiva della incalzante fenomenologia reale, ma negherebbe implicitamente la legittimazione dell'Ordine e implicherebbe, attraverso l'insediamento di apparati alternativi di arbitrato – come si è in pratica subito ventilato – la cogestione del compito deontologico e del potere disciplinare, in violazione dell'autonomia e indipendenza professionale» (31).

A partire dal 1993 la codificazione deontologica vive una stagione prolifica che vede la produzione di molti documenti

1.3. I fondamenti etici del giornalismo

1.3.1. Il ruolo dell'informazione

È stato visto nel capitolo precedente come un discorso intorno all'etica del giornalista possa essere oggi affrontato muovendosi nell'ambito delle etiche applicate e, in special modo, in quello dell'etica dell'informazione con particolare attenzione alla *media ethics*.

Una prima riflessione deve dunque necessariamente partire da ciò che l'informazione, e quella giornalistica in particolare, rappresenta nel mondo contemporaneo. Non a caso la nostra società è stata identificata dagli studiosi come società dell'informazione e quindi fortemente dipendente da questa attività, intesa sempre in quella pluralità di significati già esaminati e corrispondenti a professioni assai diverse fra loro.

In un vecchio ma ancora interessante studio del 1967 e pubblicato due anni più tardi (32), il giurista Aldo Loiodice parlava del diritto d'informazione (inteso nel senso giornalistico) come di una sorta di precondizione alla Carta costituzionale. In altri termini, scriveva Loiodice, se la Costituzione italiana postula la realizzazione dello Stato attraverso la partecipazione del cittadino alla vita democratica, è fuori di dubbio che tale partecipazione possa avvenire solo nel caso in cui il cittadino sia informato. Se c'è una riunione di partito piuttosto che del consiglio comunale, chiunque voglia parteciparvi deve esserne a conoscenza. Proprio da questa riflessione, foriera di spunti interessanti per quel che riguarderà poi la dimensione più specificamente giuridica della professione, si può guardare all'attività giornalistica e più in generale alle molteplici ramificazioni dell'informazione come alla "precondizione" della società contemporanea. Chi oggi fosse estraniato dal complicato sistema di reti informative sarebbe come un pesce fuor d'acqua. E questo a qualunque livello della società venisse svolta l'analisi: il semplice conoscere gli orari di apertura del supermercato o le zone della città a parcheggio gratuito diventa una "notizia" nel nostro vivere quotidiano.

L'attività giornalistica e più in generale le molteplici ramificazioni dell'informazione come «precondizione» della società contemporanea

Lo sviluppo economico non può esistere in una società "chiusa", restia a far circolare le informazioni. Basta guardarsi intorno per convincersene: dalla Cina a Cuba, dalla Nord Corea all'Iran, non c'è possibilità di sviluppo se non allargando i confini della libertà d'informazione.

L'assoluta importanza dell'informazione e gli imprevedibili effetti che può provocare assegnano particolari responsabilità a coloro che sono chiamati a occuparsene. Ai giornalisti in primo luogo, ma anche ai pubblicitari e ai più vari comunicatori: accanto allo specifico impegno di settore, è fatto carico loro di avviare e alimentare un più generale processo di "apertura" della società, molto spesso mettendo a rischio anche la stessa vita, come dimostra per esempio la strage continua di giornalisti nei paesi della Federazione russa e in altri angoli del pianeta. Un impegno così forte, con gesti che vanno bel al di là della diffusione della singola notizia, non può non poggiare su pilastri etici di assoluta stabilità.

Accogliendo la definizione di **agente** propria dell'etica dell'informazione, si può dire che anche su un *software* ricada una pari responsabilità nel determinare una società più o meno aperta. E per convincersene basterà ricordare la battaglia che, agli inizi del nuovo Millennio, si è scatenata attorno al predominio mondiale del sistema operativo Windows: nel momento in cui diventasse davvero unico e continuasse a restare segreto nella parte relativa ai codici di accesso, è chiaro che ci sarebbe una sorta di dittatura tecnologica in aperto contrasto con la libertà dell'individuo. È del tutto evidente infatti che l'informazione – così come essa è per definizione, cioè libera, tempestiva, corretta – può esistere solo in presenza di una reale libertà, anzi, in più situazioni esse sono la stessa sostanza sotto abiti diversi. Se il giornalista non avesse la possibilità di accedere alle fonti che ritiene necessarie, di andare là dove si verificano gli eventi che vuole raccontare, che informazione fornirebbe? Ma, allo stesso tempo, quale sarebbe il suo grado di moralità se rinunciasse a cercare fonti attendibili? E i cittadini, di fronte a "veline" e comunicati stampa delle autorità o delle grandi aziende, quale potere potrebbero contrapporre? (33)

In realtà ogni volta che un cittadino vuole conoscere eventi, situazioni, analisi e personaggi – in altri termini, vuole informarsi – è costretto a compiere un atto di fede. Egli accetta di dare fiducia, di credere all'interlocutore che si è scelto o che in quel momento è disponibile. È questo atto di fede che carica di responsabilità tutti coloro che svolgono attività informativa e i giornalisti in particolare. Ogni volta che c'è un particolare omesso, un concetto distorto, una notizia nascosta, si verifica un piccolo grande tradimento, si viene meno cioè a quel tacito patto che i cittadini sono in qualche modo obbligati a stringere con i giornalisti, fidando nella loro solidità etica e nella preparazione professionale. È ciò che comunemente si indica con il termine "credibilità". Un giornalista che raggiungesse la certezza di non avere più un lettore o un ascoltatore vedrebbe dissolversi la necessità di essere credibile e dunque di un agire morale nella professione. E la stessa attività giornalistica diventerebbe priva di senso.

Una informazione così come essa è per definizione, cioè libera, tempestiva, corretta, può esistere solo in presenza di una reale libertà

Lo sviluppo tecnologico consente oggi facilmente a un gran numero di persone di accedere ai circuiti dell'informazione come soggetti attivi, in grado di produrre notizie nei più vari ambiti della vita sociale e nelle forme più diverse. Basti pensare alla frequenza di siti "personali" sul *web* o ai siti di discussione, i cosiddetti *blog*, fino ai veri e propri portali. È un fatto nuovissimo nella forma, reso facilissimo nei paesi sviluppati, ma ancora poco conosciuto e praticato in tutte quelle aree povere e poverissime del pianeta. La sostanza di tale straordinario processo, però, ha radici lontane. Internet e tutti gli altri strumenti di comunicazione non hanno fatto altro che allargare a dismisura, nello spazio e nel tempo, quella che una volta era la "piazza", l'*agorà* della Grecia antica. Esattamente come accadeva nella piazza, però, dove le voci si mescolavano e si sovrapponevano rendendo spesso impossibile distinguere fatti realmente accaduti da episodi immaginari o creati ad arte per scopi poco nobili, dove era difficile discernere racconti interessati da opinioni trasparenti, dove i lestofanti erano confusi con le persone oneste, così succede oggi nell'*agorà* telematico di Internet. Chi dà la garanzia che un evento diffuso attraverso la rete sia davvero accaduto e con quelle modalità e con quei particolari? Basta la semplice traslazione temporale per falsificare un fatto: un filmato autentico di un'azione commessa un anno fa ma trasmesso oggi diventa un falso, un'alterazione della realtà se quando viene diffuso si omette il "quando" è accaduto, inducendo così a credere che sia fresco del momento.

Il problema dunque resta lo stesso anche se può nascondersi sotto esigenze diverse: la necessità di una forte coscienza etica in chi si assume il compito di fare informazione. Una moralità che, come si è visto, diventa essa stessa condizione di libertà e di autonomia di giudizio. Un'informazione amorale risulterebbe gravemente menomata e facilmente si trasformerebbe in menzogna, propaganda o pubblicità.

Il prezzo da pagare per mantenere le condizioni di questa libertà è altissimo per il giornalista e il progressivo venir meno di una sensibilità etica fa sì che sempre meno persone siano disposte a farsene carico. La professione a livello sociale resta certo prestigiosa e ancora ambita, spesso guardata con favore e interesse, ma nella realtà si fa strada quella visione che la intende e la interpreta come lavoro impiegatizio e dunque progressivamente più povero di un apporto critico e di un fondamento morale. È proprio questa caduta di tensione etica che favorisce la malainformazione.

1.3.2. Il problema teleologico

Chiarita la necessità della libertà, il successivo problema che si pone al giornalista è perché fare informazione, qual è lo scopo di essa. Una prima risposta è stata già abbozzata: lo sviluppo, e non solo in termini economici, della società. L'informazione costituisce infatti lo strumento più potente, efficace e veloce per accrescere la conoscenza. Se un grande studioso stesse chiuso in una torre d'avorio a confutare e sperimentare teorie e ipotesi è probabile che arriverebbe a nuove scoperte, ma se non avesse la possibilità di mettere a disposizione di altri – di "comunicare" – i frutti di questo suo lavoro, tutto morirebbe con lui e la società di cui facesse parte non si sarebbe neppure accorta della sua esistenza. Non a caso nel mondo della scienza studiosi e ricercatori vengono valutati sulla base dei lavori pubblicati, cioè dei risultati ottenuti e messi a disposizione della comunità scientifica perché possano essere discussi, confutati, approfonditi.

Il primo problema per il giornalista è chiarire perché fare informazione, qual è il suo fine

Ma sul piano dell'individuo c'è ben altro. In un memorabile saggio del 1786, "Che cosa significa orientarsi nel pensare", Immanuel Kant così scriveva: «Si dice abitualmente che il potere supremo può toglierci sì la libertà di parlare o di scrivere, ma non la libertà di pensare. Ma in quale misura e con quale esattezza sapremmo noi pensare se non pensassimo per così dire in comunione con gli altri, cui noi comunichiamo i nostri pensieri e che a noi comunicano i loro? Si può ben dire che quel potere esterno che toglie agli uomini la libertà di comunicare liberamente i propri pensieri toglierebbe loro anche la libertà di pensare; la quale è l'unico tesoro che ancora ci rimane in mezzo a tutti i pesi della condizione civile ed è anche l'unico aiuto che può ancora soccorrerci contro tutti i mali di quella condizione». Un brano di straordinaria attualità e nel quale il grande filosofo sostiene che libertà di comunicare e libertà di pensare sono la stessa identica cosa. Ogni volta quindi che il giornalista svolge il suo lavoro, ogni volta che crea una comunicazione attraverso gli strumenti propri della professione, egli pensa e induce ascoltatori, telespettatori, lettori a fare altrettanto. Nell'ottica kantiana pensare significa immediatamente giudicare, valutare, esercitare cioè le proprie capacità critiche. Ecco la ragione per cui non può esistere un giornalismo che non sia "critica della realtà", ecco perché proprio l'apporto critico del giornalista, insieme al requisito dell'attualità, contraddistinguono la nostra professione da quella degli altri comunicatori. I giornalisti hanno il dovere di tenere vive le coscienze attraverso l'esercizio del pensiero, non di addormentarle con le promesse della pubblicità, o peggio, con le demagogie dei politicanti.

Oggi assistiamo però, con frequenza sempre più preoccupante, a ciò che da più parti è stato definito come un "imbarbarimento" dell'informazione, soprattutto in Italia. Il fenomeno è legato alla progressiva crescita degli effetti determinati da due meccanismi in azione da tempo. Il primo è la sempre maggiore spettacolarizzazione dell'informazione, che – si ritiene – funziona soltanto se colpisce l'attenzione dando – appunto – spettacolo. Ma ogni spettacolo, per reggere, deve incuriosire: e ciò che incuriosisce il grande pubblico è purtroppo ciò che solletica gli istinti più bassi. L'icona, paradossale ma non troppo, di tale concezione, è rappresentata dalla trasmissione di alcuni telegiornali le cui conduttrici erano nude in studio.

Il secondo meccanismo è dato dalla trasformazione dell'informazione da esercizio di una libertà a strumento per battaglie personali e di potere. Ecco allora che viene meno la dignità del giornalista con la conseguente perdita di credibilità, il che determina la paradossale situazione di coinvolgere l'intera categoria in un generale processo di delegittimazione. È questa una delle concause che hanno portato tanto a un calo delle vendite dei giornali quanto a un crollo degli ascolti dei telegiornali. «Affermazioni quali "l'ha detto la tv" o "c'è scritto sul giornale" non provocano più quell'effetto certificativo e legittimante che hanno avuto in un passato anche recente. La legittimazione fornita dall'aver avuto copertura mediale, dall'essere stato vagliato dalla professionalità giornalistica non esime dal dubbio, dall'incertezza, dalla contraddizione e dalla smentita. Con evidenti conseguenze sullo *status* del messaggio giornalistico» (34).

I giornalisti hanno il dovere di tenere vive le coscienze attraverso l'esercizio del pensiero, non di addormentarle con le promesse della pubblicità

Si deve ribadire allora che l'informazione è tale solo nel momento in cui è condizione di libertà ed è al servizio della collettività, cioè della persona intesa in tutte le sue possibili determinazioni sociali. Una notizia che soddisfi la mera curiosità non fa informazione, ma serve a solleticare pruderie varie, ad alimentare quel chiacchiericcio pettegolo di sottofondo dell'*agorà* nel quale era difficile districarsi già qualche migliaio di anni fa. Oggi lo abbiamo nobilitato nel nome chiamandolo "*gossip*".

Se in un sito o in un *blog* si racconta ciò che si è visto durante le vacanze o quel che accade in ufficio è certamente un esercizio di libertà. Una "manifestazione del pensiero", forse nella sua espressione più genuina e anche costituzionalmente protetta. Ma questa possibilità di espressione non può essere paragonata all'informazione, proprio perché – nella migliore delle ipotesi – nasce per soddisfare quel primordiale bisogno comunicativo dell'uomo in quanto essere vivente cui si accennava nelle pagine precedenti, non per assumere una qualche rilevanza sociale. Potrà essere comunicazione allo stadio più semplice, ma non è informazione. Perché mettere *in-forma* quella comunicazione significa innanzitutto darle uno scopo, un fine che in qualche modo è obbligato: deve essere cioè indirizzata all'utilità o all'interesse degli altri. Vedremo in seguito come il diritto abbia fortemente valorizzato questo aspetto ponendo la rilevanza sociale della notizia come condizione necessaria per la sua diffusione anche in quei casi in cui risultasse lesiva dei beni più importanti della persona.

La prima valutazione che un giornalista deve fare è dunque chiedersi **perché** pubblicare una notizia, perché raccontare un fatto, perché fornire certi dettagli.

Naturalmente la domanda vale anche all'incontrario, cioè chiedersi perché non dar conto di un evento, di una opinione. E subito dopo il giornalista dovrà chiedersi ancora se quella informazione serve o può servire a una massa indistinta di persone oppure solo a qualcuno, che magari è la stessa fonte su quei fatti. Attenzione, non è chiesta al giornalista la valutazione di una notizia rispetto a parametri precostituiti di buono e cattivo, bello e brutto, giusto e ingiusto: se così fosse, a prescindere dai criteri di riferimento assunti, si andrebbe verso una forma di odioso giornalismo etico, che è l'esatto contrario di un'etica nel giornalismo. La prima valutazione da farsi è rispetto all'utilità sociale di quella informazione, di quale contributo di conoscenza, per quanto piccolo, potrebbe fornire alla collettività. Perché non c'è dubbio che l'unico contesto in cui può darsi una autentica informazione sia quello sociale, del servizio alla persona. Nel compiere questa valutazione il giornalista non deve mai perdere d'occhio quella che è la prima declinazione concreta del diritto all'informazione: il diritto dei cittadini a non essere imbrogliati. Come scrive Giovanni Bechelloni «se i depositari del diritto all'informazione sono i cittadini non può accadere che siano i giornalisti a ottenere più spazio e più rilievo per le loro prestazioni, né può accadere che, in assenza di informazioni serie e controllate, si abbondi in supposizioni, ipotesi e opinioni» (35).

L'attività giornalistica ha bisogno di sottoporre continuamente a verifica tutto ciò di cui si occupa

Il rischio di sbagliare è così alto che anche i giornalisti più bravi ed esperti ne restano vittime. E non solo di fronte alla diffusione di notizie che interessano solo chi le ha fornite, ma spesso anche a causa della superbia personale, del voler dimostrare cioè che si è più bravi degli altri colleghi. Si pubblicano un particolare, una circostanza – che spesso feriscono profondamente gli inermi soggetti cui si riferiscono – non perché siano utili alla comprensione dei fatti, ma semplicemente per dimostrare la propria inarrivabile capacità professionale. Anche questo tipo di comportamento, che a guardar bene è figlio della stessa mancata considerazione dell'elemento sociale, porta a un decadimento morale della professione. La codificazione deontologica vi ha posto un argine introducendo il principio della "essenzialità dell'informazione", chiedendone al giornalista il rispetto e ponendolo come limite principale alla possibilità di introdursi nella vita privata della persona.

Come si può facilmente osservare, l'attività giornalistica ha bisogno di sottoporre continuamente a verifica tutto ciò di cui si occupa. Deve farlo spesso in tempi ristrettissimi e ciò è causa di infortuni, ma questo non pregiudica in maniera negativa la moralità del comportamento. Anzi, è il trasformarsi in un docile megafono di altri ciò che offende l'etica professionale. E non importa chi sia l'altro: dalle fonti più autorevoli all'ultimo delinquente, ogni affermazione riportata, ogni immagine, ogni suono devono essere sottoposti a un vaglio critico prima che siano diffusi. Ecco perché il giornalista non può affidarsi né a un'*etica della verità* né a un'*etica della responsabilità*, che pure in alcuni casi sarebbe molto comodo invocare. È solo attraverso un'*etica del dubbio* che il giornalista può svolgere con senso morale – "critico", ricorderebbe ancora Kant – la sua professione. Perché come scrive il giurista Gustavo Zagrebelsky «al di là delle apparenze, il dubbio non è affatto il contrario della verità. In certo senso ne è la ri-affermazione, è un omaggio alla verità. È incontestabile che solo chi crede nella verità può dubitare, anzi, dubitarne. (...) Il dubbio si esprime così: *sarà davvero vero?*, e questo, in certo senso, è un duplice omaggio alla verità, insieme al riconoscimento della nostra limitatezza nei suoi confronti. Il dubbio contiene quindi un elogio della verità, ma di una verità che ha sempre di nuovo da essere esaminata e ri-scoperta. Così l'etica del dubbio non è contro la verità, ma contro la verità dogmatica, che è quella che vuole fissare le cose una volta per tutte e impedire o squalificare quella cruciale domanda: *sarà davvero vero*?» (36).

1.3.3. Il problema ontologico

Nel paragrafo precedente si è fatto ampio uso del termine "notizia" dandone per scontato il significato giornalistico. In realtà non si tratta di una questione così semplice, tanto è vero che non esiste una precisa ed esaustiva definizione di ciò che è notizia. Proprio capire ciò che può essere davvero notizia costituisce il secondo ordine di riflessione per il giornalista: è ciò che si può definire come il problema ontologico della professione.

Il secondo problema per un giornalista è capire quale evento può trasformarsi in una notizia

Le varie scuole di sociologia hanno provato nel corso degli ultimi decenni a dare definizioni più o meno ampie di che cosa sia una notizia. Tutte quante, però, pur abbracciando tipologie più o meno vaste di eventi, non riescono ad essere esaustive. Secondo Walter Lippmann, il creatore del concetto di "opinione pubblica" e tra i primi studiosi di questi problemi, «la notizia non è uno specchio delle condizioni sociali, ma la cronaca di un aspetto che si è imposto all'attenzione». In questa sua visione resta fuori dall'ambito della notizia tutto ciò che riguarda direttamente gli stati d'animo, le emozioni, i sentimenti, le aspirazioni, le intenzioni sia individuali che collettive (37).

Una definizione che rischia di essere tautologica afferma che la notizia è il resoconto di un evento, di un fatto. Resta come si vede aperta la fondamentale questione di capire quando e perché certi "fatti" finiscono sui giornali e altri no. Cioè si sposta l'attenzione dalla notizia all'evento, ma il problema, la risposta al *quid est,* non trova soluzione. Anzi, alcuni studiosi hanno elaborato la teoria dei "fattoidi" cioè di pseudo eventi creati ad arte per dare spazio sui *media* a qualcuno o a qualcosa (38). Come si vede sono numerose le trappole di ogni natura che il giornalista deve cercare di evitare lungo il suo agire professionale.

Anche l'elaborazione di diversi criteri di «notiziabilità» non offre grande aiuto. Un primo insieme si basa sul concetto di "vicinanza" dell'evento al probabile fruitore. Secondo la cosiddetta legge di McLurg (attribuita a un redattore della *Bbc*) «l'importanza di un evento scema in misura inversamente proporzionale al crescere della sua distanza dalla porta di casa vostra». Un altro insieme di criteri si basa sul concetto di tempo e sulla natura del mezzo usato (giornale, tv, radio o Internet) per cui si hanno le *spot news* (notizie di eventi imprevisti e immediati, come un terremoto o un incendio); le *developing news* (notizie di eventi attesi ma che richiedono tempo per svilupparsi, come una seduta parlamentare o una partita di calcio); le *continuing news* (notizie di eventi dallo sviluppo frammentario, come l'andamento di una guerra o le quotazioni del petrolio); le *running news* (notizie di eventi in corso e che non si sa quando si concluderanno, come una trattativa sindacale o un sequestro di persona). Naturalmente ogni strumento le valorizzerà in maniera diversa. Radio e tv enfatizzeranno le *spot news*, mentre la stampa si concentrerà su *developing news* e *continuing news*, mentre Internet, grazie alla possibilità di aggiornamenti continui privilegerà le *running news*. Come si può osservare si tratta di criteri che, ancora una volta, danno per scontato che quell'evento meriti di trasformarsi in notizia.

Sostiene il sociologo americano David Altheide: notizia è ciò che i giornalisti decidono di pubblicare

A questo punto l'unica definizione che sembra accettabile è proprio quella data – non senza una certa dose di acrimonia – dal sociologo americano David Altheide (39): notizia è ciò che i giornalisti decidono di pubblicare. Certo si può osservare con Alberto Papuzzi che «per quanto si possa tendere a oggettivare l'informazione su un avvenimento, rimane sempre al fondo della notiziabilità un margine di discrezione che è la valutazione dell'avvenimento e risponde a un altro tipo di domande: a chi interessa? Perché interessa? Come sarà letto? Dove sarà letto? ». In definitiva solo una definizione come quella del sociologo americano consente di spiegare le notizie pubblicate, ma anche quelle taciute, e di individuare il vuoto ontologico che molto spesso è presente alla base della scelta. Non si capisce infatti perché intere categorie di eventi si ritiene che «non fanno notizia», per cui nei tg ci sarà spazio per il servizio su una nota attrice che questa estate ha scelto di trascorrere le vacanze in un determinato posto, ma non si parlerà assolutamente di stragi e violenze che colpiscono certi popoli dell'Asia o dell'Africa. Semplicemente perché qualcuno stabilisce che «l'Africa non fa notizia». A livello internazionale l'informazione è infatti guidata da quattro-cinque grandi agenzie in grado di dettare l'agenda globale degli eventi meritevoli di attenzione. E un giornalista non può trasformarsi quotidianamente in Don Chisciotte per lottare contro il sistema planetario dell'informazione. Non solo, ma egli deve sempre chiedersi se la diffusione di tutta quella categoria di eventi che esula dai normali parametri di notiziabilità (l'aereo che cade, il terremoto, l'ultima decisione del governo, ecc) abbia le caratteristiche che possano farli rientrare nell'alveo di un'informazione eticamente corretta. Esiste il rischio più che concreto che quando questi eventi dall'anomala notiziabilità approdano nelle redazioni di tv e giornali è perché nascondono interessi molto precisi di gruppi economici o politici, se non addirittura di singoli individui. Come scriveva Giovanni Bechelloni in un saggio del 1991, «il giornalista non è un intrattenitore del pubblico, non è uno scrittore di fantasia, non è un regista di programmi di *fiction* o di varietà. Quando si dedica a queste altre e diverse attività cessa di essere giornalista, cambia mestiere. Se è iscritto a un Ordine professionale, dovrebbe essere sospeso dall'iscrizione per tutto il tempo in cui si dedica a tale attività» (40).

Il quadro fin qui evidenziato, seppur di segno piuttosto negativo nei confronti dell'eticità e della libertà dell'informazione, non deve scoraggiare il giornalista. Per due fondamentali ragioni. La prima è che anche di fronte a "notizie" di dubbia origine e consistenza vi sia comunque la consapevolezza circa le ragioni che inducono a parlare di un evento attraverso i *media*. Interrogarsi sul perché si pubblicano o si tacciono i dati sull'inquinamento atmosferico fa sì che l'agire di quel giornalista sia moralmente impostato. Certo, se avesse la forza di contrapporre proprie valutazioni o dati provenienti da altre fonti, il suo agire crescerebbe di molto in moralità e, inevitabilmente, in professionalità. Ma non sempre questo è possibile, perché il giornalista deve comunque fare i conti con il contesto che lo circonda. In questo contesto rientrano certamente i rapporti di lavoro e quindi anche l'interesse personale a mantenere le sue condizioni di vita, ma anche la possibilità di non essere compresi o di essere fraintesi dall'opinione pubblica. In altri termini, l'etica professionale non chiede al giornalista di trasformarsi in un martire o in un eroe. Anche perché se così fosse, bisognerebbe tenere in conto il proliferare di *kamikaze* dell'informazione – molti più di quanti già non ce ne siano – che metterebbero a rischio la credibilità della professione. L'etica pone invece il giornalista continuamente di fronte alla necessità di chiedersi il perché delle cose, esaminando ogni evento e ogni opinione col lume della ragione. È la pratica del dubbio che deve sorreggerlo in ogni passo.

In altri termini, l'etica professionale non chiede al giornalista di trasformarsi in un martire o in un eroe

Il secondo motivo per cui un giornalista non deve scoraggiarsi risiede nel fatto che se non può resistere più di tanto ai condizionamenti globali, può invece esercitare con più efficacia il suo agire etico a mano a mano che la notizia si sposta sulla realtà a lui più vicina. E qui il discorso è riferito in particolare a una specifica figura di giornalista: il cronista. Centinaia di eventi accaduti in Italia negli ultimi tempi, hanno offerto cronache non sempre moralmente ineccepibili. A volte così compromesse sotto l'aspetto teleologico e ontologico da costituire una aperta violazione disciplinare e richiedere l'intervento dell'Ordine o, addirittura, della magistratura (41). Molto spesso la causa risiede in una insufficiente preparazione professionale, in una scarsa sensibilità etica, oppure nella disperata ricerca – un po' per orgoglio personale, un po' per la spietata concorrenza fra le testate – del particolare sempre più intimo. Se non si riesce a tenere presente che la persona e la sua dignità restano, seppur in maniera elastica, un argine al diritto cronaca, non sarà possibile sottrarsi alla malainformazione. Non si tratta, come pure qualcuno auspicherebbe, di realizzare giornali e tg fatti solo di buone notizie. L'informazione – senza aggettivi – è solo quella che non altera la realtà sostanziale dei fatti. E compete tanto al cronista, che deve decidere in prima battuta su quali elementi puntare e quali dettagli considerare, quanto al redattore, cioè al giornalista chiamato a confezionare il notiziario, non importa se diffuso attraverso un sito telematico, un giornale o un tg.

L'indeterminatezza del concetto di notizia si è riverberata sulla figura del giornalista: allo stato non esiste una sua esaustiva definizione. Anche i giudici non sono riusciti a circoscrivere le caratteristiche della sua attività. Hanno individuato solo alcuni elementi raccolti in più sentenze e poi sintetizzate in un pronunciamento della Cassazione civile: «Costituisce attività giornalistica la prestazione intellettuale, nella sfera dell'espressione originale o di critica rielaborazione del pensiero, la quale, utilizzando il mezzo di diffusione scritto, verbale o visivo, è diretta a comunicare a una massa differenziata di utenti idee, convinzioni o nozioni, attinenti ai campi più diversi della vita spirituale, sociale, politica, economica, scientifica, culturale, ovvero notizie raccolte ed elaborate con obiettività, anche se non disgiunta da valutazione critica» (42).

Di volta in volta il giornalista è stato visto quindi come un testimone, un mediatore o addirittura un missionario: figure che fanno sempre riferimento a un contesto sociale e cariche di un forte contenuto etico. Allora ciò che è davvero difficile definire non è tanto che cosa sia il giornalismo o il giornalista, bensì circoscrivere gli elementi essenziali che li costituiscono. E questo, detto francamente, forse non sarà mai possibile se non in una formulazione così astratta da risultare inutile. La ragione sta nella pluralità di situazioni e di funzioni legate all'attività giornalistica, ma tipiche anche del vasto e complesso mondo della comunicazione in cui – come si è visto – le stesse parole chiave contengono sempre un'alta percentuale di indeterminatezza dell'oggetto.

Di volta in volta il giornalista è stato visto quindi come un testimone, un mediatore o addirittura un missionario

E su questo ultimo punto bisogna aprire un'ampia parentesi perché lo sviluppo tecnologico da un lato e gli interessi economici dall'altro stanno portando a uno snaturamento dei singoli mezzi di comunicazione mettendo così a rischio la possibilità di un agire eticamente consapevole del giornalista.

1.3.4. Il problema tecnologico

Non c'è dubbio che il primo moderno strumento di comunicazione sociale sia stato il giornale a stampa. Nato come notiziario economico, si è via via trasformato, allargando alla politica, alla cultura e allo sport la sua sfera d'interesse fino a farlo diventare quel che oggi vediamo. Per sua natura il giornale è uno strumento di comunicazione di tipo *concettuale*. La comunicazione avviene cioè attraverso la parola scritta e con tutti i meccanismi mentali a questa connessi. Solo in un secondo momento si affianca anche una componente basata sull'immagine e dunque sulle foto poste a corredo degli articoli ma anche e soprattutto sui titoli e sulla loro collocazione in pagina. Prima ancora che attraverso il significato delle parole utilizzate, un giornale – soprattutto in prima pagina – comunica attraverso l'immagine-titolo: l'altezza, l'estensione e la posizione. Dalla dimensione del titolo e dal suo posto all'interno della pagina il lettore percepisce immediatamente l'importanza e il valore che il giornalista ha voluto dare a quell'evento. Da questa peculiare facoltà discende un'altra caratteristica distintiva dell'informazione a stampa: la possibilità di trasmettere al lettore una precisa valutazione degli eventi grazie alla *gerarchia* delle notizie creata nella pagina. Naturalmente non si tratta di una gerarchia assoluta, ma di una piramide costruita secondo quelli che sono i parametri abitualmente utilizzati da quella testata e che, evidentemente, sono condivisi dalla maggioranza dei suoi lettori.

Come sono oggi i nostri giornali, i quotidiani soprattutto? Sono certamente molto più belli di quelli del passato. Hanno ridotto le dimensioni, sono più maneggevoli e quindi si facilita la lettura; sono ormai quasi tutti completamente a colori e questo per imposizione degli inserzionisti pubblicitari ai quali il bianco e nero restringe il campo dei registri comunicativi. Proprio a causa delle ridotte dimensioni, tendono a sviluppare gli argomenti in pagine monotematiche, frazionandoli in più articoletti o raggruppando notizie in qualche modo apparentabili. Questo che in molti ritengono sia uno sviluppo del vecchio quotidiano e dunque giudicano come un progresso è in realtà una sorta di eutanasia verso la quale sta correndo la stampa italiana e non solo. È nota la previsione di Philip Meyer, quotato studioso dell'editoria americana, che nel suo libro *The Vanishing Newspaper* profetizza la scomparsa della carta stampata per gli inizi del 2043 e ciò viene addebitato all'enorme sviluppo di altri mezzi, a cominciare dall'informazione elettronica, e dalla mancanza della carta. È difficile dire se quest'analisi così pessimistica sia azzeccata o se, come ritengono altri studiosi tra cui il nostro Umberto Eco, i giornali non spariranno perché non c'è mai stato un mezzo di comunicazione che abbia annientato l'altro, ma anzi, dopo una fase di crisi, si è creata una positiva interazione.

Il pericolo vero per la stampa quotidiana forse risiede nel progressivo snaturamento delle sue qualità

Il pericolo vero per la stampa quotidiana e per quella italiana che più delle altre ha puntato su un processo di *ideificazione* (43) forse risiede però proprio in quello che si diceva prima e cioè nel progressivo snaturamento delle sue qualità. Un giornale più piccolo nel formato e a colori non fa altro che esaltare le capacità comunicative legate all'immagine a discapito dell'elemento concettuale, di quel che si potrebbe definire il valore della parola. Non solo, ma si restringe la possibilità di offrire al lettore una gabbia per comprendere con equilibrio e ponderatezza la realtà. Se ogni pagina diventa monografica ed è aperta da un titolo a tutta giustezza, è inevitabile che assumeranno lo stesso peso informativo sia la crisi di governo che la ballerina in minigonna o il mal di pancia del calciatore strapagato. È la logica comunicativa dell'immagine, per sua natura acritica e dunque avalutativa, che prende il sopravvento.

Lo spacchettamento di ogni fatto in più articoletti è tipico invece della logica comunicativa di Internet dove, la difficoltà di lettura in video e la limitatezza della pagina-schermo impongono notizie di lunghezza contenuta ma con la possibilità di continui rinvii a notizie correlate o ad altri aspetti di quello stesso evento.

Un quotidiano così concepito abitua il lettore a una comunicazione essenzialmente di tipo visivo e quindi alla superficialità, poiché il contenuto della comunicazione è pesantemente condizionato dagli elementi di immagine. In tal modo il lettore perde progressivamente la capacità di cogliere i concetti contenuti nelle parole e dunque si allontana dallo specifico del *medium*-giornale. È come se un maratoneta ogni giorno corresse un po' meno: alla fine che atleta sarà? Il quotidiano imita, nella parte che meno gli è consona, altri mezzi di comunicazione come la tv o Internet. Questi strumenti possono contare su caratteristiche funzionali differenti per compensare l'impossibilità di dare un ordine, una gerarchia agli eventi.

Allora, come insegna una vecchia regola, la radio *dà* la notizia e può darla anche nelle situazioni più disparate, con grande immediatezza e freschezza; la tv *mostra* la notizia, anche in questo caso con grande tempestività e originalità; il quotidiano *spiega* la notizia, poiché racconta il perché di quegli eventi. Ma è proprio quest'ultimo compito che, soprattutto attraverso gli aspetti formali, sta venendo meno, svuotando il pubblico dei lettori, sempre più convinti che in fin dei conti per informarsi basta "sentire" un telegiornale o leggere i messaggini in arrivo sui telefonini. Il processo è in qualche modo favorito dal sistema politico in quanto proprio l'attività critica del giornalista, che tiene desta la coscienza dei singoli lettori, può disturbare un esercizio spregiudicato e irresponsabile del potere. Insomma, quando un cane da guardia abbaia, qualche problema lo crea.

A parziale giustificazione delle recenti scelte editoriali c'è da dire che gli studiosi rilevano una sorta di "crisi della parola" nell'epoca dominata dalla cultura digitale e dunque i quotidiani in progressivo allontanamento dal *format* giornale sarebbero in linea con i tempi. Una tesi che porta a ipotizzare che anche la "crisi morale" della società contemporanea possa essere in qualche modo una crisi cognitiva generata dalla imperante digitalizzazione. Essa è infatti caratterizzata da condiscendenza acritica per ogni elemento d'informazione, stante la mancanza di filtri su Internet; dal narcisismo incoraggiato dai vari espedienti elettronici (vedi *facebook* e simili); dalla mancanza di difese davanti alla fatica; dalla chiusura entro un eterno presente senza passato né futuro; dall'indifferenza al nesso causa-effetto; dalla difficoltà di rendersi conto delle conseguenze di un'azione. Il primato della cultura digitale, così rapida e iconica, rischia di corrodere la capacità di verificare e ragionare, cioè le attività in cui di fatto si sostanzia il giornalismo (44).

Il primato della cultura digitale, così rapida e iconica, rischia di corrodere la capacità di verificare e ragionare, cioè le attività in cui di fatto si sostanzia il giornalismo

Le argomentazioni di carattere teorico appena esposte trovano conferma nella prova empirica: ogni giornale che ha proceduto a una riforma grafica secondo le caratteristiche prima accennate, non ha visto incrementare le vendite, ma solo gli introiti pubblicitari e questo spesso solo nella fase immediatamente successiva all'innovazione. Di qui la domanda etica: perché sopravvivano, i giornali devono trasformarsi in amorali contenitori pubblicitari?

Il successo che anche in Italia sta ottenendo la cosiddetta *free press*, cioè la stampa che vive dei soli introiti della pubblicità ed è distribuita gratuitamente in un numero esorbitante di copie, prelude a una risposta positiva alla precedente domanda?

E se così sarà, quale autonomia e quale libertà avranno i giornalisti? Non saranno per caso degli impiegati di redazione che a colpi di *copia-e-incolla* dalle agenzie e dalle banche dati riempiranno i vuoti lasciati in pagina dalla pubblicità?

Per non parlare poi dei due fondamentali problemi etici affrontati all'inizio di questo capitolo: come si potrà valutare il perché della pubblicazione di una notizia e quale evento meriterà di diventare notizia? Per paradossale che possa sembrare, i veleni che lentamente ma inesorabilmente stanno soffocando la stampa quotidiana in Italia sono gli stessi tentativi per salvarla. Tentativi fatti però in funzione di un imperativo economico e non di una scelta di etica pubblica.

Per brevità non ci soffermiamo sugli altri strumenti della comunicazione – radio, tv, Internet, sms – il loro incessante sviluppo è sotto gli occhi di tutti. Due aspetti però ci preme sottolineare. Il primo è che la caratteristica costante nello sviluppo di questi mezzi è di essere sempre più alla portata di tutti, sviluppando una immediata familiarità con l'utente. Basta un telefonino per scattare foto o girare brevi filmati che fanno sentire tutti novelli cronisti d'assalto e che in qualche caso documentano davvero grandi eventi (45). Ciò ingenera la facile convinzione che in realtà tutti possano trasformarsi in giornalisti, facendo a meno del necessario bagaglio di conoscenze teoriche, pratiche, giuridiche e, soprattutto, etiche. Il secondo aspetto lo rilevava già Giovanni Bechelloni nel 1993: «Le trasformazioni recenti del modo di fare giornalismo (dalla moltiplicazione delle edizioni dei tg all'aumento della grandezza dei caratteri su ogni titolo di quotidiano o periodico) vanno tutte nella direzione dell'urlo e del gigantismo, come se d'improvviso gli italiani fossero diventati tutti più sordi o più ciechi» (46). E così ogni temporale diventa un'emergenza maltempo e ogni battuta di un *leader* politico lo spunto per avviare interminabili dibattiti sul vuoto centrifugato.

«Le trasformazioni recenti del modo di fare giornalismo vanno tutte nella direzione dell'urlo e del gigantismo»

1.3.5. Il problema della verità

Nelle pagine precedenti è stato volutamente evitato il termine "verità" e questo per non introdurre alcun elemento di disturbo nella trattazione delle questioni etiche. Il tema della verità è infatti un problema etico di per sé e dunque con larghe probabilità di inquinamento di un discorso che lo utilizzasse come valore o punto di riferimento. Ciò naturalmente non significa che non se ne debba parlare a proposito di etica professionale.

Per molti anni la riflessione sul giornalismo italiano è stata pesantemente condizionata dal mito della ricerca della verità. Un simile concetto – nel contesto del discorso sulle etiche – non c'è dubbio che appartenga alla tradizione classica, che postula valori trascendenti e immutabili. «Io sono la via, la verità e la vita», dice il Gesù del cristianesimo. Una prospettiva certamente affascinante ancorché feconda di comportamenti morali, ma che non rientra nell'ambito di quelle etiche applicate all'interno della quali – come è stato visto – si colloca l'etica del giornalismo.

Nella Grecia fra il V secolo prima di Cristo e il V secolo dopo Cristo era praticata la "*parresia*", una virtù che prevedeva il diritto-dovere di dire sempre la verità. Il primo a parlarne fu Euripide – come ricordava Michel Foucault nelle conferenze tenute all'università californiana di Berkeley un anno prima di morire – mentre l'ultimo fu Giovanni Crisostomo (47). Foucault osserva che per praticare la *parresia* occorre innanzitutto coraggio. Il problema cioè non è quale verità dire, ma chi la deve dire. E il coraggio è indispensabile visto che gli antichi greci ritenevano che per dire la verità occorresse dire tutto ciò che si ha in mente, esattamente come suggerisce l'etimologia della parola (*pan* = tutto e *rhema* = ciò che si pensa). Insomma l'esatto contrario della prassi di Ulisse che i greci chiamavano *phronesis* e che noi preferiamo tradurre con astuzia. Nella *parresia* e nell'indispensabile coraggio per praticare questa virtù dovrebbero essere accomunati i giornalisti di tutto il mondo. Ma evidentemente c'è un prezzo troppo alto da pagare, soprattutto in un paese come l'Italia, dove la cosa più facile da fare è smentire i giornalisti.

A questo punto è opportuno chiedersi che cosa sia la verità. Una domanda antica, che già Pilato fece a Gesù, ma dando per scontato che non vi fosse la risposta. Il nostro vocabolo *verità* proviene dal latino «*veritas*» (tedesco: *Wahrheit*) e nascerebbe dal verbo *vereor* «aver paura, temere», riferendosi al culto, al mistero. Si è pensato che derivasse dal sanscrito *vra-ta-m*, azione sacra, voto. La radice sanscrita *Vr* significa coprire, avvolgere. Varuna, somma divinità dei Veda, è Dio avvolgente. Secondo Francesco Adorno deriverebbe dall'area slava e in origine significava «fede», intesa nel senso più ampio della parola, tanto che in russo fede si dice «*vara*» e la nostra fede nuziale si chiama anche «vera».

La verità è racchiusa in una doppia negazione: è ciò che non è non visibile

Ma il concetto di verità più radicato e interessante è certamente quello del greco *aletheia,* costituito dalla *a*-privativa davanti a *lath* (che vuol dire passar oltre, sfuggire, restare ignoto). Da questa parola deriva anche *lanthano* che significa coprire e a sua volta dà origine al nome *Lete*, il mitologico fiume dell'oblio. La verità è qui racchiusa in una doppia negazione: è ciò che non è non visibile. Dunque qualcosa che va sottratta al nascondimento e che resta salda nel fluire del tempo, ma anche qualcosa che viene *dis-velata*, che è il contrario di ciò che si copre: è ciò che si scopre nel giudizio. «La verità da un lato è un fatto in cui si ha fede, assunto come vero senza riflessione critica – scrive una giurista con la passione della filosofia come Sabrina Peron – dall'altro lato, è ciò che si scopre nel saper pensare, nell'esercitare un'attività di ragionamento critico» (48). E ancora aggiunge: «Questa ambiguità inevitabilmente si riflette in quello che, giornalisticamente parlando, viene definita come "verità della notizia". Quest'ultima, difatti, viene assunta (almeno tendenzialmente) come vera da parte del pubblico dei lettori sulla base di una relazione fiduciaria con il mezzo mediatico in generale e con il giornalista in particolare, il quale ultimo si pone come una sorta di testimone affidabile (e possibilmente imparziale) dei fatti che racconta e che chiede, pertanto, di venire creduto. In altre parole, i *mass-media* presuppongono una "promessa di verità" che ha lo scopo di produrre un "effetto di credenza" tra il pubblico dei lettori» (49).

Il giornalismo anglosassone ha sempre tenuto in grandissima considerazione il problema della verità, nel senso di *aletheia,* intesa più empiricamente sì come "fatto" disvelato, ma anche verificato attraverso diversi riscontri. L'ossessione della verifica della notizia e della attribuzione a fonti certe ha permeato anche la letteratura e il cinema dando vita a capolavori che hanno sedotto milioni di spettatori e hanno creato buona parte della "mitologia" della professione.

Nel diverso grado di attenzione al problema della verità da parte del giornalismo di scuola anglosassone è indubbio l'aiuto fornito dalla differente impostazione professionale, basata sulla netta separazione di *news* (notizie) e *views* (commenti). In Italia questa forma di giornalismo, per quanto da più parti invocata, non è mai riuscita a imporsi e così la ricerca della verità della notizia si è collocata più su un piano ideale che su un reale sforzo di verifica e di discernimento da parte dei cronisti. Insomma tanti dibattiti filosofici, ma poche iniziative concrete. Eppure, un primo e autorevole riferimento al problema è possibile coglierlo nell'articolo 2 della legge professionale che obbliga il giornalista al rispetto della «verità sostanziale dei fatti» e dunque non a riportare una verità assoluta, metafisica, bensì ad attenersi a una verità legata allo svolgimento degli accadimenti quotidiani. Se vogliamo è l'*aletheia* che progressivamente si realizza nel momento in cui è scoperta. È un concetto di verità che il diritto è riuscito a circoscrivere ancora meglio definendolo come «corrispondenza tra i fatti accaduti e i fatti narrati».

Se scopo dell'informazione è una comunicazione critica attorno all'attualità, non c'è dubbio che l'unico territorio praticabile per il giornalista sia quello della verità sostanziale dei fatti. Non può esserci spazio per concezioni totalizzanti, esse appartengono a quella che può definirsi etica della verità e che inevitabilmente finisce per essere un'etica dogmatica.

Il giornalismo anglosassone ha sempre tenuto in grandissima considerazione il problema della verità, intesa come aletheia

1.3.6. Completezza e parzialità

Nell'orizzonte di una verità fattuale assume importanza anche il concetto di parzialità. Un'informazione, per quanto veritiera, è inevitabilmente parziale.

Si provi a immaginare uno spettatore allo stadio. Quanto più sarà lontano dal terreno di gioco tanto più grande sarà la porzione di campo che riuscirà a guardare. Se egli siederà all'ultimo anello, in un colpo d'occhio riuscirà ad abbracciare quasi tutto l'impianto sportivo. Ma in quello stesso momento egli sarà nell'impossibilità di distinguere se un calciatore abbia effettivamente colpito il pallone con la mano o se invece non ci sia stato alcun contatto. Nel momento in cui il suo sguardo si erge al di sopra delle parti e riesce a vedere uno scenario sempre più vasto, perde proporzionalmente capacità di dettaglio.

Il giornalista opera come una macchina fotografica, non riesce mai ad abbracciare completamente la realtà che ha davanti a sé. Alla pari di ogni altro osservatore, nella fase di percezione degli eventi è condizionato da una serie di fattori fisici, culturali e psicologici che rendono parziale anche il suo sguardo più limpido sulla realtà. E ciò avviene prima ancora del manifestarsi di qualunque volontà di parteggiare per un fatto o un personaggio. Di volta in volta il giornalista deve decidere come affrontare quella porzione di realtà oggetto del suo lavoro; deve scegliere se inquadrarla attraverso un grandangolo o un teleobiettivo. Non a caso il concetto cui oggi si preferisce far riferimento è quello di **obiettività**, ma anche in questo caso si è di fronte non a una meta effettivamente raggiungibile, bensì a un traguardo etico verso il quale bisogna tendere. Si tratta di una tensione che nasce sotto il profilo squisitamente professionale ma che poi si trasforma in agire morale ed è in tale forma che sostiene (dovrebbe sostenere) ogni giornalista desideroso di fare bene il suo lavoro. Potremmo definire allora l'obiettività come «l'applicazione dell'imparzialità e della completezza che è scientifica nello spirito non nella forma, ed è nella sostanza il risultato di una cultura professionale e di una consapevolezza critica che spingono il giornalista a sottoporre la sua verità alle necessarie revisioni e aggiunte, sapendo prescindere sia da tesi pregiudiziali sia da interessi di parte» (50). Detto in maniera più pragmatica è «coltivare il gusto della precisione e della misura, mettendo la sordina alle urla, ponendo la ricerca della "verità giornalistica" al primo posto tra gli scopi da perseguire» (51).

Un approccio etico al concetto di obiettività e che sia diverso dal ritenerlo semplicemente un mito da inseguire è dato dal considerare il giornalismo come una fra le principali pratiche di comprensione del mondo, che richiede quindi complesse analisi e interpretazioni della realtà. Di conseguenza «quanto più appare evidente l'opinabilità delle procedure selettive svolte dai giornalisti nel loro lavoro quotidiano, tanto più deve essere chiaro il criterio con cui tale selezione si compie» (52).

Non riuscire a ottenere tutte le carte di un processo, arrivare tardi a una conferenza stampa, può determinare un'informazione incompleta

La tecnica professionale ha elaborato alcuni validi accorgimenti per superare i limiti imposti da una percezione parziale degli eventi e un bravo giornalista dovrebbe conoscerli e farne un regolare uso. Solo quando queste tecniche restano nel cassetto si può dubitare del giornalista: delle sue capacità professionali – carenti molto più spesso di quanto si creda – o della sua moralità.

Accanto al concetto di obiettività vanno spese alcune parole su altri due concetti molto importanti e ai quali anche il diritto, sebbene solo in tempi recenti, ha prestato attenzione: la **completezza** e la **tempestività**.

Con una decisione che ha fatto scalpore, la Corte di Cassazione ha equiparato una notizia incompleta a una falsa (53). In campo giuridico non c'è dubbio che la decisione sia assolutamente corretta. Sul piano etico vanno però operate alcune distinzioni. Una notizia infatti può risultare incompleta per diverse ragioni, la prima delle quali è riconducibile – ancora una volta – alla scarsa professionalità del giornalista. Non riuscire a ottenere tutte le carte di un processo, arrivare tardi a una conferenza stampa, non insistere a cercare una fonte dopo che magari il telefonino è risultato spento, può determinare un'informazione incompleta. Si tratta di una condotta poco corretta professionalmente e riprovevole sul piano morale, ma che esclude comunque una volontà di tacere alcuni particolari. Siamo di fronte cioè a un agire poco responsabile, ma non c'è un'assenza di moralità poiché non si ha contezza di ciò che si è nascosto e dunque non si è consapevoli della gravità delle proprie azioni. È come se una persona sparasse per aria ma non venisse a sapere che quel proiettile ha ucciso qualcuno: il suo gesto è grave, irresponsabile, ma non c'è la consapevolezza di essere un assassino.

Ciò che risulta eticamente inaccettabile è invece quando con cognizione di causa si omettono alcuni aspetti dell'evento di cui ci si occupa. Parlare di un imputato condannato in un processo per più reati, ma senza dire che è stato assolto per altri (e viceversa) è un'azione immorale. E a nulla servono scuse del tipo non c'era spazio o non avevo tempo: è sufficiente la consapevolezza di aver omesso un qualcosa di importante per determinare un comportamento eticamente sbagliato.

Strettamente legato al concetto di completezza vi è quello di tempestività. Il caso più banale è quello di un giornalista entrato in possesso di informazioni riservate che le metta da parte in un cassetto ritenendo che possano essere più importanti in un altro momento. Una volta che quelle informazioni siano state verificate secondo i consueti canoni professionali, non c'è ragione di nasconderle se davvero sono di interesse pubblico. Ogni operazione in senso contrario porterebbe a comportamenti che danno luogo alla cosiddetta "informazione a orologeria", cioè artatamente modificata nei tempi per fare più scalpore o per colpire qualcuno. Un esempio è dato dalla notizia dell'avviso di garanzia al presidente del Consiglio, on. Silvio Berlusconi, pubblicata dal "Corriere della Sera" proprio la mattina del 21 novembre 1994, quando il *premier* s'accingeva ad inaugurare a Napoli il vertice Onu sulla criminalità. A tutti gli osservatori la meccanicistica giudiziaria non è sembrata sufficiente a spiegare quella coincidenza di tempi. Ci fu subito il sospetto – che sussiste ancora oggi – che la pubblicazione sarebbe potuta avvenire anche nei giorni precedenti, ma in questo caso ne avrebbe risentito lo *scoop,* al contrario amplificato proprio dalla coincidenza della notizia e con l'evento.

Due esempi di informazione a orologeria: il caso "Corriere della Sera" e il caso "Avvenire"

In tempi più recenti ha suscitato grande clamore la pubblicazione, da parte del quotidiano "il Giornale" di un decreto penale di condanna per molestie e di una informativa anonima riguardanti il direttore di un altro quotidiano, "Avvenire", poi dimessosi proprio in seguito a quella pubblicazione. Quei documenti, in realtà, erano già circolati mesi prima in alcuni ambienti giornalistici, ma guarda caso lo *scoop* è stato pubblicato il 28 agosto 2009, giorno in cui il presidente del Consiglio Berlusconi avrebbe dovuto incontrarsi con il segretario di Stato vaticano, card. Tarcisio Bertone, per rinsaldare rapporti offuscati dai giudizi negativi espressi da numerosi vescovi e cardinali circa la vita privata del *premier*. Berlusconi ha sempre sostenuto di essere estraneo alla tempistica della pubblicazione, che sarebbe stata determinata in assoluta autonomia dal direttore del "Giornale", Vittorio Feltri. Il che però non sposta, anzi aggrava, il nostro interrogativo etico: il giornalista ha scelto quella data perché aveva appena verificato la notizia o perché voleva far coincidere la pubblicazione con la cena fra il *premier* e il segretario di Stato vaticano?

Un caso più frequente, e che riguarda soprattutto l'informazione scritta, è rappresentato da cronache giudiziarie, in cui si dà notizia di un'inchiesta e relative accuse a carico di un certo personaggio. Il tutto viene diffuso con il massimo scrupolo etico e professionale salvo che in un aspetto: dare spazio alle discolpe dell'interessato. La giustificazione è sempre la stessa: «Se si parla con l'accusato c'è il rischio che la notizia filtri anche ad altre testate e allora addio allo *scoop*. Domani, invece, lo ascolteremo e così potrà avere la stessa visibilità anche nella titolazione». La motivazione è in apparenza buona e, anzi, addirittura vantaggiosa per il personaggio al centro della cronaca, al quale si riconoscerebbe il diritto alla stessa visibilità mediatica. In realtà nei processi comunicativi i meccanismi temporali sono estremamente importanti. Solo un'assoluta contemporaneità garantisce il personaggio in questione, altrimenti la notizia diffusa per prima resterà sempre come la notizia "vera", mentre quelle che seguiranno nei giorni successivi saranno percepite solo come inevitabili giustificazioni.

Proprio questo meccanismo spiega la scarsa efficacia della pubblicazione di sentenze di assoluzione in processi le cui inchieste avevano dato luogo a enfatiche cronache giornalistiche. Nella testa di chi ha letto o ha appreso da radio e tv – spesso in forma strillata – resta per troppo tempo il sospetto su quel personaggio e quando poi arriva la notizia della sua assoluzione, solitamente nascosta a fondo pagina, è già trascorso troppo tempo perché si possa valutare i fatti: ciò che resta è la notizia a caldo, la prima impressione suscitata. Proprio per tale ragione il giornalista ha la responsabilità di valutare sempre con attenzione l'opportunità di pubblicare nomi di persone coinvolte in maniera marginale in un'inchiesta. Purtroppo si assiste a una corsa a diffondere nomi e situazioni anche in presenza di indizi assai labili. È sufficiente che Tizio o Caio siano stati semplicemente ascoltati o, peggio, abbiano ricevuto un avviso di "garanzia" perché nomi, foto e molto spesso vicende privatissime finiscano sulle prime pagine distruggendo spesso carriere, affetti e rapporti. È un modo di fare sensazionalistico, che allontana il giornalismo dal suo sacrosanto diritto-dovere di informare l'opinione pubblica per avvicinarlo o a una tecnica di marketing per vendere di più il prodotto giornale o a strumento di lotta politica. È un doppio tradimento: nei confronti della persona al centro dell'articolo e nei confronti dei cittadini, primi detentori di quel diritto d'informazione che, nella sua funzione attiva, i giornalisti esercitano solo in nome e per conto loro.

La notizia diffusa per prima resterà sempre come la notizia «vera», mentre quelle che seguiranno saranno percepite solo come inevitabili giustificazioni

Proprio perché nella professione si conoscono bene gli effetti legati al fattore tempo, comportamenti come quelli prima illustrati risultano moralmente inaccettabili, anche perché presuppongono sempre una volontà da parte dell'agente di puntare prima sulla "notizia" e in un secondo momento di completarla con tutti gli altri aspetti.

Il canone della tempestività può essere interpretato come una sottospecie della completezza, con l'aggravante però che una notizia incompleta può essere determinata da condizionamenti indipendenti dalla volontà del giornalista, mentre una notizia temporalmente sfasata non prevede quasi mai questa causa ed è da ritenersi quindi sempre come una condotta immorale.

Si obietterà che in alcuni casi è materialmente impossibile rintracciare il personaggio al centro della vicenda perché possa discolparsi. In tal caso un agire eticamente sano e professionalmente corretto esige che intanto si dia conto nella cronaca di tale impossibilità e dei tentativi messi in atto per contattare la persona e poi che nella stesura del pezzo o nel montaggio del servizio si evitino quei toni che trasformano semplici ipotesi accusatorie in verità consacrate. Anzi, in questa situazione, il giornalista dovrebbe sforzarsi quanto più possibile di evidenziare i punti deboli o le incongruenze delle accuse, quasi assumendo le vesti della persona indagata o che comunque non può difendersi. Solo questo comportamento può esimerlo da responsabilità di natura morale, poiché l'attività critica, che come abbiamo visto caratterizza la professione, va utilizzata anche sugli atti giudiziari.

1.3.7. Etica, diritto e giornalismo

«Insieme con il diritto di cronaca, il diritto all'informazione segna il perimetro della deontologia professionale di chi opera nel mondo dell'informazione» (54). Con questa bella espressione di Annalisa Magone vogliamo ora affrontare il problema della libertà e analizzare i rapporti dell'etica professionale con il mondo del diritto. In altri termini si vuole rispondere alla domanda se la già citata dimensione di libertà in cui necessariamente deve inscriversi il giornalismo sia infinita, oppure se incontra qualche limite. Sia sul piano etico che su quello giuridico la risposta è la stessa: la libertà del giornalista per quanto ampia è però limitata; sul piano etico dal rispetto di quei principi prima elencati (fine sociale, verità, obiettività, valutazione critica) e sul piano giuridico da libertà di pari dignità, così come prevede il principio del bilanciamento, cardine della nostra Costituzione.

L'attività critica che caratterizza la professione va utilizzata anche sugli atti giudiziari

In realtà il termine di "limite" qui adoperato è improprio sul piano etico, giacché fine sociale, verità, obiettività e valutazione critica devono essere intesi come la materia costituente la libertà d'informazione nel campo giornalistico. Come è stato ampiamente dimostrato in precedenza, non si potrebbe neppure parlare d'informazione se per esempio le notizie non fossero di interesse o utilità sociale, se non contenessero elementi di giudizio, se fossero palesemente false o stravolgessero i fatti e le opinioni. Dunque non di limiti parliamo, ma di sostanza, perché ogni libertà ha necessità di sostanziarsi concretamente altrimenti rischia di essere una sterile affermazione teorica.

Sul piano del diritto è proprio invece l'uso del concetto di limite, giacché la persona – come noi e il nostro ordinamento la intendiamo – è il principio e il fine di ogni cosa. Per cui se esiste una libertà di conoscere quel che accade, è chiaro che esiste anche il suo risvolto passivo, cioè la libertà di sottrarre alla conoscenza degli altri ciò che riguarda la propria intimità. Il diritto descrive il giornalista come un funambolo alla ricerca del continuo equilibrio fra esigenze e diritti contrapposti. L'etica, al contrario, vuole il giornalista come un viandante in continua ricerca, che abbia il coraggio di percorrere tutti i sentieri della realtà. Entrambe le posizioni richiedono una tensione e un impegno personali, per cui fare il giornalista – sul piano della vita quotidiana – significa avere la capacità di mettere se stessi e le proprie idee continuamente in discussione, non in un relativismo sterile, ma in una verifica continua, nell'applicazione concreta di ciò che abbiamo definito come etica del dubbio. Se poi le mode dei tempi vanno in direzione diversa – come sembra accadere negli ultimi anni – non bisogna rassegnarsi, ma cercare di migliorare capacità, preparazione e coraggio.

Come si vede la spinta etica è quella più importante. Solo dalle risorse della propria coscienza si possono trarre gli stimoli più limpidi e ottenere così grandi soddifazioni da una professione che se perde la sua etica ha perso tutto.

Appendice

L'autodisciplina della stampa e i principi di etica professionale

La Federazione Nazionale della Stampa Italiana ha diramato in data 8 giugno 1957, il seguente comunicato:

«Il Consiglio Nazionale della Stampa Italiana, riunita a Roma per la sua II sessione nei giorni 6-7 giugno 1957, ha approvato la seguente Dichiarazione riguardante l'autodisciplina della stampa e i principi di etica professionale, concordati tra i rappresentanti all'uopo delegati della Federazione Nazionale della Stampa Italiana e della Federazione Italiana Editori Giornali. La Commissione Paritetica di Giornalisti e di Editori era presieduta dall'on. prof. Guido Gonella, giornalista professionista e membro del Consiglio Direttivo federale, e composta da Leonardo Azzarita, consigliere delegato della F.N.S.I., Enrica Mattei, V. Presidente del C.N.S.I. e membro del Consiglio Direttivo federale, Leonardo Paloscia, membro del Consiglio Direttivo federale, da una parte e dall'altra, dall'ing. Tommaso Astarita, presidente della F.I.E.G., dal dr. Aldo Palazzi V. presidente della F.I.E.G., e dal dr. Mario Cromo, membro del Consiglio d'Amministrazione della F.I.E.G.

Ecco il testo della dichiarazione comune dei Giornalisti e degli Editori italiani, che è stata ratificata dagli Organi collegiali delle rispettive Federazioni:

Al fine di concretare un'autodisciplina delle loro attività la Federazione Nazionale della Stampa Italiana e la Federazione Italiana Editori Giornali riaffermano solennemente i principi di etica professionale ai quali deve sempre ispirarsi l'operato dei loro aderenti.

Tali principi sono:

1) È diritto inalienabile del giornalismo la libertà di informazione, ossia la libertà di attingere notizie, di pubblicarle e di sottoporle al vaglio della critica, conformemente alla verità sostanziale dei fatti.

2) L'esercizio del giornalismo deve rispettare il diritto della collettività ad essere informata in maniera obiettiva e completa indipendentemente da ogni illecito interesse.

3) Devono essere sempre scrupolosamente osservate le esigenze della verità, l'imparziale interpretazione dei fatti e la fedele divulgazione delle notizie;

4) Nella vita delle libere istituzioni dello Stato democratico è doveroso cooperare alla retta formazione dell'opinione pubblica.

5) L'attività di giornalista deve conciliarsi con il rispetto della personalità, sia pubblica che privata del singolo e degli enti nell'esercizio delle loro legittime funzioni.

6) La pubblicazione di notizie e di commenti non deve turbare la coscienza morale della collettività.

7) Non dovranno mai essere fomentati istinti malsani né sentimenti morbosi.

8) È doveroso rettificare le notizie che fossero risultate inesatte, riparare gli errori nei quali si fosse incorsi, orientare l'opinione pubblica qualora fosse stata male informata.

9) Giornalisti ed Editori sono tenuti all'osservanza del segreto professionale sulla fonte delle informazioni ed in particolare di quelle ottenute fiduciariamente.

10) È impegno morale del Giornalisti e degli Editori coltivare lo spirito di solidarietà fra colleghi, promuovere la cooperazione fra Giornalisti ed Editori, alimentare la fiducia, fra la stampa e i lettori.

Tutto ciò riaffermato e premesso, la F.N.S.I. e la F.I.E.G. addiverranno alla costituzione di una Corte d'Onore composta di egual numero di appartenenti all'una ed all'altra Federazione con un presidente da nominarsi dalle due Federazioni. La Corte d'Onore dovrà provvedere all'applicazione dei principi di etica professionale per l'autodisciplina della stampa».

Note

(1) Boneschi L., *La deontologia del giornalista*, Egea, Milano 1997, pag. 15
(2) Costanzo P., *L'informazione*, Laterza, Bari, 2004, pag. 14
(3) Bechelloni G., «Chi sono i giornalisti», in *La stampa italiana nell'età della tv*, Laterza, Bari, 1994, pag. 549
(4) *ibidem*, pag. 554
(5) Cfr. Bentham J., *Deontologia*, a cura di S. Cremaschi, pag. 7, La Nuova Italia, Firenze, 2000
(6) Papuzzi A. - Magone A., *Il giornalismo morale*, pag. 19, Celid, Torino, 2001
(7) *ibidem*, pag. 59
(8) Cfr. Viano C. A., *Etica pubblica*, pag. VIII: «A partire dagli anni settanta del Novecento l'appello alla morale pubblica è stato usato come un'arma politica e si è innestato su una crisi della politica [...] È stata la sinistra comunista a porre quella che fu chiamata "questione morale": si trattava in realtà di un richiamo alla legalità, perché ciò che si contestava a formazioni politiche, che pure avevano la maggioranza parlamentare, era una corruzione definibile in termini strettamente giuridici». Editori Laterza, Bari 2001
(9) Galimberti U., «Come affrontare l'indifferenza», su "Repubblica", pag. 37, martedì 8 agosto 2006
(10) Sini C., "Moralità e amoralità dell'etica nel comunicare", in AA.VV, *Etica e comunicazione*, pag. 87, Stampa Inedita, Milano 1997
(11) Il giornalista è utilizzato nelle più svariate prestazioni e sempre con garanzia dei risultati: per fare pubblicità, per presentare un programma televisivo, per fare salotto, per mantenere i rapporti di una grande azienda
(12) Morresi E., *Etica della notizia*, Edizioni Casagrande, pag. 83, Bellinzona, 2004
(13) Maffettone S., *Etica pubblica*, pag. 127, Il Saggiatore, Milano, 2001
(14) Viano C.A., *Etica pubblica*, pag. VII, Editori Laterza, Bari, 2002
(15) Morresi E., *Etica della notizia*, pag. 31, Edizioni Casagrande, Bellinzona, 2004
(16) Fabris A., *Etica della comunicazione*, Carocci, Milano, 2006, pag. 35
(17) Cfr. Partipilo M., *Le notizie e la persona*, Cacucci – Bari, 2005, pag. 30
(18) *Ibidem*, pag. 33
(19) AA.VV, *Enciclopedia filosofica*, voce Etica dell'informatica – Etica dell'informazione, www.philosophyofinformation.net/publications/pdf/14719.pdf
(20) Cfr, Popper K. - Condry J., *Cattiva maestra televisione*, Reset, Milano, 1994
(21) Maffettone S., *Etica pubblica*, pag. 129, Il Saggiatore, Milano, 2001
(22) Viali A., *Giornalista*, Centro di Documentazione Giornalistica, Roma, 2005, pag. 21
(23) Fu lo stesso Concilio Vaticano II, nel 1965, a dedicare al tema un documento, ufficializzando nel decreto «*Inter mirifica*» l'interesse e l'impegno della Chiesa cattolica verso i mezzi di comunicazione sociale e conferendo allo stesso tempo il massimo di dignità al nascente universo mediatico
(24) Art. 2 Legge n. 69/63: «È diritto insopprimibile dei giornalisti la libertà d'informazione e di critica, limitata dall'osservanza delle norme di legge dettate a tutela della personalità altrui ed è loro obbligo inderogabile il rispetto della verità sostanziale dei fatti, osservati sempre i doveri imposti dalla lealtà e dalla buona fede. Devono essere rettificate le notizie che risultino inesatte, e riparati gli eventuali errori. Giornalisti e editori sono tenuti a rispettare il segreto professionale sulla fonte delle notizie, quando ciò sia richiesto dal carattere fiduciario di esse, e a promuovere lo spirito di collaborazione tra colleghi, la cooperazione fra giornalisti e editori, e la fiducia tra la stampa e i lettori»
(25) AA.VV., *Studiare da giornalista*, vol 3, Centro di Documentazione Giornalistica, Roma, 2003, pag. 20
(26) L'omicidio di Wilma Montesi, una ragazza romana di 21 anni, trovata morta sulla spiaggia di Torvaianica la vigilia di Pasqua del 1953, ebbe grande rilievo mediatico a causa del coinvolgimento di numerosi personaggi di spicco nelle indagini. La stampa fu direttamente coinvolta: o schierandosi pro o contro alcuni degli indagati, o rendendosi protagonista di *scoop* che oggi diremmo a orologeria. Il caso in una prima fase era stato archiviato come suicidio: fu riaperto solo in seguito a inchieste giornalistiche
(27) Cfr. Razzante R., *Manuale di diritto dell'informazione e della comunicazione*, pag. 75, Cedam, Milano, 2008
(28) Cfr. Roidi V., *Cattive notizie*, pag. 147, Centro di Documentazione Giornalistica, Roma, 2008
(29) Paissan M., *Privacy e giornalismo*, pag. 11, IPZS, Roma, 2003
(30) Bernier M.F., in Morresi E., *L'onore della cronaca*, pag. 178, Casagrande, Bellinzona, 2008
(31) Gessa C., "Giornalismo ed equivoci della codificazione deontologica", in *Diritto dell'Informazione e dell'informatica,* pag. 543, Giuffrè, Milano, 1998
(32) Loiodice A., *Contributo allo studio sulla libertà d'informazione,* Jovene, Napoli, 1969
(33) Cfr. CORTE COSTITUZIONALE, sentenza n. 11/1968: «Il fatto che il giornalista esplica la sua attività divenendo parte di un rapporto di lavoro subordinato... mette in risalto l'opportunità che i giornalisti vengano associati in un organismo che, nei confronti del contrapposto potere economico dei datori di lavoro, possa contribuire a garantire il rispetto della loro personalità e, quindi, della loro libertà: compito, questo, che supera di gran lunga la tutela sindacale del diritti della categoria e che perciò può essere assolto solo da un Ordine a struttura democratica che con i suoi poteri di ente pubblico vigili, nei confronti di tutti e nell'interesse della collettività, sulla rigorosa osservanza di quella dignità professionale che si traduce, anzitutto e soprattutto, nel non abdicare mai alla libertà di informazione e di critica e nel non cedere a sollecitazioni che possano comprometterla»
(34) Sorrentino C., *Il campo giornalistico*, pag. 43, Carocci editore, Roma, 2008
(35) Bechelloni G., *Giornalismo o postgiornalismo?*, pag. 169, Liguori, Napoli, 1995
(36) Zagrebelsky G., *Contro l'etica della verità*, pag. VII, Laterza, Bari, 2008
(37) Cfr. Papuzzi A., *"Le regole della notizia nel sistema della comunicazione"*, in *Studiare da giornalista*, vol. 1, pag. 19, Centro di Documentazione Giornalistica, Roma, 2003
(38) La parola fattoide è stata inventata dallo scrittore Norman Mailer che con essa intendeva indicare qualcosa che prima di comparire su

Note

un giornale o in tv non esisteva. I media diffondono abbastanza frequentemente fattoidi. Un elemento su cui riflettere è che questi possono influenzare le scelte politiche e di consumo. La capacità persuasiva dei fattoidi deriva da tre motivi: difficilmente si fa qualcosa per constatare la veridicità di fattoidi diffusi dai mass media; la gratificazione che deriva dall'accettazione di un fattoide prevale sulla possibilità di metterlo in discussione. Spesso discutere di un fattoide è divertente e dà la possibilità di dimostrare quanto si è informati; i fattoidi creano la realtà, vengono cioè usati per costruire una determinata immagine del mondo e dunque per fornire anche una precisa chiave di lettura della realtà. Un fattoide, anche quando si è dimostrato falso, può continuare ad influenzare i comportamenti

(39) David L. Altheide è un sociologo della comunicazione nato negli Stati Uniti nel 1950. Insegna presso la School of Justice and Social Inquiry dell'Arizona State University che gli ha conferito il titolo di Regents' Professor, il più alto riconoscimento attribuito a chi è in grado di fornire un contributo pionieristico nel suo campo di studi. Le sue ricerche nella prospettiva metodologica dell'interazionismo simbolico gli sono valse, negli ultimi anni, per ben tre volte - unico caso - il Charles Horton Cooley Award, premio che la SSSI (Society for the Study of Symbolic Interaction) riconosce alle pubblicazioni interessate alla ricerca qualitativa-interazionista che abbiano il requisito dell'eccellenza

(40) Bechelloni G., *Giornalismo o postgiornalismo?*, pag. 168, Liguori, Napoli, 1995

(41) Un piccolo esempio è dato dalla trasmissione di un servizio dell'emittente pugliese «Telenorba» in cui, grazie alla diffusione del filmato registrato dalla polizia scientifica e relativo all'omicidio di Meredith Kercher, avvenuto a Perugia la sera del 1° novembre 2007, si argomentava l'innocenza di Raffaele Sollecito, un giovane di Giovinazzo (Bari), accusato di aver commesso il delitto insieme con altre due persone. La crudezza delle immagini ha provocato una valanga di proteste, l'intervento dell'Ordine dei giornalisti e dell'autorità giudiziaria. Al direttore dell'emittente nonché conduttore del programma sono stati inflitti 6 mesi di sospensione dalla professione. Il servizio, al di là delle immagini raccapriccianti, non aggiungeva nulla di nuovo a quanto già conosciuto della vicenda, per altro abbondantemente trattata dai media. Unico effetto era rafforzare la tesi dell'innocenza di un imputato e, coincidenza strana, proprio alla vigilia della decisione della Cassazione sulla richiesta di scarcerazione dello stesso

(42) Cfr. CASSAZIONE CIVILE, Sezione lavoro, sentenza n. 6083 del 1997

(43) Per ideificazione s'intende quel processo cognitivo basato sull'immagine (*eidos*, aspetto, forma) piuttosto che sui concetti trasmessi con le parole e quindi sull'attività razionale del pensiero

(44) Cfr. Wolf M., *Proust e il calamaro. Storia del cervello che legge*, Vita e Pensiero, Milano, 2009

(45) Si pensi allo tsunami che il 26 dicembre del 2004 ha devastato le coste dell'Indonesia provocando migliaia di morti e le cui uniche immagini erano state realizzate dai turisti con telefonini e telecamerine.

(46) Bechelloni G., *Giornalismo o postgiornalismo?*, pag.186 Liguori, Napoli, 1995

(47) Quelle conferenze sono raccolte nel volume *Discorso e verità nella Grecia antica*, Donzelli, pag. 120, 2005

(48) Peron S., «La verità della notizia tra veritas e aletheia», in *Responsabilità civile e previdenza,* n. 7-8 del 2006, pag. 1293, Giuffrè, Milano

(49) Peron S., *ibidem*, pag. 1294

(50) Papuzzi A. - Magone A., *Il giornalismo morale*, pag. 27, Celid, Torino, 2001

(51) Bechelloni G., *Giornalismo o postgiornalismo?*

(52) Sorrentino C., *Il campo giornalistico*, pag. 51, Carocci editore, Roma, 2008

(53) Cfr. CASSAZIONE CIVILE, sentenza n. 2066, 13 febbraio 2002

(54) Papuzzi A. - Magone A., *Il giornalismo morale,* pag. 51, Celid, Torino, 2001

Franco Abruzzo

2

I fondamenti giuridici della deontologia

2.1. Gli articoli 2 e 48 della legge n. 69/1963

La legge professionale n.69/1963 detta vincoli fondamentali, impegnando il giornalista a essere e ad apparire corretto. Dietro le notizie, quindi, c'è un professionista impegnato nella raccolta e nella elaborazione delle stesse secondo regole deontologiche precise. La deontologia, quindi, è il cuore dell'agire del professionista che opera nei *mass media*. L'etica, si legge nello Zingarelli, è l'insieme delle norme di condotta pubblica e privata che una persona o un gruppo di persone scelgono e seguono nella vita o in un'attività. La deontologia, si legge sempre nello Zingarelli, è, invece, il complesso dei doveri inerenti a particolari categorie professionali. Etica e deontologia, pur nella loro diversità, esprimono concetti che condizionano la vita dei professionisti e, quindi, anche dei giornalisti. Le regole sono racchiuse in due articoli: il 2 e il 48, della stessa legge 69/1963.

La deontologia, è il cuore dell'agire del professionista che opera nei mass media

Art. 2. *Diritti e doveri*
«È diritto insopprimibile dei giornalisti la libertà d'informazione e di critica, limitata dall'osservanza delle norme di legge dettate a tutela della personalità altrui ed è loro obbligo inderogabile il rispetto della verità sostanziale dei fatti osservati sempre i doveri imposti dalla lealtà e dalla buona fede.
Devono essere rettificate le notizie che risultino inesatte, e riparati gli eventuali errori.
Giornalisti e editori sono tenuti a rispettare il segreto professionale sulla fonte delle notizie, quando ciò sia richiesto dal carattere fiduciario di esse, e a promuovere lo spirito di collaborazione tra colleghi, la cooperazione fra giornalisti e editori, e la fiducia tra la stampa e i lettori».
Art. 48. *Procedimento disciplinare*
«Gli iscritti nell'Albo, negli elenchi o nel registro che si rendano colpevoli di fatti non conformi al decoro e alla dignità professionale, o di fatti che compromettano la propria reputazione o la dignità dell'Ordine, sono sottoposti a procedimento disciplinare.
Il procedimento disciplinare è iniziato d'ufficio dal Consiglio regionale o interregionale, o anche su richiesta del procuratore generale competente ai sensi dell'art. 44».

In materia disciplinare non vi è quasi mai, per nessuna categoria professionale, e quindi nemmeno nel settore giornalistico, una tipizzazione tassativa degli illeciti, ma solo norme-quadro di carattere e contenuto assai generale che, secondo la sentenza 24/2008 della prima sezione civile della Corte d'Appello di Milano, disegnano i principi e i parametri fondamentali cui rapportare la valutazione della condotta del professionista per la miglior tutela sia della categoria di appartenenza sia dei consociati.

Il che evidentemente non implica affatto, però, come conseguenza, che sia impossibile ricostruire di volta in volta una fattispecie astratta «di carattere sanzionatorio nell'ambito della responsabilità disciplinare». Le suddette norme generali, – le quali, più che "vaghe", appaiono "elastiche", perché rapportano le condotte da valutare a determinati parametri e finalità di carattere generale – determinano per loro natura solo la necessità di un'analisi caso per caso delle circostanze concrete in cui l'attività del giornalista sia stata svolta. Si tratta, in definitiva, di individuare in concreto – con un'attenta operazione ermeneutica – «quelle regole di condotta cui il professionista dovrebbe conformarsi, e che sono desumibili, mediante le consuete regole d'interpretazione logico-giuridica, dall'intero sistema normativo che ne disciplina la professione e lo *status*, alla luce dello scopo e degli interessi che la normativa disciplinare intende tutelare sanzionando il disvalore di alcuni particolari comportamenti».

Gli articoli 2 e 48 formano un ampio ombrello che copre carte deontologiche e Codici finora elaborati i quali offrono la casistica rispetto ai principi generali

A questa stregua vengono evidentemente in rilievo, in primo luogo, le disposizioni di carattere generale, come i citati articoli 2 e 48 della legge professionale 69/1963, che esigono, in assenza di tipizzazione degli illeciti disciplinari, la valutazione teleologico-funzionale dei comportamenti del giornalista in rapporto all'obbligo di comportarsi in modo conforme al decoro e alla dignità professionali, in modo da non compromettere la propria reputazione o la dignità dell'Ordine di appartenenza, attenendosi ai doveri di lealtà e buona fede e all'obbligo di promuovere lo spirito di collaborazione tra colleghi, la cooperazione tra giornalisti ed editori e la fiducia tra la stampa e i lettori (1). Si può, quindi, affermare che gli articoli 2 e 48 formano un vasto ombrello che ingloba Codici e carte deontologiche finora elaborati i quali offrono la casistica rispetto ai principi generali. «Le prescrizioni contenute nelle carte di autoregolamentazione (Carta di Treviso e Carta dei doveri del giornalista) devono essere ritenute idonee a costituire un'esemplificazione del contenuto "in bianco" delle norme regolamentari di cui agli art. 2 e 48 della legge n. 69 del 1963» (2).

2.2. La natura giuridica delle regole deontologiche

La Cassazione ha riconosciuto che le regole deontologiche hanno "natura giuridica" (3), allargando successivamente la sua visione sulla materia: «Secondo un indirizzo che si va delineando nella giurisprudenza di questa Corte, nell'ambito della violazione di legge va compresa anche la violazione delle norme dei Codici deontologici degli Ordini professionali, trattandosi di norme giuridiche obbligatorie valevoli per gli iscritti all'Albo ma che integrano il diritto oggettivo ai fini della configurazione dell'illecito disciplinare» (4).

Sulla natura dei codici deontologici, la terza sezione penale della Cassazione, con la sentenza n. 16145/2008, ha scritto parole lapidarie e definitive: «La giurisprudenza di questa Corte, dopo un primo, non recentissimo orientamento, secondo cui le disposizioni dei codici deontologici predisposti dagli Ordini (o dai Collegi) professionali, se non recepite direttamente dal Legislatore, non avevano natura normativa, essendo mere espressioni del potere, di rilevanza meramente interna, di autorganizzazione degli Ordini (o dei Collegi)» (5), ha registrato un radicale mutamento, culminato nella pronuncia delle Sezioni Unite Civili

n. 26810 del 20/12/2007. Muovendo dalle premesse già tracciate da Cass. Civ. 23/3/2004 n. 5776 e Cass. Civ. 14/7/2004 n. 13078, si è definitivamente affermato che, nell'ambito della violazione di legge va compresa anche la violazione delle norme dei codici deontologici degli Ordini professionali, trattandosi di norme giuridiche obbligatorie valevoli per gli iscritti all'albo, che integrano il diritto oggettivo ai fini della configurazione dell'illecito disciplinare.

In particolare, la seconda delle due sentenze citate (la n. 13078/2004) ha sviluppato un ampio ed articolato esame critico del pregresso orientamento, che non riconosceva alle disposizioni dei codici di autoregolamentazione, approvati dagli Ordini professionali, la natura di "norme di diritto" ai sensi dell'art. 360 n. 3 c.p.c. (e perciò, non interpretabili direttamente in sede di legittimità).

Si è, per contro, affermato che le suddette disposizioni hanno valenza normativa ed integrativa delle clausole generali, le quali vanno interpretate anche facendo ricorso a fonti normative diverse, sia pure di rango infralegislativo, come le norme di etica professionale.

Se per l'immunità dalla sanzione penale è sufficiente il rispetto del neminem laedere, *la deontologia professionale invece contempla e richiede la coerenza del* vivere honeste

Le Sezioni Unite Civili hanno già posto in rilievo sia la legittimità di tale integrazione, escludendo un contrasto con il principio di legalità in senso stretto enunciato dall'art. 25 comma 2 della Costituzione, sia il fatto che il ricorso a dati normativi esterni, pur sempre caratterizzati da giuridicità, risponde all'esigenza di evitare un'elencazione tassativa dei singoli divieti o dei singoli doveri, che potrebbe lasciare esenti da sanzione comportamenti non previsti, ma considerati riprovevoli dalla coscienza collettiva (6).

La Cassazione (Cass. civile, 9 luglio 1991, n. 7543, Mass. 1991) ha riconosciuto che il potere di «fissare norme interne, individuatrici di comportamenti contrari al decoro professionale, ancorché non integranti abusi o mancanze, configura legittimo esercizio dei poteri affidati agli Ordini professionali, con la consequenziale irrogabilità, in caso di inosservanza, di sanzione disciplinare».

Codice e Carte approvati dal 1990 in poi hanno piena cittadinanza, quindi, nell'ordinamento professionale dei giornalisti.

La sfera della deontologia, particolarmente delle libere professioni, è ben più ampia dell'illecito penale in quanto, se per l'immunità dalla sanzione penale è sufficiente il rispetto del *neminem laedere*, la deontologia professionale invece contempla e richiede la coerenza del *vivere honeste*, anche ove nessuna lesione si sia verificata di diritti e interessi particolari.

2.3. I principi deontologici della legge ordinistica

Questi i principi che si ricavano dagli articoli 2 e 48 della legge 69/1963:

2.3.1. La libertà di informazione e di critica

La Costituzione garantisce la libertà di pensiero, ma non la libertà di recare impunemente offesa ai diritti inviolabili della persona umana. L'articolo 21 della Costituzione va letto tutto, anche il sesto comma («Sono vietate le pubblicazioni a stampa, gli spettacoli e tutte le altre manifestazioni contrarie al buon costume. La legge stabilisce provvedimenti adeguati a prevenire e a reprimere le violazioni»). La Corte costituzionale ha spiegato, con la sentenza 293/2000, che il "buon costume" coincide con "la dignità della persona". Il rispetto della dignità della persona è, quindi, il limite interno all'esercizio del diritto di cronaca e di critica.

Nell'esercizio della propria funzione informativa, che ben può essere critica, oltre che notiziale, è necessario manifestare il proprio pensiero in termini sostanzialmente e formalmente corretti e adeguati al compito professionale. La libertà di manifestazione del pensiero garantita dall'art. 21 della Costituzione va connessa e correlata con tutte le altre previste nella vigente legge fondamentale dello Stato e, in particolare, con quella della pari dignità e uguaglianza dei cittadini senza distinzione di razza di cui all'art. 3 della Costituzione stessa, onde, sicuramente, non sarebbe garantita costituzionalmente l'espressione della propria personale idea secondo cui alcuni cittadini avrebbero attribuzioni negative e, quindi, minore dignità sociale solo in ragione della loro appartenenza ad una certa razza (7).

La libertà di manifestazione del pensiero va connessa e correlata con tutte le altre libertà

Non esiste il concetto giuridico di giornalismo. Il concetto, abitualmente estrapolato dall'articolo 2 della legge professionale n. 69/1963 dedicato alla deontologia della categoria, si riassume nella frase "giornalismo = informazione critica". Il primo comma dell'articolo 2, infatti, dice: «È diritto insopprimibile dei giornalisti la libertà d'informazione e di critica...». La dottrina e la giurisprudenza legano inoltre il giornalismo all'attualità sulla base dell'articolo 32 della legge professionale e dell'articolo 44 del Regolamento di esecuzione della stessa legge i quali prescrivono, infatti, per la prova scritta dell'esame di idoneità professionale, la «redazione di un articolo su argomenti di attualità». L'attualità, quindi, è una connotazione centrale e qualificante della professione giornalistica. Concludendo possiamo affermare che il giornalismo è informazione critica legata all'attualità.

Il giornalismo è tradizionalmente definito "l'insieme delle attività e delle tecniche (redazione, pubblicazione, diffusione, ecc.) dirette a diffondere e a commentare notizie tramite il giornale o pubblicazioni periodiche"; estensivamente indica anche "la professione del giornalista" e "la categoria dei giornalisti o il complesso dei giornali".

Il vuoto legislativo sul concetto di giornalismo è stato, però, riempito da alcune sentenze della Corte di Cassazione: «La nozione dell'attività giornalistica, in mancanza di una esplicita definizione da parte della legge professionale 3 febbraio 1963, n. 69 o della disciplina collettiva, non può che trarsi da canoni di comune esperienza, presupposti tanto dalla legge quanto dalle fonti collettive, con la conseguenza che per attività giornalistica è da intendere l'attività, contraddistinta dall'elemento della creatività, di colui che, con opera tipicamente (anche se non esclusivamente) intellettuale, provvede alla raccolta, elaborazione o commento delle notizie destinate a formare oggetto di comunicazione interpersonale attraverso gli organi d'informazione, mediando tra il fatto di cui acquisisce la conoscenza e la diffusione di esso attraverso un messaggio (scritto, verbale, grafico o visivo) necessariamente influenzato dalla personale sensibilità e dalla particolare formazione culturale e ideologica… Il giornalista si pone pertanto come mediatore intellettuale tra il fatto e la diffusione della conoscenza di esso... differenziandosi la professione giornalistica da altre professioni intellettuali proprio in ragione di una tempestività di informazione diretta a sollecitare i cittadini a prendere conoscenza e coscienza di tematiche meritevoli, per la loro novità, della dovuta attenzione e considerazione».

Non esiste, quindi, la libertà di scrivere tutto quello che si vuole. La Costituzione, con il sesto comma dell'articolo 21, pone il limite del rispetto della dignità della persona e pertanto non sono pubblicabili immagini impressionanti o raccapriccianti. Il Codice penale e la legge sulla stampa puniscono anche con il carcere le offese alla reputazione, all'onore, all'identità di un cittadino.

2.3.2. Il rispetto della verità sostanziale dei fatti

La libertà d'informazione ha due confini invalicabili: il rispetto della persona e quello della verità sostanziale dei fatti

È un obbligo inderogabile da intendere come limite alle libertà di informazione e di critica. La libertà d'informazione e di critica, insopprimibile, quindi, ha due confini invalicabili: il rispetto della persona e quello della verità sostanziale dei fatti. L'osservanza della verità sostanziale dei fatti è un obbligo inderogabile per i giornalisti. Il diritto di cronaca non è un diritto sciolto dagli altri diritti primari costituzionalmente protetti (onore, decoro e dignità della persona, riservatezza e identità personale). L'art. 8 della Convenzione europea afferma che «Ogni persona ha diritto al rispetto della sua vita privata e familiare, del suo domicilio e della sua corrispondenza». L'art. 16 della Convenzione Onu del 1989 sui diritti del fanciullo (legge italiana n. 176/1991) afferma che «Nessun fanciullo può essere sottoposto ad interferenze arbitrarie o illegali nella sua vita privata» (sono le parole dell'art. 12 della Dichiarazione universale dei diritti dell'uomo).

L'ordinamento italiano, quindi, partendo dall'art. 2 Cost., che cala nel diritto positivo i diritti naturali della persona, e disegnando un arco che abbraccia la Dichiarazione universale e la Convenzione europea per la salvaguardia dei diritti dell'uomo nonché la Convenzione Onu sui diritti del fanciullo, forma un ampio reticolo di norme che rendono intangibile il diritto di ogni persona alla tutela della sua vita privata e intima, cioè della sua *privacy*, nonché della sua dignità e della sua identità personale.

Dignità delle persone fisiche, riservatezza e identità personale sono i valori che il Testo unico sulla *privacy* (dlgs 196/2003) intende tutelare nel processo di trattamento dei dati. Il cronista è stato definito da Umberto Eco "storico dell'istante o del presente" e come lo storico deve accertare i fatti, parlando con i protagonisti del fatti e scavando nei fatti per far emergere una versione dei fatti la più vicina alla verità sostanziale pretesa dalla legge: «L'esercizio del diritto di informazione garantito nel nostro ordinamento deve, ove leda l'altrui reputazione, sopportare i limiti seguenti:

a) l'interesse che i fatti narrati rivestano per l'opinione pubblica, secondo il principio della pertinenza;

b) la correttezza dell'esposizione di tali fatti in modo che siano evitate gratuite aggressioni all'altrui reputazione, secondo il principio della continenza;

c) la corrispondenza rigorosa tra i fatti accaduti e i fatti narrati, secondo il principio della verità: quest'ultimo comporta l'obbligo del giornalista (come quello dello storico) dell'accertamento della verità della notizia e il controllo dell'attendibilità della fonte» (8). E ancora: «Affinché la divulgazione a mezzo stampa di notizie lesive dell'onore possa considerarsi lecito esercizio del diritto di cronaca, devono ricorrere le seguenti condizioni: la verità oggettiva della notizia pubblicata; l'interesse pubblico alla conoscenza del fatto (cosiddetta: pertinenza) e la correttezza formale dell'esposizione (cosiddetta: continenza).

L'articolo 21 non prevale sull'articolo 2 della Costituzione

La condizione della verità della notizia comporta, come inevitabile corollario, l'obbligo del giornalista, non solo di controllare l'attendibilità della fonte (non sussistendo fonti informative privilegiate), ma anche di accertare e di rispettare la verità sostanziale dei fatti oggetto della notizia (non scalfita peraltro da inesattezze secondarie o marginali, inidonee a determinarne o ad aggravarne la valenza diffamatoria); con la conseguenza che, solo se tale obbligo sia stato scrupolosamente osservato, potrà essere utilmente invocata l'esimente dell'esercizio del diritto di cronaca, restando peraltro escluso che, ove le suddette condizioni non ricorrano, l'equilibrio generale dell'articolo giornalistico escluda la natura diffamatoria dei fatti riferiti, potendo eventualmente comportare una minore gravità della diffamazione ed incidere quindi sulla liquidazione del danno» (9).

La tutela della dignità della persona umana e il rispetto della verità sostanziale dei fatti sono principi da intendere come limiti alle libertà di informazione e di critica. La legge professionale e il Dlgs 196/2003 sulla tutela dei dati personali, – figlie entrambe dell'articolo 2 della Costituzione – hanno al centro della loro azione la salvaguardia della dignità della persona. L'articolo 21 non prevale sull'articolo 2 della Costituzione. Nel bilanciamento dei valori, il principio costituzionale della tutela della dignità della persona – coinvolta in fatti di cronaca lesivi della dignità della persona stessa – prevale sul diritto "insopprimibile" di cronaca. In questo caso il cronista fa un passo indietro, racconta gli avvenimenti nella loro essenzialità e tace il nome della persona o delle persone ferite nella loro identità e nella loro dignità, perché la pubblicazione dei nomi e cognomi aggiungerebbe dolore al dolore sofferto, umiliazione all'umiliazione patita.

Il «rispetto della persona umana è il valore che anima l'articolo 2 della Costituzione» (10). «Il valore fondamentale del rispetto della persona e della dignità umana trova protezione nell'articolo 2 Cost. e va a controbilanciare l'altro valore costituzionale espresso dall'articolo 21 Cost. su cui si fonda il diritto di cronaca» (11). Per quanto riguarda il rispetto della verità sostanziale dei fatti vale soffermarsi su questa massima: «La condizione della verità della notizia comporta, come inevitabile corollario, l'obbligo del giornalista, non solo di controllare l'attendibilità della fonte (non sussistendo fonti informative privilegiate), ma anche di accertare e di rispettare la verità sostanziale dei fatti oggetto della notizia» (12).

Chi viola i precetti richiamati finisce sotto procedimento disciplinare e rischia di essere sanzionato con uno dei quattro provvedimenti previsti dalla legge professionale (avvertimento, censura, sospensione da 2 a 12 mesi, radiazione). Deve essere riaffermato con la Corte costituzionale (sentenza n. 1/1981) che «pur dovendosi riconoscere il rilievo costituzionale della libertà di cronaca (comprensiva della acquisizione delle notizie) e della libertà di informazione quale risvolto passivo della manifestazione del pensiero, nonché il ruolo svolto dalla stampa come strumento essenziale di quelle libertà», l'interesse protetto dall'art. 21 della Costituzione non può dirsi in astratto superiore a quello della dignità della persona.

2.3.3. I doveri imposti dalla buona fede e dalla lealtà

L'articolo 2 della legge professionale riconosce che «è diritto insopprimibile dei giornalisti la libertà di informazione e di critica, limitata dall'osservanza delle norme di legge dettate a tutela della personalità altrui ed è loro obbligo inderogabile il rispetto della verità sostanziale dei fatti, osservati sempre i doveri imposti dalla lealtà e dalla buona fede». Il tribunale di Roma da questo principio ha tratto il corollario che «è dovere insopprimibile del giornalista, anche se collegato ad organi di stampa di partiti politici, esercitare con assoluta correttezza il diritto di cronaca».

La buona fede deve essere esclusa quando il giornalista abbia agito con negligenza

Interessante è questa massima, che richiama i doveri del cronista così come delineati dalla legge professionale. In sostanza la buona fede deve essere esclusa quando il giornalista abbia agito con negligenza: «Nel campo degli illeciti a mezzo stampa, la buona fede del giornalista, necessaria ad integrare l'esimente della verità putativa, richiede non solo la verosimiglianza della notizia, oggettivamente falsa, ma anche il controllo della fonte di provenienza e della sua attendibilità; accertamento – quest'ultimo – che il giornalista, agli effetti dell'esimente in questione, non deve mai omettere, neppure per il convincimento, proprio o della pubblica opinione, della verità della notizia o per l'esigenza della speditezza dell'informazione. La buona fede del giornalista deve essere, tuttavia, esclusa allorquando, nel controllo della notizia (doveroso anche ai sensi del comma 1 dell'art. 2 legge 3 febbraio 1963 n. 69, sul relativo ordinamento professionale, che impone al giornalista l'obbligo inderogabile di rispettare la verità sostanziale dei fatti, nonché i doveri di lealtà e buona fede), egli abbia agito con negligenza (ovvero imperizia o imprudenza). L'indagine a ciò relativa comporta accertamenti di fatto e, pertanto, è rimessa al giudice di merito ed è incensurabile in sede di legittimità, se adeguatamente motivata ed immune da vizi logici e giuridici» (13).

La lealtà del giornalista *non* può essere messa in discussione allorché nei servizi a sua firma sono chiaramente indicate le fonti delle informazioni pubblicate e quando dagli stessi servizi emergono con sufficiente chiarezza e precisione le divergenze e le contrapposizioni di accusa e difesa, risultando in tal modo correttamente osservata la funzione della cronaca giudiziaria. La stessa lealtà deve essere usata nella sintesi che il giornalista fa dalla requisitoria e dalle arringhe difensive, alle quali dovrà dare tanto spazio quanto alla requisitoria.

«Premesso che il diritto di cronaca è esercitato legittimamente quando risulta contenuto entro i rigorosi limiti della verità oggettiva, della pertinenza e della continenza formale dei fatti narrati, e posto che non è dunque sufficiente fare riferimento soltanto all'attendibilità della fonte quale espressione di una valutazione soggettiva e probabilistica, ne consegue che non esistono fonti informative privilegiate (e, tanto meno, normativamente predeterminate), tali cioè, da svincolare il cronista dall'onere:

a) di esaminare, controllare e verificare i fatti, oggetto della sua narrazione, in funzione dell'assolvimento, da parte sua, dell'obbligo inderogabile di rispettare la verità sostanziale degli stessi;

b) di dare la prova della cura da lui posta negli accertamenti esplicati per vincere ogni dubbio ed incertezza prospettabili in ordine a quella verità (nella specie: si è escluso che la Rai, alla quale il giornalista aveva attinto la notizia, fosse fonte di informazione così attendibile da esonerarlo dall'onere di controllare, all'origine la verità della notizia pubblicata)» (14).

La rettifica, è un dovere, ma anche un obbligo imposto dalla legge

2.3.4. Il dovere di rettificare le notizie inesatte

La pubblicazione della rettifica è un obbligo di legge (art. 8 legge 47/1948 sulla stampa), ma sul piano deontologico il giornalista deve provvedervi autonomamente senza attendere l'impulso della parte lesa dalla diffusione di "notizie inesatte". «Il diritto alla rettifica delle notizie pubblicate costituisce fondamentale diritto della persona a tutelare la propria immagine e dignità. Pertanto la rettifica va pubblicata conformemente a quanto richiesto, senza che né il direttore del giornale né il giudice abbiano facoltà di modificarne il testo, o anche di sindacarne il contenuto sotto il profilo della veridicità» (15). Anche l'articolo 4 del "Codice deontologico relativo al trattamento dei dati personali nell'esercizio dell'attività giornalistica" parla del dovere di rettifica in capo ai giornalisti: «Il giornalista corregge senza ritardo errori e inesattezze, anche in conformità al dovere di rettifica nei casi e nei modi stabiliti dalla legge». Il riferimento è esplicito in direzione dell'articolo 8 della legge 47/1948 sulla stampa: la rettifica, quindi, è un dovere, ma anche un obbligo imposto dalla legge.

2.3.5. Il dovere di riparare gli eventuali errori

Il giornalista corregge senza ritardo errori e inesattezze, anche in conformità al dovere di rettifica nei casi e nei modi stabiliti dalla legge. «Appare strumento idoneo alla tutela cautelare della dignità e del decoro professionale l'ordine di pubblicazione di un comunicato di smentita» (16).

2.3.6. Il rispetto del segreto professionale

Questo principio figura non solo nella legge professionale quant'anche nel Testo unico sulla *privacy* e nell'articolo 200 (comma 3) del Cpp. Il segreto professionale, però, è tutelato soprattutto dall'articolo 10 della Convenzione europea dei diritti dell'uomo (legge 4 agosto 1955 n. 848) e dalle sentenze Goodwin, Roemen e Tillack della Corte di Strasburgo dei diritti dell'uomo. La Convenzione europea tutela espressamente le fonti dei giornalisti, stabilendo il diritto a "ricevere" notizie.

La Corte di Strasburgo, con la sentenza Goodwin (27 marzo 1996), muovendo dal principio che ad ogni giornalista deve essere riconosciuto il diritto di ricercare le notizie, ha ritenuto che «di tale diritto fosse logico e conseguente corollario anche il diritto alla protezione delle fonti giornalistiche, fondando tale assunto sul presupposto che l'assenza di tale protezione potrebbe dissuadere le fonti non ufficiali dal fornire notizie importanti al giornalista, con la conseguenza che questi correrebbe il rischio di rimanere del tutto ignaro di informazioni che potrebbero rivestire un interesse generale per la collettività».

La sentenza Roemen del 25 febbraio 2003 (Procedimento n. 51772/99) della quarta sezione della Corte europea dei diritti dell'uomo allarga la protezione delle fonti fiduciarie dei giornalisti. L'ordinamento europeo impedisce ai giudici nazionali di ordinare perquisizioni negli uffici e nelle abitazioni dei giornalisti nonché nelle "dimore" dei loro avvocati a caccia di prove sulle fonti confidenziali dei cronisti. Si legge nella sentenza: «La libertà d'espressione costituisce uno dei fondamenti essenziali di una società democratica, e le garanzie da concedere alla stampa rivestono un'importanza particolare. La protezione delle fonti giornalistiche è uno dei pilastri della libertà di stampa. L'assenza di una tale protezione potrebbe dissuadere le fonti giornalistiche dall'aiutare la stampa a informare il pubblico su questioni d'interesse generale. Di conseguenza, la stampa potrebbe essere meno in grado di svolgere il suo ruolo indispensabile di "cane da guardia" e il suo atteggiamento nel fornire informazioni precise e affidabili potrebbe risultare ridotto».

L'ordinamento europeo impedisce ai giudici nazionali di ordinare perquisizioni negli uffici e nelle abitazioni dei giornalisti

Con la sentenza Tillack (27.11.2007), la Corte europea ha affermato che «il diritto del giornalista a non rivelare le sue fonti informative non può essere considerato come un privilegio da riconoscere o non a seconda del carattere lecito o illecito della fonte, ma costituisce parte della libertà di stampa e deve essere trattato con la massima attenzione, ancor più nel caso del ricorrente, dove gli indizi erano vaghi e fondati su voci non corroborate. In conclusione, la Corte ha considerato che, anche se i motivi dati dalle corti belghe erano "rilevanti", non potevano essere considerati "sufficienti" per giustificare le ricerche subite dal ricorrente, constatando pertanto la violazione dell'articolo 10».

Con le sentenze 348 e 349/2007 nonché 39/2008, la Corte costituzionale ha affermato che «Gli Stati contraenti sono vincolati ad uniformarsi alle interpretazioni che la Corte di Strasburgo dà delle norme della Cedu (Convenzione europea dei diritti dell'Uomo)». Finora la Repubblica italiana non si è adeguata al precetto elaborato dalla Consulta.

La VI sezione penale della Cassazione, assolvendo un cronista di Como (imputato ex art. 371/bis) con la formula più ampia (il fatto non sussiste) ha allargato il segreto professionale dei giornalisti. Con la sentenza n. 85 del 21 gennaio 2004, la Corte suprema ha stabilito che il segreto professionale sulle fonti, sancito dall'articolo 200, comma 3 del Codice di procedura penale, si estende «a tutte le indicazioni che possono condurre all'identificazione di coloro che hanno fornito fiduciariamente le notizie». Una difesa forte del segreto dei giornalisti era stata affermata dalla sentenza 14 gennaio 2000 del Tribunale penale di Treviso (n. 252/1999 Reg. gen.): «Nulla è risultato circa l'identità dell'informatore perché tutti i giornalisti indicati come testi si sono avvalsi del segreto professionale. Il Pm ha chiesto che gli stessi venissero obbligati, così come previsto dall'articolo 200 (terzo comma) Cpp, a deporre sul punto, ma il Collegio ha respinto l'istanza. La norma appena menzionata assicura, invece, una piena tutela al segreto professionale dei giornalisti, consentendo una deroga soltanto in via di eccezione, e quindi di stretta interpretazione. Prevede l'imposizione dell'obbligo a deporre in presenza – congiunta – di due precisi requisiti: quello dell'impossibilità di accertare la veridicità della notizia se non attraverso l'identificazione della fonte della stessa e quello dell'indispensabilità della notizia ai fini della prova del reato per il quale si procede. Se questi sono gli stretti limiti di operatività della deroga, sembra evidente che l'obbligo a deporre sarebbe stato imposto non già ad accertare la veridicità delle notizie (che pacificamente in questo caso erano vere e non richiedevano alcuna verifica in tal senso), bensì ad individuare l'autore del reato di rivelazione di segreti (del quale, oltretutto, il giornalista avrebbe potuto eventualmente essere anche partecipe), violando così la tutela del segreto sulle fonti giornalistiche accordata dal legislatore» (17).

L'articolo 200 Cpp assicura una piena tutela al segreto professionale dei giornalisti, consentendo una deroga soltanto in via di eccezione

Medici, chirurghi, avvocati, sacerdoti, notai, consulenti tecnici, farmacisti e ostetriche, dottori e ragionieri commercialisti, consulenti del lavoro, dipendenti del servizio pubblico per le tossicodipendenze sono tenuti a non divulgare notizie ricevute sotto l'impegno del segreto professionale. I giornalisti, invece, sono eticamente obbligati a rendere pubbliche (sulla stampa, per agenzia, per tv o per radio, per *web*) le notizie ricevute, ma, con gli editori, in base all'articolo 2 della legge professionale e all'articolo 13 della legge sulla *privacy*, sono tenuti a rispettare il segreto professionale sulla fonte delle notizie quando ciò sia richiesto dal carattere fiduciario di esse. Gli uni non divulgano le notizie, gli altri (i giornalisti) devono pubblicare e tutelare soltanto la fonte delle notizie pubblicate.

2.3.7. Il dovere di promuovere la fiducia tra la stampa e i lettori

Questo principio viene ferito in particolare dal fenomeno della commistione pubblicità/informazione per la prima volta denunciato, nel novembre 1986, con una delibera del Consiglio dell'Ordine dei giornalisti di Milano. Quelle regole sono diventate due anni dopo l'articolo 44 del contratto nazionale di lavoro giornalistico (cnlg): «Allo scopo di tutelare il diritto del pubblico a ricevere una corretta informazione, distinta e distinguibile dal messaggio pubblicitario e non lesiva degli interessi dei singoli, i messaggi pubblicitari devono essere chiaramente individuabili come tali e quindi distinti, anche attraverso apposita indicazione, dai testi giornalistici». Incalza l'articolo 23 del Dlgs 6 settembre 2005 n. 206 (Codice del consumo), che ha sostituito sul punto il Dlgs 74/1992: «La pubblicità deve essere chiaramente riconoscibile come tale. La pubblicità a mezzo di stampa deve essere distinguibile dalle altre forme di comunicazione al pubblico, con modalità grafiche di evidente percezione». «La pubblicità televisiva e radiofonica deve essere riconoscibile come tale ed essere distinta dal resto dei programmi con mezzi ottici o acustici di evidente percezione» afferma l'articolo 8 della legge 223/1990 ("legge Mammì").

«La pubblicità deve essere palese, veritiera e corretta» ribadisce l'articolo 1 (punto 2) del Dlgs 145/2007. Gli articoli 2 e 48 della legge professionale 69/1963 impegnano i giornalisti ad essere e ad apparire corretti, a non ingannare il pubblico, ad essere leali. Quella della commistione informazione/pubblicità – di cui i Consigli dell'Ordine sono giudici per quanto riguarda i giornalisti, mentre il comportamento delle aziende editrici è valutato dall'Autorità garante della concorrenza del mercato (Agcm) – è una grande minaccia alla credibilità del giornalismo italiano e al rapporto di fiducia tra la stampa e i lettori.

Il giornalista incaricato di redigere i servizi cosiddetti redazionali può legittimamente opporre il suo rifiuto

Nel rapporto informazione-pubblicità deve affermarsi l'autonomia dell'informazione rispetto ai condizionamenti posti dal potere industriale ed economico ed al loro intrecciarsi. Autonomia e libertà di stampa devono rafforzarsi soprattutto nella coscienza e nella professionalità del giornalista, il quale dovrà vigilare sui giusti equilibri tra spazi redazionali e spazi pubblicitari, sulla separazione tra gli uni e gli altri e contro le infiltrazioni della pubblicità indiretta, affinché un giornale resti tale e non si trasformi in un catalogo commerciale.

La pubblicità deve essere chiara, palese, esplicita e riconoscibile: deve esserlo soprattutto la pubblicità chiamata – con espressione impropria – redazionale. Il giornalista incaricato di redigere i servizi cosiddetti redazionali può legittimamente opporre il suo rifiuto; qualora aderisca a tale incarico deve esigere che il testo risulti presentato con caratteristiche grafiche che lo distinguano dai normali servizi e notiziari, salvaguardando così la dignità dell'intero corpo redazionale. Da parte sua il direttore deve astenersi dall'esigere che il giornalista rediga testi destinati a finalità pubblicitarie o, peggio ancora, mascheranti l'intento mercantile perché si verrebbe in tal modo ad istituzionalizzare un rapporto inquinato tra messaggio e notizia. In caso contrario il direttore si rende colpevole di un fatto – l'aver minato la fiducia tra stampa e lettori – non conforme al decoro e alla dignità professionale, nonché alla sua reputazione e alla dignità dell'Ordine.

La lealtà verso il lettore impone che il lavoro giornalistico e quello pubblicitario rimangano separati e inconfondibili. I tentativi di travestimenti, di mistificazioni, di mescolanze diventano un inganno per il lettore come pure ingannevole deve considerarsi qualsiasi forma di pubblicità occulta che più di tutto va combattuta e respinta perché degenerativa della qualità dell'informazione. I giornalisti che vanno in televisione non possono svolgere il ruolo di *testimonial* ad un prodotto oppure citare prodotti, non sono in sostanza attori pubblicitari.

Chi pubblica articoli, che nella sostanza sono pubblicità ingannevole, tiene un comportamento che «viola quel principio di lealtà nell'informazione cui (ex artt. 2 e 48 della legge professionale n. 69/1963) devono essere improntati i comportamenti del giornalista». Con questa secca motivazione la quinta sezione del Tribunale civile di Milano (17 settembre 2001) ha confermato la decisione del Consiglio nazionale che ha inflitto la sanzione disciplinare dell'avvertimento scritto a una giornalista professionista.

2.3.8. Decoro e dignità professionali

La tutela della persona coinvolge valori fondamentali della Carta costituzionale (onore e reputazione, diritto alla riservatezza, salute intesa anche come sviluppo psichico) che non possono essere "invasi" dal diritto di cronaca. I dati sensibili, intimi e privati di una persona, non devono alimentare le pagine di cronaca dei giornali. Il direttore di testata è responsabile di tutto quel che viene pubblicato sul giornale ed è anche responsabile dell'autonomia professionale dei suoi redattori; autonomia professionale che, come afferma l'articolo 1 del contratto nazionale di lavoro giornalistico Fnsi-Fieg (avente forza di legge *erga omnes* ex Dpr n. 153/1961), poggia tutta sui principi etici affermati dalla legge n. 69/1963 sull'ordinamento della professione giornalistica. Il direttore, che ha un dovere di lealtà verso i lettori del suo giornale, deve sempre operare in modo tale da rafforzare il rapporto di fiducia tra stampa e pubblico e in modo da tutelare anche il decoro e la dignità professionali del suo collettivo redazionale. Viola l'obbligo di esercitare con dignità e con decoro la professione chi assoggetta la libertà di cronaca e di critica a censure esterne. La stampa non è soggetta a censure, afferma la Costituzione.

Il direttore è anche responsabile dell'autonomia dei suoi redattori

La dignità è un concetto molto più ampio e molto più elastico di quello della reputazione e ha una incisività morale molto più penetrante. È lesivo della dignità professionale l'uso da parte del giornalista di espressioni inutili ed ininfluenti ai fini della manifestazione sia sostanziale che critica del proprio pensiero, espressioni che, rimarcando alcuni particolari tratti fisionomici degli appartenenti ad una determinata razza, fuoriescono dalla correttezza del linguaggio giornalistico e si presentano come disdicevoli, tanto da suscitare il risentimento della comunità di appartenenza delle persone oggetto dell'informazione.

2.3.9. Il rispetto della propria reputazione

L'ordinamento vieta a un giornalista di strumentalizzare la propria professione, ponendosi al servizio di terzi e piegando l'esercizio della libertà di stampa (anche con telefonate compiacenti) a fini estranei ai doveri di indipendenza e autonomia, lealtà e buona fede, osservanza delle leggi e rispetto dei lettori, propri di chi svolge una funzione di pubblico interesse, qual è quella del giornalista mediatore intellettuale tra i fatti e i cittadini.

L'autonomia della professione giornalistica si fonda sul rispetto delle regole fissate nella legge professionale. Si legge nell'articolo 1 (terzo comma) del cnlg: «La legge sull''Ordinamento della professione giornalistica' del 3 febbraio 1963 n. 69 garantisce l'autonomia professionale dei giornalisti e fissa i contenuti della loro deontologia professionale specificando che "è diritto insopprimibile dei giornalisti la libertà di informazione e di critica, limitata dall'osservanza delle norme di legge dettate a tutela della personalità altrui ed è loro obbligo inderogabile il rispetto della verità sostanziale dei fatti, osservati sempre i doveri imposti dalla lealtà e dalla buona fede"». Chi tiene comportamenti in contrasto con tali precetti non ha rispetto della propria reputazione, del decoro della professione e della dignità dell'Ordine al quale appartiene.

2.3.10. Il rispetto della dignità dell'Ordine professionale

Il comportamento tenuto dal giornalista estensore nonché dal direttore della testata che ha pubblicato un articolo in cui vengono riportate le generalità e le foto di un cittadino in manette, è idoneo a violare le norme di legge dettate a tutela della personalità altrui nonché ad essere valutato come non conforme al decoro ed alla dignità professionali così da compromettere anche la dignità dell'Ordine (*sub specie* di violazione di precisi intendimenti fatti propri dalla categoria con la sottoscrizione delle carte di autoregolamentazione). In sede disciplinare assumono rilevanza fatti e comportamenti che toccano il giornalista nella sua credibilità e nella sua dignità di professionista e che colpiscono la dignità dell'Ordine stesso del quale il giornalista fa parte. In sostanza quando un giornalista non rispetta i canoni fissati nell'articolo 2 della legge professionale infligge un *vulnus* abnorme alla dignità dell'Ordine inteso come comunità di professionisti vincolati a un insieme di regole inviolabili e intangibili.

L'autonomia della professione giornalistica si fonda sul rispetto delle regole fissate nella legge professionale

2.3.11. Il dovere di promuovere lo spirito di collaborazione tra i colleghi

Un giornalista non può fornire a terzi una "anticipazione" di un articolo scritto da un suo collega, provocando interventi a catena, che portano quell'articolo in fondo a un cestino. Con l'umiliazione del redattore che ha scritto l'articolo e che viene bloccato da interventi di personaggi influenti sulla società editrice del giornale. Nessun giornalista può mettere un collega nelle condizioni di dover subire pressioni indebite tali da limitare potenzialmente la sua libertà di informazione. Chi agisce così viola il principio di «promuovere lo spirito di collaborazione tra colleghi» (18).

Il giornalista appartenente a una testata che, per avvicinare personalità di orientamento ideologico diverso dal proprio, si spaccia come dipendente di altre testate in un determinato luogo più gradite, menoma il proprio decoro e infirma i principi basilari della deontologia professionale, nonché intralcia i diritti degli altri colleghi, venendo meno allo spirito di collaborazione tra colleghi.

2.3.12. Il dovere di promuovere la cooperazione tra giornalisti ed editori

Il dovere di promozione della cooperazione tra giornalisti ed editori ha come retroterra il codice civile, la legge professionale e il contratto nazionale di lavoro giornalistico. È lo stesso articolo 2 della legge professione a impegnare sia i giornalisti sia gli editori a muoversi lungo una linea di cooperazione. Il codice civile (art. 2105) impone la "fedeltà" del dipendente all'azienda. È vietato a un giornalista di informare persone "esterne" alla redazione sul contenuto degli articoli in "cottura" in un dato giorno nonché collaborare con testate "concorrenti".

Il giornalista deve agire "con lealtà" verso la sua azienda (e la sua redazione) come gli impone l'articolo 2 della legge professionale n. 69/1963. La cooperazione tra giornalisti ed editori impone ai primi di lavorare "in buona fede" al raggiungimento degli obiettivi fissati nel programma che l'editore ha affidato al direttore all'atto della nomina. Il direttore ha la responsabilità di garantire l'autonomia della sua redazione. Autonomia significa prevalenza dei principi deontologici fissati negli articoli 2 e 48 della legge professionale. L'editore non può impartire al direttore (e, quindi, alla redazione) disposizioni in contrasto con la deontologia.

Tutti questi principi figurano anche negli articoli 1, 6 e 8 del contratto nazionale di lavoro giornalistico. In particolare non sono compatibili con la deontologia professionale e con il giornalismo inteso come informazione critica quelle situazioni in cui il giornalista assume il duplice e contraddittorio ruolo di chi, retribuito per dare una corretta informazione, trae contemporaneamente un utile diretto o indiretto – anche per interposta persona – da attività contrastanti con il suo dovere e con la libertà di informazione e di critica. In particolare a questo àmbito di violazioni della deontologia professionale vanno riferiti i casi:

Il giornalista deve agire "con lealtà" verso la sua azienda (e la sua redazione) come gli impone l'articolo 2 della legge professionale n. 69/1963

a) del giornalista dipendente (o collaboratore fisso) di testata che presta in pari tempo la sua opera, a qualsiasi titolo, e comunque interessatamente, in imprese di promozioni o di pubbliche relazioni;

b) del giornalista dipendente (o collaboratore fisso) di testata che ricopre incarichi retribuiti in uffici stampa di enti pubblici o privati;

c) del giornalista che trae utilità personale da articoli chiaramente pubblicitari, in modo che la sua figura professionale non rimanga vistosamente distinta da quella del pubblicitario.

L'esclusiva professionale opera anche quando non è scritta nel contratto di assunzione in quanto il giornalista non potrà «in ogni caso assumere incarichi in contrasto con gli interessi morali e materiali della azienda alla quale appartiene. Fatti salvi questi interessi, il giornalista potrà manifestare le proprie opinioni attraverso altre pubblicazioni di carattere culturale, religioso, politico o sindacale». Il dovere di fedeltà del lavoratore subordinato si sostanzia nell'obbligo di tenere un leale comportamento nei confronti del datore di lavoro e di tutelarne in ogni modo gli interessi, astenendosi da comportamenti idonei a configurare la speciale ipotesi di concorrenza sleale. Pertanto con riferimento al rapporto di lavoro giornalistico, costituisce violazione del suddetto obbligo di fedeltà l'abusiva cessione, da parte di un giornalista ad un giornale terzo, di un articolo (o di parte di esso), che il primo abbia avuto l'incarico di redigere per il giornale del suo direttore, atteso anche che tale condotta incide sul diritto di utilizzazione dell'opera collettiva, qual è il giornale, spettante all'editore.

Dopo l'entrata in vigore della legge 150/2000, i giornalisti della carta stampata, della tv, della radio e di Internet non possono tenere collaborazioni con le pubbliche amministrazioni. Le commistioni tra attività giornalistica e attività di ufficio stampa non sono lecite né tollerabili.

Note

(1) App. Milano 18 luglio 1996 in "Foro il." 1997, I, 939
(2) Trib. Milano 12-07-2001; Fonti Giur. milanese, 2002, 33
(3) Cass., Sez. Un., 6 giugno 2002, n. 8225
(4) Cass., Sez. Un., 23 marzo 2004 n. 5776
(5) cfr. in tal senso anche Sezioni Unite civili 10/7/2003 n. 10842, con riferimento al codice deontologico degli avvocati
(6) cfr. Cass., Civ. Sezioni Unite n. 11732/1998; n.10922/1997; n.5225/1997"
(7) Tribunale di Milano, 21.6.1991, rif. CNOG, 6.12.1990
(8) Cass. pen., 5 maggio 1997, n. 2113 in "Riv. pen." 1997, 973
(9) Cass. civ., Sez. III 4.7.97, n. 6041
(10) Corte costituzionale, sentenza n. 293/2000
(11) Cass. pen., sez. III, 27.04.2001, n. 23356
(12) Cass. civ. Sez. III 4.7.1997, n. 6041; Soc. Il Messaggero c. Vitalone; Fonti Mass. Giur. It., 1997
(13) Cass. civ. Sez. III 20.8.1997, n. 7747; Fonti Mass. Giur. It., 1997
(14) Cass. pen., 30.6.1984
(15) Trib. S. Maria Capua V., 22 gennaio 1999; Riviste Foro Napol., 1999, 37
(16) Pret. Napoli, 30-06-1988
(17) Sentenza 14 gennaio 2000 Tribunale penale di Treviso (n. 252/1999, Reg.gen.)
(18) art. 2, terzo comma, della legge 69/1963

Marco Volpati

La Carta dei doveri

3

3.1. Etica e professionalità del giornalista

«Un vantaggio, rispetto alle altre categorie, può essere rappresentato dalla coincidenza che si ha per il giornalista tra etica e professionalità. La professione dovrebbe essere, schematizzando, la ricerca a la trasmissione di quella verità che onestamente riesco a conoscere; questa ricerca onesta della verità è il fondamento della deontologia. Etica e professionalità sono tutt'uno». Questo scriveva Gianni Faustini, allora Segretario dell'Ordine dei giornalisti, nel 1990 sulla rivista "Problemi dell'informazione".

Anche il più audace e coraggioso dei giornalisti, se riesce meglio degli altri, è perché più degli altri vuole e sa spingersi con intelligenza alla ricerca onesta della verità

Un'immagine del nostro mestiere meno romanzesca e mitica di quella che usciva dal famoso film "Prima Pagina" ("Front Page"), irresistibile commedia del 1974 con Jack Lemmon e Walter Matthau, tratto a sua volta da un fortunatissimo testo teatrale, dove la bravura del cronista emergeva grazie alla sua abilità nel mentire, imbrogliare i concorrenti, e alle trovate esilaranti che i cronisti mettevano in atto pur di assicurarsi una esclusiva.

Ma la realtà, bisogna ripeterlo è questa: anche il più audace e coraggioso dei giornalisti, compreso chi opera in situazioni limite come i fronti di mafia o di guerra, qualche volta pagando con la vita, se riesce meglio degli altri, se fa gli *scoop*, è perché più degli altri vuole e sa spingersi con intelligenza alla ricerca onesta della verità dei fatti. La verità dei fatti – senza aggiunte, limiti o inquinamenti – è il fondamento, sia della capacità che dell'etica professionale.

Faustini scriveva allora di una "Carta dei doveri" che ancora non esisteva, ma di cui si sentiva la necessità. Quando, tre anni dopo, la Carta venne varata dal Consiglio nazionale dell'Ordine dei giornalisti insieme alla Federazione nazionale della stampa italiana, si pose in premessa l'art. 2 della legge 69 del 3 febbraio 1963, quella che istituiva l'Ordine:

> **Art. 2.** «È diritto insopprimibile dei giornalisti la libertà di informazione e di critica, limitata dall'osservanza delle norme di legge dettate a tutela della personalità altrui, ed è loro obbligo inderogabile il rispetto della verità dei fatti, osservati sempre i doveri imposti dalla lealtà e dalla buona fede. Devono essere rettificate le notizie che risultino inesatte e riparati gli eventuali errori».

A proposito di errori, viene alla mente il proverbio inglese che dice «quelli dei magistrati si trovano in carcere, quelli dei medici sotto terra, quelli dei giornalisti in prima pagina». In fatto di responsabilità dei propri atti, chi scrive sui giornali o su Internet, parla alla radio o alla tv, si colloca appena un gradino più sotto di medici e giudici, perché maneggia qualcosa di delicatissimo che ha a che fare con la vita delle persone.

Su "Galassia", che era il mensile della Fnsi, all'inizio del 1990 comparve un'intervista al filosofo Norberto Bobbio; argomento: la deontologia dell'informazione. «So che l'autoregolamentazione è molto difficile quando si tratta di regole, soprattutto morali, come queste – rispondeva Bobbio alle domande del sindacato dei giornalisti. Non si possono imporre dall'alto. Dovrebbe essere lo stesso Ordine dei giornalisti a stabilire regole deontologiche della professione, anche se non so quanta efficacia possano avere. I medici hanno regole deontologiche che risalgono addirittura ad Ippocrate, ma i loro sono enormi problemi che riguardano la vita e la morte. Per i giornalisti il problema è diverso, ma non meno serio. Riguarda la fama di una persona…Ci sono troppi casi – aggiungeva Bobbio – in cui colui che è destinatario del giornale, o come pubblico (il semplice cittadino) o come intervistato, può lamentare una mancanza di riguardo. E si trova a disagio. Io mi sono trovato spesso a disagio».

Il giornalismo non può rispondere a obiettivi edificanti o pedagogici: la conoscenza di più verità che sia possibile, sono un bene in sé per la società

La Carta dei doveri vide la luce non molto tempo dopo, nel luglio 1993. Fu preceduta da un appassionato dibattito che andò molto oltre i confini della categoria. Infatti la Carta spostava l'attenzione dalla cosiddetta "tutela interna" della professione giornalistica, alla "tutela esterna". A quel che si doveva fare per limitare e comunque sanzionare i casi in cui la stampa e tutti i nuovi mezzi attraverso cui si esercitava l'informazione giornalistica, producevano danni ingiusti. L'aggettivo è indispensabile, se si considera che nell'esercizio della libertà di stampa non ci si può porre il limite rigido delle conseguenze della ricerca della verità. In altre parole, il precetto di Ippocrate "primo non nuocere" imposto ai medici non può estendersi *tout court* ai giornalisti, se si vuol evitare il rischio dell'autoasservimento a finalità edificanti, pedagogiche, "costruttive", che sono la premessa di tutte le limitazioni delle libertà: si sa che nelle dittature la cronaca criminale non ha buona accoglienza e spesso nemmeno cittadinanza, perché denigra una nazione e demoralizza le masse.

E anche in democrazia capita spesso che si additi la cronaca, il lavoro di chi approfondisce la conoscenza dei fatti e li riferisce, come un oggettivo corruttore delle coscienze, seminatore di dubbi, divulgatore di comportamenti moralmente e socialmente negativi, e qualche volta addirittura criminali. Il giornalismo non può rispondere a obiettivi edificanti o pedagogici: la conoscenza di più verità che sia possibile, e il confronto libero di opinioni e interpretazioni, sono un bene in sé per la società. Come ha detto Barack Obama citando Thomas Jefferson: «Tra un governo senza giornali e giornali senza un governo, preferisco la seconda opzione». Questa, almeno per noi, è la regola aurea. Sappiamo bene che, per molti che governano o aspirano a governare, sotto sotto l'opzione preferita è la prima.

Ovvio che nessuna libertà è incondizionata, neppure quella di stampa. Per questo esistono le regole, la deontologia. Per questo esiste l'Ordine. Meno incorreranno i giornalisti nel rischio di violare la libertà degli altri, più saranno rispettate la loro autonomia e la loro credibilità.

Nel dibattito che a cavallo tra gli anni Ottanta e Novanta ha preceduto la stesura e l'approvazione della Carta dei doveri si è spesso posto l'accento su un presunto ritardo del giornalismo italiano nel campo dei codici di autoregolamentazione: Francia, Gran Bretagna, Germania e Stati Uniti ci avevano preceduti, con decaloghi di categoria, o in qualche caso di testata o di azienda editoriale. Chi lamentava questo dimenticava però che la prima e più energica "Carta" era, per gli italiani, la legge del 1963, soprattutto il citato articolo 2. Da solo valeva, e ancora vale, come un principio globale, una norma che è il fondamento di tutto ciò che è seguito. Quasi come la Costituzione rispetto alle leggi ordinarie.

Semmai la discussione era tra chi riteneva che in quella formulazione ci fosse già tutto, senza bisogno di una sovrapproduzione di altri testi e regolamenti secondo la tradizione tutta italica di frequente ripetizione e frammentazione delle norme, e chi pensava che fosse preferibile avere troppo che troppo poco, e qualche ridondanza potesse essere tollerata se si perseguiva il fine della chiarezza. Alla fine i secondi hanno prevalso, anche se i grandi maestri del giornalismo italiano – Indro Montanelli, Alberto Cavallari, Andrea Barbato, Antonio Ghirelli, Jader Jacobelli e Sergio Zavoli tra gli altri – si mostravano scettici. Le loro autorevoli testimonianze si possono leggere in una edizione speciale dei Quaderni dell'Ordine dei Giornalisti sul "Dover essere del giornalista" pubblicata nel maggio 1989.

Il primo campo nel quale si decise di operare con norme di dettaglio fu quello della pubblicità. Seguì il tema della tutela dei minori

3.2. I precedenti

La Carta dei doveri non è stato il primo "statuto della deontologia", anche se indubbiamente è il più completo. Il primo campo nel quale si decise di operare con norme di dettaglio fu quello della pubblicità. Il *boom* del settore – che data dall'inizio degli anni Ottanta quando lo sviluppo delle reti tv commerciali coincise con un periodo di espansione dei consumi – impose che si intervenisse per stabilire caso per caso i confini tra informazione e comunicazione commerciale, resi incerti dalle trasformazioni del linguaggio dei *media* e dal manifestarsi di forme e formati sempre diversi. Non era più il tempo di Carosello in tv e delle ingenue vignette che sulla carta stampata propagandavano il Callifugo Ciccarelli o la Pasta del Capitano.

Nell'aprile 1988 fu sottoscritto il Protocollo sulla trasparenza della pubblicità. La firma venne apposta in Senato, presente il presidente Spadolini. Firmatari erano non soltanto i giornalisti, Ordine e Federazione, ma anche i pubblicitari: Associazione italiana agenzie di pubblicità (Assap), Associazione italiana delle organizzazioni professionali di tecnica pubblicitaria (Otep), Associazione dei tecnici pubblicitari (Tp); e i professionisti delle relazioni pubbliche: cioè Federazione relazioni pubbliche italiana (Ferpi), Associazione studi di comunicazione (Aisscom), Associazione agenzie di relazioni pubbliche (Assorel).

Il protocollo definisce, per la prima volta, un riconoscimento reciproco dei territori separati tra informazione, comunicazione e pubblicità. Ruoli distinti, quindi, nel rispetto della professionalità di ciascuno senza invasioni di campo e nel nome della trasparenza. Il testo mette in piena evidenza che il giornalismo e il giornalista non può avere nulla a che fare con la pubblicità. La quale, anche se ospitata o trasmessa accanto alle notizie – anzi, proprio per questa concomitanza – deve essere sempre riconoscibile come tale, per rispetto del diritto del pubblico a non essere ingannato. I concetti contenuti in questo documento interprofessionale saranno subito dopo riportati nel contratto di lavoro dei giornalisti sottoscritto da Fnsi e Fieg, e recepito dalla Rai.

Poco più di due anni dopo, nell'ottobre 1990, Ordine, Federazione e Telefono Azzurro mettono a punto la Carta di Treviso per una cultura dell'infanzia. La Carta è uno degli strumenti più importanti per la tutela dei diritti dei minori. Come tutti i soggetti deboli, bambini e minorenni in genere avevano subito spesso trattamenti, in servizi di cronaca e non solo, che non erano rispettosi della loro personalità e della *privacy*. Con la sola eccezione delle situazioni in cui citare, rendere visibile o riconoscibile il minore va nel suo stesso interesse: il caso, per esempio, di un bambino scomparso da casa che si sta cercando; oppure quello, più comune, di iniziative o realtà in cui i minori non siano vittime o soggetti di disagi, come una festa scolastica.

La Carta dei doveri richiama il rispetto della persona, la non discriminazione, la correzione degli errori e la rettifica, la presunzione di innocenza

È fatto divieto di citare per nome, mostrare o rendere comunque individuabili o riconoscibili i minorenni. È del tutto evidente che, essendo quella del minore una personalità in formazione esposta a rischi per il suo equilibrio psicologico e il suo sviluppo, sia doverosa una speciale tutela.

3.3. Nasce la Carta dei doveri

Finalmente nel luglio del 1993 si arriva alla Carta dei doveri, sottoscrittori ancora una volta l'Ordine dei giornalisti e la Federazione nazionale della stampa. Come si ricordava, la Carta si apre con la citazione integrale dell'art.2 della legge 69 del 1963. E si chiude sostanzialmente allo stesso modo, perché l'ultimo comma dice: «La violazione di queste regole integranti lo spirito dell'art.2 della legge 3.2.1963 n. 69 comporta l'applicazione delle norme contenute nel Titolo III della citata legge».

In parole più chiare, la violazione è soggetta a sanzioni disciplinari.

La Carta dei doveri richiama il rispetto della persona, la non discriminazione, la correzione degli errori e la rettifica, la presunzione di innocenza. Vieta di aderire ad associazioni segrete, di accettare privilegi, favori o incarichi che potrebbero condizionare l'autonomia e credibilità professionale.

C'è poi il divieto di pubblicare immagini violente o raccapriccianti. L'obbligo di tutelare la *privacy* dei cittadini, di non rendere riconoscibili o identificabili i congiunti di persone coinvolte in casi di cronaca. Il divieto di nominare o mostrare le vittime di violenze sessuali. L'obbligo di non mettere a rischio di rappresaglie alcune categorie esposte (profughi, rifugiati, testimoni, collaboratori di giustizia).

Circa le fonti, la Carta specifica e distingue. In via ordinaria le fonti devono essere rese note al pubblico. In caso di fonti confidenziali prevale invece il dovere di mantenere il segreto professionale, ma con la cura di rendere evidente che si tratta di fonte di questo genere.

Sulla pubblicità la Carta recepisce i divieti già sanciti dal Protocollo sulla trasparenza. Definisce poi il concetto di incompatibilità tra il lavoro giornalistico ed interessi o incarichi che siano potenzialmente in conflitto con la ricerca rigorosa ed esclusiva della verità dei fatti.

La Carta sottolinea, oltre alla tutela dei minori, quella delle persone disabili o malate e in generale dei "soggetti deboli" che per ragioni sociali, economiche o culturali dispongono di minori possibilità di difendersi autonomamente. È un punto, quest'ultimo, di capitale importanza, che è particolarmente importante richiamare: chi è socialmente forte dispone di mezzi e consulenze (come quelle di studi legali) e quindi non ha difficoltà a tutelare i propri interessi. Chi è povero, straniero, con scarsa cognizione dei propri diritti è più vulnerabile in situazioni di cronaca che lo vedano protagonista o esposto. È dovere dei giornalisti non approfittarne.

La Carta dei doveri, anche se ampia e ricca di casistiche, non ha esaurito la produzione di testi particolari in materia deontologica. Quello che è opportuno considerare è che tutte le nuove formulazioni hanno sempre fatto riferimento ad essa come cornice generale.

La Carta dei doveri, anche se ampia e ricca di casistiche, non ha esaurito la produzione di testi particolari in materia deontologica

Come lettura esplicativa della legislazione introdotta nel 1996 in materia di tutela dei dati personali, il Consiglio nazionale dell'Ordine dei giornalisti ha adottato un Codice di deontologia nel 1998.

Nel testo si specifica che, salvo che le notizie o i dati abbiano rilievo sul ruolo o la vita pubblica di persone note o che esercitano funzioni pubbliche, la *privacy* deve essere rispettata. La tutela si estende anche alle persone arrestate o detenute (anche qui salvo rilevanti motivi di interesse pubblico o comprovati motivi di giustizia e polizia).

Sono seguite altre carte specifiche, che citiamo brevemente perché sono trattate singolarmente in altra parte, e sono tutte consultabili nei testi integrali riportati nel volume dei Codici. La Carta dei doveri dell'informazione economica nel marzo 2007; poi, per regolamentare l'uso e la pubblicazione dei dati risultanti dai sondaggi demoscopici, il Protocollo di intesa tra il Cnog e l'Assirm (Associazione tra istituti di ricerche di mercato, sondaggi di opinione e ricerca sociale) adottato nell'aprile 1995.

Del 2008 è la Carta di Roma per il rispetto dei diritti e della personalità di migranti, rifugiati, richiedenti asilo o vittime della tratta (sottoscrittori Ordine, Fnsi e Unhcr, Alto commissariato dell'Onu per i rifugiati). È stato successivamente varato, nel marzo 2009, il Decalogo dell'informazione sportiva.

Ruben Razzante

4

Il Codice di deontologia

4.1. Diritto di cronaca e la tutela della *privacy*

Le frequenti distorsioni nella trasmissione dei messaggi informativi, quando non sono di lieve entità, possono ledere interessi fondamentali, giuridicamente tutelati, e compromettere il godimento, da parte dei singoli e delle collettività organizzate, dei diritti sanciti nella Costituzione e nelle altre leggi. Per questo si è sempre cercato di individuare un punto di equilibrio tra il diritto alla riservatezza e il diritto di cronaca, tra un diritto della personalità costituzionalmente garantito e una traduzione della libertà di manifestazione del pensiero.

L'attività giornalistica si muove sul confine che separa il diritto alla riservatezza e il diritto a conoscere quel che accade

L'attività giornalistica si muove sempre sul filo sottile che delimita il confine tra il rispetto della sfera di riservatezza di ognuno e il diritto di informare correttamente sui fatti che accadono. Già l'art. 9 della direttiva 95/46/CE del Parlamento europeo e del Consiglio dell'Unione europea, intitolato "Trattamento dei dati personali e libertà di espressione", dava facoltà agli stati membri dell'Ue di prevedere per il trattamento di dati personali effettuato esclusivamente a scopi giornalistici o di espressione artistica o letteraria talune esenzioni o deroghe ai principi della direttiva in tema di raccolta e trattamento dei dati personali, di loro trasferimento all'estero e di poteri del Garante in materia. Infatti, il primo comma dell'art. 25 della l. 31 dicembre 1996, n.675 (che in Italia ha attuato la suddetta direttiva), nella versione modificata dall'art. 12 del decreto legislativo n. 171 del 13 maggio 1998 sulla "tutela della vita privata nel settore delle telecomunicazioni", prevedeva quanto segue:

> «Le disposizioni relative al consenso dell'interessato e all'autorizzazione del Garante, nonché il limite previsto dall'art. 24, non si applicano quando il trattamento dei dati di cui agli articoli 22 e 24 è effettuato nell'esercizio della professione di giornalista e per l'esclusivo perseguimento delle relative finalità. Il giornalista rispetta i limiti del diritto di cronaca, in particolare quello dell'essenzialità dell'informazione riguardo a fatti di interesse pubblico, ferma restando la possibilità di trattare i dati relativi a circostanze o fatti resi noti direttamente dall'interessato o attraverso i suoi comportamenti in pubblico».

In quest'articolo si richiamavano quindi i limiti del diritto di cronaca, sanciti nella legge professionale 3 febbraio 1963, n. 69 e introdotti in modo puntuale dalla giurisprudenza fin dagli anni Ottanta, con un'importante sentenza della Corte di Cassazione, la n. 5259 del 18 ottobre 1984 (il cosiddetto "decalogo del giornalista").

Al secondo comma, l'art. 25 della legge 675/96, non più in vigore, introduceva lo strumento del codice deontologico:

«Il Garante promuove, nei modi di cui all'art. 31, comma 1, lettera h), l'adozione, da parte del Consiglio nazionale dell'Ordine dei giornalisti, di un apposito codice di deontologia relativo al trattamento dei dati di cui al comma 1 del presente articolo effettuato nell'esercizio della professione di giornalista, che preveda misure ed accorgimenti a garanzia degli interessati rapportate alla natura dei dati, in particolare per quanto riguarda quelli idonei a rivelare lo stato di salute e la vita sessuale. Nella fase di formazione del Codice, ovvero successivamente, il Garante, in cooperazione con il Consiglio, prescrive eventuali misure e accorgimenti a garanzia degli interessati, che il Consiglio è tenuto a recepire. Il Codice è pubblicato sulla Gazzetta Ufficiale a cura del Garante, e diviene efficace quindici giorni dopo la sua pubblicazione».

All'art. 25 si faceva presente che

«Le disposizioni della presente legge che attengono all'esercizio della professione di giornalista si applicano anche ai trattamenti effettuati dai soggetti iscritti nell'elenco dei pubblicisti o nel registro dei praticanti di cui agli articoli 26 e 33 della legge 3 febbraio 1963, n. 69, nonché ai trattamenti temporanei finalizzati esclusivamente alla pubblicazione o diffusione occasionale di articoli, saggi e altre manifestazioni del pensiero».

Il giornalista, in caso di violazione, rischia sempre la sanzione disciplinare e anche un'azione di risarcimento del danno

Pertanto, a partire dal 18 giugno 1998, data di entrata in vigore del decreto legislativo n. 171/98, i giornalisti potevano occuparsi di temi riguardanti lo stato di salute e la vita sessuale senza chiedere il consenso agli interessati, fermi restando, tuttavia, i principi etici come la tutela della dignità della persona e il rispetto della verità sostanziale dei fatti, in un contesto di lealtà e buona fede, oltre che di fiducia tra stampa e lettori, previsti dalla Costituzione e dalla legge professionale 69/63. Inoltre, alla luce del già ricordato art. 12 di quel decreto legislativo, i giornalisti non correvano il rischio di finire in galera se avessero violato una norma sulla *privacy*. Nella peggiore delle ipotesi avrebbero dovuto risarcire il danno o subire una sanzione disciplinare, ma avrebbero evitato qualsiasi riflesso penale, a meno che, con la loro attività, non avessero leso in modo penalmente rilevante la dignità e l'identità personale dei soggetti protagonisti delle loro cronache. Per i giornalisti che avessero violato la l. 675/96 si sarebbero spalancate le porte del procedimento disciplinare di fronte al Consiglio del loro Ordine professionale e del risarcimento del danno in sede civile, ma non quelle del carcere. Oggi che le norme in materia di *privacy* e giornalismo, contenute nel Codice deontologico dei giornalisti del 3 agosto 1998, formano parte integrante del nuovo Codice o Testo unico sulla *privacy* (d.lgs. 30 giugno 2003, n. 196), il giornalista, in caso di violazione, rischia sempre la sanzione disciplinare e anche un'azione di risarcimento del danno, *ex* art. 15 del d.lgs. 196/2003. Affinché, però, la sua violazione possa avere riflessi penali, occorre che essa sfoci in una lesione penalmente rilevante della dignità e dell'identità personale dei soggetti protagonisti di fatti di cronaca, cioè che integri gli estremi del reato di diffamazione a mezzo stampa. Il Titolo XII del nuovo Codice della *privacy* (d.lgs. 196/2003) è intitolato "Giornalismo ed espressione letteraria ed artistica" e disciplina tutte le ipotesi di trattamento:

«a) effettuato nell'esercizio della professione di giornalista e per l'esclusivo perseguimento delle relative finalità;

b) effettuato dai soggetti iscritti nell'elenco dei pubblicisti o nel registro dei praticanti di cui agli articoli 26 e 33 della legge 3 febbraio 1963, n. 69;

c) temporaneo finalizzato esclusivamente alla pubblicazione o diffusione occasionale di articoli, saggi e altre manifestazioni del pensiero anche nell'espressione artistica» (art. 136).

Ex art. 137 ("Disposizioni applicabili"), a chi si ritrovi in una delle ipotesi contemplate nell'articolo precedente, non si applicano alcune disposizioni del Codice.

In particolare, i giornalisti professionisti, i pubblicisti e i praticanti giornalisti non hanno bisogno dell'autorizzazione del Garante né del consenso dell'interessato per trattare i dati sensibili o i dati giudiziari o per trasferire dati all'estero. Al terzo comma dell'art. 137 si specifica anche che «in caso di diffusione o di comunicazione dei dati per le finalità di cui all'articolo 136, restano fermi i limiti del diritto di cronaca a tutela dei diritti di cui all'articolo 2 e, in particolare, quello dell'essenzialità dell'informazione riguardo a fatti di interesse pubblico» e che «possono essere trattati i dati personali relativi a circostanze o fatti resi noti direttamente dagli interessati o attraverso loro comportamenti in pubblico». In altri termini, i cittadini possono anche rinunciare alla *privacy* e parlare dei loro dati sensibili e i cronisti possono raccontare i comportamenti tenuti in pubblico da una persona o riferire le caratteristiche e le manifestazioni palesi di sue malattie.

I giornalisti possono trattare anche i dati sensibili senza l'autorizzazione del Garante

L'art. 138 riafferma il principio del segreto professionale per chi eserciti la professione di giornalista, «limitatamente alla fonte della notizia».

L'art. 139, l'ultimo del Titolo XII, introduce lo strumento del "Codice di deontologia relativo ad attività giornalistiche", mentre l'art. 25 della l. 675/96 ha prodotto il Codice di deontologia relativo al trattamento dei dati personali nell'esercizio dell'attività giornalistica (Gazzetta ufficiale 3 agosto 1998). *Ex* art. 139, terzo comma, «il codice o le modificazioni od integrazioni al codice di deontologia che non sono adottati dal Consiglio (dei giornalisti, n.d.r.) entro sei mesi dalla proposta del Garante, sono adottati in via sostitutiva dal Garante e sono efficaci sino a quando diviene efficace una diversa disciplina secondo la procedura di cooperazione». Il legislatore, prevedendo già nella legge 675/96 talune deroghe per il cronista, ha soltanto voluto scongiurare il rischio che il normale e libero esercizio del diritto di cronaca rimanesse imbrigliato in una selva di vincoli paralizzanti e soprattutto penalizzanti per il diritto-dovere del cronista di informare e il correlativo diritto del singolo ad essere informato (1).

4.2. Il Codice deontologico per il trattamento dei dati personali nell'esercizio dell'attività giornalistica (1998)

Un soddisfacente equilibrio nel delicato rapporto tra diritto di cronaca e protezione della sfera di riservatezza dei singoli si ritrova nei 13 articoli che compongono il Codice deontologico relativo al trattamento dei dati personali nell'esercizio dell'attività giornalistica, il cui testo definitivo è stato consegnato dal Consiglio nazionale dell'Ordine dei giornalisti, che l'ha elaborato, all'Ufficio del Garante della *privacy* il 15 luglio 1998. Il 3 agosto di quell'anno il Codice è stato pubblicato nella Gazzetta ufficiale e, come tutte le leggi, è entrato in vigore il quindicesimo giorno successivo. In via preliminare occorre chiarire la natura normativa del Codice deontologico, che potremmo definire una speciale norma secondaria, cioè posta da un'altra fonte (primaria), vale a dire la legge sulla *privacy*, non più in vigore. Oggi il Codice deontologico assurge al rango di norma primaria, essendo stato inserito come allegato 1) nel testo del nuovo Codice della *privacy*. Ciò significa che il suo peso è notevolmente aumentato e che i giornalisti devono considerarsi maggiormente vincolati da esso e devono tener conto in misura più ampia delle conseguenze di sue eventuali violazioni, conseguenze assai rilevanti sotto il profilo del risarcimento del danno economico, *ex* art. 15 del d.lg. 196/2003 (2).

Il Codice di deontologia giornalistica contiene 13 articoli. Lo analizziamo, articolo per articolo, facendo seguire al dettaglio analitico della norma alcune pronunce del Garante e della magistratura ordinaria, che ne hanno chiarito chiavi interpretative e modalità applicative (3).

Oggi il Codice deontologico assurge al rango di norma primaria, essendo stato inserito come allegato 1) nel testo del nuovo Codice della privacy

4.3. I principi generali, le banche-dati, gli archivi e la tutela del domicilio (articoli 1-3)

L'art. 1 (Principi generali) del Codice deontologico è una sorta di manifesto della professione giornalistica, che con perfetta limpidezza ne ribadisce alcuni principi essenziali. Anzitutto chiarisce la finalità del codice deontologico, che è quella di «contemperare i diritti fondamentali della persona con il diritto dei cittadini all'informazione e con la libertà di stampa»; quindi ribadisce il divieto, sancito all'art. 21 della Costituzione, di sottoporre la professione giornalistica ad autorizzazioni o censure. In seconda battuta, l'art. 1 sottolinea il carattere di specificità dell'attività giornalistica, motivando nel seguente modo le deroghe previste dalla l. 675/96 e dal codice stesso in materia di tutela della riservatezza: «In quanto condizione essenziale per l'esercizio del diritto-dovere di cronaca, la raccolta, la registrazione, la conservazione e la diffusione di notizie su eventi e vicende relative a persone, organismi collettivi, istituzioni, costumi, ricerche scientifiche e movimenti di pensiero, attuate nell'ambito dell'attività giornalistica e per gli scopi propri di tale attività, si differenziano nettamente per la loro natura dalla memorizzazione e dal trattamento di dati personali ad opera di banche dati o altri soggetti».

L'art. 2 (Banche-dati di uso redazionale e tutela degli archivi personali dei giornalisti) del Codice deontologico obbliga il giornalista che raccoglie notizie per una delle operazioni di cui all'art. 1, 2° comma, lett. b) della legge 675/1996 (trattamento e raccolta di notizie, n.d.r.) a rendere note «la propria identità, la propria professione e le finalità della raccolta, salvo che ciò comporti rischi per la sua incolumità o renda altrimenti impossibile l'esercizio della funzione informativa» e ad evitare «artifici e pressioni indebite». Se in capo al giornalista il Codice deontologico fa nascere tali obblighi, tuttavia precisa anche che «il giornalista non è tenuto a fornire gli altri elementi dell'informativa di cui all'art. 10, 1° comma, della legge 675/1996».

Per quanto riguarda i dati personali, se essi «sono raccolti presso banche dati di uso redazionale, le imprese editoriali sono tenute a rendere noti al pubblico, mediante annunci, almeno due volte l'anno, l'esistenza dell'archivio e il luogo dove è possibile esercitare i diritti previsti dalla legge 675/1996» e devono altresì indicare «fra i dati della gerenza il responsabile del trattamento al quale le persone interessate possono rivolgersi per esercitare i diritti previsti dalla legge 675/1996». C'è poi, sempre all'art. 2, un riferimento agli archivi personali dei giornalisti, che, «comunque funzionali all'esercizio della professione e per l'esclusivo perseguimento delle relative finalità, sono tutelati, per quanto concerne le fonti delle notizie, ai sensi dell'art. 2 della legge 69/1963 e dell'art. 13, 5° comma della legge 675/1996». In ogni caso, «il giornalista può conservare i dati raccolti per tutto il tempo necessario al perseguimento delle finalità proprie della sua professione».

Il giornalista rende note «la propria identità, la propria professione e le finalità della raccolta, salvo che ciò comporti rischi per la sua incolumità»

Il 24 marzo 1998, il Garante della *privacy* ha chiarito che è l'editore, non il giornalista, il soggetto tenuto alla notificazione semplificata, cioè a notificare con un unico atto (e *una tantum*) l'insieme delle banche dati automatizzate e cartacee di cui è titolare e che sono utilizzate a scopi giornalistici, anche quando (come accade di regola) le informazioni sono frammentate in più archivi, computer o fascicoli posti in uno o più luoghi nella materiale disponibilità dei singoli giornalisti.

Applicazione pratica ha trovato l'art. 2 del Codice deontologico, in riferimento al caso di un settimanale milanese che ha pubblicato un'inchiesta sull'atteggiamento dei vertici della Chiesa cattolica nei confronti di taluni peccati di natura prevalentemente sessuale. Alcuni cronisti di tale settimanale, nascondendo la loro identità, e spacciandosi per fedeli penitenti, hanno simulato di confessare comportamenti in contrasto con la morale religiosa, e in questo modo sono riusciti ad estorcere subdolamente ai ministri di culto alcune dichiarazioni (poi pubblicate nell'articolo). Il Consiglio dell'Ordine dei giornalisti della Lombardia ha sanzionato, con deliberazione del 17 luglio 2000, il direttore responsabile di quel settimanale.

Il Garante, il 10 gennaio 2000, ha fatto luce sul caso di un articolo pubblicato su un quotidiano locale, nel quale si faceva riferimento all'esistenza e al contenuto di una lettera riservata di un cittadino. Alla richiesta dell'interessato di conoscere in che modo il giornalista fosse entrato in possesso della lettera, il quotidiano aveva fatto presente che nella lettera non vi erano dati sensibili. Il cittadino si era quindi rivolto al Garante per lamentare la violazione della libertà e segretezza della propria corrispondenza. L'Autorità, accogliendo in parte il ricorso, ha chiarito che «la possibilità da parte dei giornalisti di opporre il segreto professionale sulle loro fonti, quando ne ricorrono i presupposti, non esime il quotidiano dal dover fornire riscontro all'interessato, comunicandogli l'esistenza e l'origine dei dati oppure, come nel caso in esame, la circostanza che la fonte della notizia è coperta dal segreto professionale in ragione del carattere fiduciario del rapporto con il soggetto che l'ha fornita». E poco più tardi, il 16 febbraio 2000, il Garante ha chiarito che il blocco dei dati da lui disposto «comporta l'obbligo per il titolare e il responsabile del trattamento di sospendere ogni ulteriore operazione di trattamento diversa dalla mera conservazione delle informazioni già raccolte e il divieto di diffondere ulteriormente i dati».

Più recentemente, il 10 ottobre 2006, il Garante ha bloccato una puntata della trasmissione "Le Iene" (Italia 1), nella quale sarebbe stato presentato il servizio relativo al "test" sull'uso di sostanze stupefacenti somministrato con un trucco a numerosi parlamentari e che, secondo i curatori del programma, avrebbe sortito risultati sorprendenti (un esito positivo ogni tre esaminati su un campione di cinquanta). In quella circostanza, non era solo avvenuta una raccolta illecita di dati di natura sensibile in quanto attinenti allo stato di salute. Il redattore delle "Iene", fingendosi un giornalista di una tv satellitare, aveva chiesto ai parlamentari intervistati brevi commenti sulla legge finanziaria, mentre una finta truccatrice, con il pretesto di una fronte troppo lucida che 'sparava' nella telecamera, aveva somministrato a tutti un *drug-wipe* (test che rivela se il soggetto nelle 24/36 ore precedenti ha assunto alcuni tipi di droga), spacciandolo per un tampone da cipria.

Il Garante ha bloccato una puntata della trasmissione "Le Iene" (Italia 1), nella quale sarebbe stato presentato il servizio relativo al "test" sull'uso di sostanze stupefacenti

Anche in quel caso, dunque, il giornalista aveva occultato la sua vera identità e le reali finalità della raccolta di dati. La Cassazione ha confermato la condanna per le "Iene" (sentenza Cassazione penale del 10/6/2008) perché il loro servizio violava la *privacy* dei parlamentari. Secondo i giudici, i giornalisti possono trattare i dati personali solo se riguardano fatti e abitudini rese note direttamente dagli interessati o attraverso un loro comportamento pubblico. Il servizio delle "Iene" aveva fatto sì che tutti i parlamentari potessero essere indiscriminatamente sospettati di assumere stupefacenti, con la conseguenza che ogni membro del Senato o della Camera subisse un nocumento alla sua immagine pubblica e alla sua onorabilità.

Simile raggiro è stato escogitato, sempre dalla redazione delle "Iene", pochi giorni più tardi, per un servizio (mandato in onda "in sostituzione" di quello sui parlamentari) volto a documentare l'uso di stupefacenti da parte dei frequentatori di un locale notturno milanese. Per realizzare il servizio, i giornalisti avevano posizionato, all'insaputa degli interessati, all'interno del bagno di un locale, piccole spugne che, una volta impregnate di urina, venivano sottoposte al test. L'intera operazione è stata peraltro filmata da una telecamera nascosta all'interno del bagno. Il Garante, il 19 ottobre 2006, ha emesso un provvedimento identico a quello della settimana precedente, sulla base di analoghi presupposti etico-deontologici.

L'art. 3 (Tutela del domicilio) prevede l'estensione della tutela del domicilio e degli altri luoghi di privata dimora anche «ai luoghi di cura, detenzione o riabilitazione, nel rispetto delle norme di legge e dell'uso corretto di tecniche invasive». Quest'articolo è applicabile se qualcuno viene fotografato, anche attraverso l'utilizzo di teleobiettivi, mentre è in casa propria, in ospedale o in carcere. In un caso, l'editore di una rivista milanese è stato condannato a pagare 75 milioni di vecchie lire a una giornalista televisiva colta "senza veli" dall'obiettivo mentre prendeva il sole sul terrazzo di casa. L'ufficio del Garante ha già condannato «l'uso di tecnologie invasive della riservatezza o che facilitano comportamenti sleali (ad esempio: uso di teleobiettivi o di microfoni unidirezionali, captazione di conversazioni private)».

Pertinente è anche il caso del presidente del Consiglio, Silvio Berlusconi, fotografato nella sua casa in Sardegna con teleobiettivi. Le fotografie furono pubblicate sul settimanale "Oggi" e sul quotidiano "Il Corriere della Sera". La Corte di Cassazione (sentenza n. 17408 del 29 aprile 2008) ha condannato quelle testate giornalistiche, ordinando il sequestro delle foto, scattate senza permesso, con tecniche invasive contrarie alle norme sulla *privacy*. Caso più recente ha riguardato un uomo che è stato condannato dalla Cassazione (sentenza n. 36032 del settembre 2008) per aver scattato foto alle aspiranti miss Italia mentre erano in camerino. Il fotografo si era indebitamente procurato quelle immagini attinenti alla vita privata di alcune partecipanti al concorso, violando la loro *privacy*. Gli ermellini, in quella sentenza, avevano ribadito che la *privacy* va assolutamente rispettata nei luoghi di privata dimora e anche in quei luoghi che consentono una sia pur temporanea ed esclusiva disponibilità dello spazio (4).

L'ufficio del Garante ha già condannato «l'uso di tecnologie invasive della riservatezza o che facilitano comportamenti sleali»

4.4. La rettifica di notizie inesatte e la prudenza nella divulgazione dei dati sensibili. L'essenzialità dell'informazione (articoli 4-6)

L'art. 4 del Codice deontologico (Rettifica) ribadisce il dovere della rettifica di notizie inesatte, e che vanno corrette «senza ritardo, errori e inesattezze». Non è altro che una puntualizzazione di principi già solennemente sanciti nella l. 47/48 e nella l. 69/63. Esiste peraltro una sentenza del Tribunale di Santa Maria Capua Vetere, pronunciata il 22 gennaio 1999, nella quale si riafferma che «il diritto alla rettifica delle notizie pubblicate costituisce fondamentale diritto della persona a tutelare la propria immagine e dignità» e che «pertanto la rettifica va pubblicata conformemente a quanto richiesto, senza che né il direttore del giornale né il giudice abbiano facoltà di modificarne il testo, o anche di sindacarne il contenuto sotto il profilo della veridicità».

Nell'aprile 1999, il Garante ha disposto che un quotidiano rettificasse i dati personali (registrati nei propri archivi o comunque utilizzati) riguardanti una donna che lamentava la confusione venutasi a determinare tra lei e un'altra persona. Il quotidiano, infatti, aveva più volte attribuito, in alcuni articoli, il cognome dell'interessata ad un'altra donna, in precedenza sposata con il suo coniuge, ma il cui matrimonio era stato poi annullato. Il Garante ha altresì invitato editore e quotidiano ad attestare alla ricorrente che la rettifica era stata portata a conoscenza dei lettori, attraverso la pubblicazione sul medesimo quotidiano di un apposito comunicato nel quale si informasse che le notizie pubblicate, riferite per errore alla ricorrente, riguardavano un'altra persona. Normative collegate all'art.

4 sono l'art. 8 della legge sulla stampa, la legge Mammì e la legge 62/2001 per siti internet e prodotti editoriali.

L'art. 5 (Diritto all'informazione e dati personali) riguarda la raccolta dei dati sensibili da parte del giornalista, che deve informare sui fatti di interesse pubblico, limitando le cronache agli stretti protagonisti dei fatti, senza abbandonarsi a considerazioni che esulino da quei caratteri di sobrietà e serenità connaturati a una cronaca seria ed equilibrata: «Nel raccogliere dati personali atti a rivelare origine razziale ed etnica, convinzioni religiose, filosofiche o di altro genere, opinioni politiche, adesioni a partiti, sindacati, associazioni o organizzazioni a carattere religioso, filosofico, politico o sindacale, nonché dati atti a rivelare le condizioni di salute e la sfera sessuale, il giornalista garantisce il diritto all'informazione su fatti di interesse pubblico, nel rispetto dell'essenzialità dell'informazione, evitando riferimenti a congiunti o ad altri soggetti non interessati ai fatti. In relazione a dati riguardanti circostanze o fatti resi noti direttamente dagli interessati o attraverso loro comportamenti in pubblico, è fatto salvo il diritto di addurre successivamente motivi legittimi meritevoli di tutela». La diffusione delle notizie deve dunque ispirarsi al principio di essenzialità dell'informazione, enunciato all'art. 6.

La diffusione delle notizie deve dunque ispirarsi al principio di essenzialità della informazione, enunciato all'art. 6 del Codice deontologico

L'art. 6 del Codice deontologico (Essenzialità dell'informazione) prevede che «la divulgazione di notizie di rilevante interesse pubblico o sociale non contrasta con il rispetto della sfera privata quando l'informazione, anche dettagliata, sia indispensabile in ragione dell'originalità del fatto o della relativa descrizione dei modi particolari in cui è avvenuto, nonché della qualificazione dei protagonisti». L'art. 6 precisa anche che «la sfera privata delle persone note o che esercitano funzioni pubbliche deve essere rispettata se le notizie o i dati non hanno alcun rilievo sul loro ruolo o sulla loro vita pubblica», ma autorizza comunque il giornalista a commentare ed esprimere opinioni sui fatti, poiché «commenti e opinioni del giornalista appartengono alla libertà di informazione nonché alla libertà di parola e di pensiero costituzionalmente garantita a tutti».

Un richiamo ai giornalisti, affinché trattino anche i dati "pubblici" in modo scrupoloso, attenendosi al principio di essenzialità dell'informazione e agli altri principi contenuti nel Codice deontologico, arriva dalla prima sezione civile della Cassazione, con la sentenza 22 marzo – 25 giugno 2004, n. 11864. I Supremi giudici hanno dato ragione al quotidiano "Il Giornale" che aveva pubblicato le tabelle con i compensi dei dirigenti della Rai. I dirigenti della tv pubblica chiedevano di cancellare i dati contenuti in una presunta banca dati che "Il Giornale" avrebbe creato al fine di divulgare tali notizie. La Corte, però, ha ritenuto legittimo il trattamento dei dati effettuato dal quotidiano "Il Giornale", «poiché, con gli articoli giornalistici pubblicati sulla base di essi, si farebbe riferimento a notizie e informazioni che possono, correttamente, essere acquisite dai giornalisti attraverso la consultazione di giornali, interviste, colloqui, dichiarazioni e altre fonti consuete, senza la necessità del consenso degli interessati».

Nel settembre 2008 il Garante ha accolto il ricorso di due coniugi che avevano lamentato una violazione della *privacy* a seguito della diffusione, da parte di due giornali locali, di notizie relative a un incidente stradale nel quale erano stati coinvolti con due figli minori. Entrambi i quotidiani avevano pubblicato numerosi dati personali tra i quali generalità, età, professione, luogo di nascita e luogo di residenza della coppia, ma soprattutto avevano riportato dettagliate informazioni sulle condizioni di salute dell'uomo che aveva subito l'amputazione di un arto. Il Garante ha vietato ai due giornali l'ulteriore diffusione dei dati personali relativi ai coniugi, in particolare di quelli riguardanti la menomazione fisica subita dall'uomo. L'Autorità, nel dare ragione alla coppia, ha ribadito che il codice deontologico stabilisce che nei servizi giornalistici deve essere evitata la divulgazione di notizie non indispensabili alle finalità informative, in particolare per quanto riguarda le notizie sullo stato di salute di una persona identificata o identificabile.

La sfera di riservatezza dei personaggi pubblici non può non risultare attenuata rispetto a quella delle persone comuni

L'articolo 6 del Codice deontologico introduce la condizione dei personaggi pubblici rispetto alla difesa della loro *privacy*. La sfera di riservatezza di tali personaggi non può non risultare attenuata rispetto a quella delle persone comuni, stante un naturale maggiore interesse da parte dei fruitori delle informazioni verso le notizie riguardanti personaggi che hanno un ruolo di primo piano nella vita politica, sociale, economica e culturale, nazionale o internazionale. Ovviamente le informazioni pubblicate non devono assumere la veste di semplici pettegolezzi, vale a dire di notizie che nulla hanno a che vedere con la descrizione dell'evento e nulla di interessante aggiungono alla comprensione dell'ambiente in cui l'evento è maturato.

Se i particolari riportati nell'articolo non risultano essenziali, bensì marginali ed estranei rispetto all'evento al centro dell'articolo di cronaca, la tutela della riservatezza prevista dalla l. 675/96, e ora dal d.lgs. 196/2003, opera efficacemente anche nell'esercizio del diritto di cronaca. Per esempio, nella notizia sul ritrovamento del corpo di un imprenditore, saranno rilevanti i particolari relativi all'ora e al luogo del ritrovamento del cadavere, mentre il giornalista potrà tranquillamente omettere i particolari relativi alla vita privata dell'imprenditore. Il fatto che l'imprenditore fosse iscritto ad un partito politico, nulla di essenziale aggiunge alla cronaca, anzi finisce per violare la *privacy* del defunto, visto che tratta un dato sensibile, fondamentalmente irrilevante ai fini dell'esercizio del diritto di cronaca. Di una sfera di riservatezza attenuata godono altresì gli uomini politici, rispetto all'uomo della strada, dal momento che nel concetto di etica pubblica entrano certamente a far parte i comportamenti posti in essere da personaggi politici e pubblici funzionari, sui quali, pertanto, il cittadino ha sempre diritto di essere informato. Giustamente si ritiene in dottrina che l'esercizio del «diritto di cronaca può essere tanto più penetrante quanto più elevata sia la posizione pubblica della persona nelle istituzioni, nel mondo politico, in quello economico o scientifico, nella collettività, per il riflesso che le sue condotte anche private possono assumere sulla sua dimensione pubblica» (5).

L'uomo pubblico non può dunque sottrarsi ai riflettori della cronaca giornalistica e all'occhio vigile della critica del suo operato, ma v'è del pari l'obbligo, da parte del giornalista, di non assecondare a tutti i costi quell'esigenza di una maggiore conoscenza della persona nota, nei casi in cui essa rispondesse a una «morbosa curiosità che parte del pubblico ha per le vicende piccanti o scandalose, svoltesi nell'intimità della casa della persona assurta a notorietà» (6). Tale espressione è contenuta in una sentenza con la quale i Supremi giudici ritennero illecita la pubblicazione per fine di lucro di un servizio fotografico su aspetti intimi di persona nota, in quanto «non giustificata da un effettivo interesse sociale all'informazione» e non conforme ai limiti elaborati, in tema di diritto di cronaca riferito a persone note, dalla dottrina e dalla giurisprudenza, e sintetizzabili in tre punti:

1) verità del fatto esposto;
2) rispondenza ad un interesse sociale all'informazione;
3) rispetto della riservatezza ed onorabilità (7).

C'è l'obbligo, da parte del giornalista, di non assecondare a tutti i costi quell'esigenza di una maggiore conoscenza della persona nota, nei casi in cui essa rispondesse a una «morbosa curiosità»

4.5. La tutela dei minori e della dignità delle persone (articoli 7-8)

In linea con i principi stabiliti dalla Carta di Treviso, firmata il 5 ottobre 1990 da Ordine dei giornalisti, Federazione nazionale della stampa italiana e Telefono Azzurro, nel Codice deontologico è contenuto un articolo dedicato alla tutela del minore.

L'art. 7 (Tutela del minore) recita infatti: «Al fine di tutelarne la personalità, il giornalista non pubblica i nomi dei minori coinvolti in fatti di cronaca, né fornisce particolari in grado di condurre alla loro identificazione. La tutela della personalità del minore si estende, tenuto conto della qualità della notizia e delle sue componenti, ai fatti che non siano specificamente reati. Il diritto del minore alla riservatezza deve essere sempre considerato come primario rispetto al diritto di critica e di cronaca; qualora, tuttavia, per motivi di rilevante interesse pubblico e fermo restando i limiti di legge, il giornalista decida di diffondere notizie o immagini riguardanti minori, dovrà farsi carico della responsabilità di valutare se la pubblicazione sia davvero nell'interesse oggettivo del minore, secondo i principi e i limiti stabiliti dalla "Carta di Treviso"».

Va altresì menzionato l'art. 50 del nuovo Codice della *privacy*, che estende il divieto di pubblicazione e divulgazione con qualsiasi mezzo di notizie o immagini idonee a consentire l'identificazione di un minore, previsto dall'art. 13 del d.p.r. 22 settembre 1998, n. 448, anche ai casi di coinvolgimento, a qualunque titolo, del minore in procedimenti giudiziari in materie diverse da quella penale. Si tratta di precetti che si armonizzano con le norme sul processo minorile e con quelle del codice di procedura penale.

Il minore riceve una tutela speciale rispetto alla riservatezza, in ottemperanza altresì al disposto dell'art. 16 della Convenzione internazionale del fanciullo, recepita nel nostro ordinamento con l.176/1991. La sfera di *privacy* del minore può essere ridotta solo per motivi di rilevante interesse pubblico, e dovrà essere il giornalista a valutare se la pubblicazione di notizie o immagini riguardanti uno o più minori possa effettivamente realizzare l'interesse degli stessi. La Carta di Treviso riteneva che tale pubblicazione dovesse comunque avvenire con l'assenso dei genitori, limitandosi peraltro «ai casi di rapimento o di bambini scomparsi», proprio al fine di un loro ritrovamento.

Numerosi i richiami del Garante a proposito del caso Cogne (infanticidio di Samuele Lorenzi, avvenuto il 30 gennaio 2002), oggetto di una vera e propria esasperazione mediatica. Il 25 marzo 2002, l'Autorità ha rivolto un appello ai mezzi di informazione affinchè si astenessero dal divulgare dettagli e informazioni sul fratello di Samuele, Davide Lorenzi, di appena sette anni, e, pochi giorni dopo, ha avviato accertamenti nei confronti della trasmissione "Porta a Porta" (Rai 1) e del quotidiano "La Repubblica" del 28 marzo 2002 per le modalità di divulgazione delle notizie riguardanti Davide, anche in relazione all'incontro con la madre arrestata. Il 17 aprile 2002 il Garante è tornato sull'argomento rivolgendosi in particolare alla Rai e ai doveri della concessionaria del servizio pubblico radiotelevisivo in materia di tutela della personalità dei minori, alla luce della Carta dell'informazione e della programmazione a garanzia degli utenti e degli operatori del servizio pubblico (dicembre 1995), nella quale si richiama, tra l'altro, l'impegno del giornalista ad astenersi «dal gusto morboso o cinico della rappresentazione del dolore».

La sfera di privacy *del minorenne può essere ridotta solo per motivi di rilevante interesse pubblico*

E, ancora, il 12 giugno 2002, il Garante ha denunciato «una inutile spettacolarizzazione di una vicenda personale già drammatica e una grave offesa alla dignità della persona», in riferimento a notizie riguardanti voci su un presunto stato di gravidanza della signora Anna Maria Franzoni, accusata dell'assassinio di suo figlio Samuele, e ha richiamato i giornalisti al rispetto del principio di essenzialità dell'informazione rispetto a fatti di interesse pubblico. Ultima rilevante esternazione del Garante sul caso Cogne quella del 31 luglio 2002, quando nel mirino dell'Autorità sono finite alcune foto del delitto di Cogne pubblicate sulla copertina del settimanale "Panorama", giudicate «gravemente lesive del principio di dignità dell'individuo». La loro pubblicazione, a detta del Garante, «si pone oltre i limiti al diritto di cronaca posti a tutela dei diritti fondamentali della persona dallo stesso codice di deontologia per l'attività giornalistica, che stabilisce specifiche garanzie anche rispetto all'informazione su dettagli di violenza, tanto più se riguardanti minori».

Come si diceva poc'anzi, la tutela dei minori è uno degli ambiti nei quali la sensibilità del Garante si è rivelata assai spiccata. Un altro caso particolare riguarda il divieto di rendere noto lo stato di adozione di un minore. L'Autorità ha ribadito tale principio in diverse circostanze.

Il 19 luglio 2007 il Garante ha vietato alla società R.T.I. spa la diffusione di dati personali concernenti i bambini della scuola materna "Olga Rovere" di Rignano Flaminio, che potrebbero aver subìto abusi sessuali. I bambini, ripresi nel filmato della perizia effettuata dai consulenti della Procura di Tivoli trasmesso dal Tg5, risultavano, infatti, identificabili a causa di riprese chiare e ravvicinate, anche tenuto conto del ristretto contesto sociale nel quale i bambini vivevano.

Nel febbraio 2009 il Garante ha ribadito che «i mezzi di informazione sono tenuti a tutelare la riservatezza dei minori coinvolti nei fatti di cronaca evitando la diffusione di dettagli personali che, seppur in maniera indiretta, li rendano pubblicamente riconoscibili». Il Garante aveva preso in esame il ricorso di due coniugi altoatesini che lamentavano un caso di violazione della *privacy* dei due figli minori da parte di alcuni mezzi di informazione locali e nazionali. In occasione dell'arresto dello zio dei minori per presunti abusi nei loro confronti, tv, quotidiani locali e agenzie di stampa nazionali avevano infatti diffuso informazioni non indispensabili riguardanti l'indagato, i due minori ed i coniugi stessi. Alcune testate avevano, per giunta, rivelato il grado di parentela dei minori con l'indagato, la loro età, il sesso, il luogo di residenza e di villeggiatura, arrivando ad includere – in alcuni casi – anche la professione del padre.

Di fronte all'evidente eccesso di dettagli inerenti la vicenda, la coppia aveva quindi segnalato all'Autorità il rischio che l'insieme di queste informazioni potesse rendere i due minori potenzialmente identificabili, specie in ambito locale, e che questo potesse arrecare gravi danni alla loro personalità. Il Garante, nell'accogliere il ricorso dei coniugi, sulla base di quanto stabilito dal Codice deontologico dei giornalisti e dal Codice della *privacy*, ha vietato l'ulteriore diffusione, anche su Internet e radio-tv, di informazioni riguardanti i minori e i loro genitori che possano renderli identificabili.

«I mezzi di informazione sono tenuti a tutelare la riservatezza dei minori coinvolti nei fatti di cronaca evitando la diffusione di dettagli personali»

L'art. 8 del Codice deontologico (Tutela della dignità delle persone) si ricollega all'art. 2 della Costituzione e all'art. 15 della legge sulla stampa, che vieta di pubblicare particolari impressionanti o raccapriccianti. La Corte costituzionale, nella sentenza n. 293/2000, ha peraltro chiarito che le pubblicazioni vietate dall'art. 15 della l. 47/48 sono quelle che ledono la dignità umana e che pertanto l'intera collettività può percepire. «La persona umana – ha argomentato la Corte in quella sentenza – è tutelata dall'art. 2 Cost., in base al quale deve essere interpretato l'art. 15 della legge sulla stampa; la descrizione dell'elemento materiale del fatto-reato, indubbiamente caratterizzato dal riferimento a concetti elastici, trova nella tutela della dignità umana il suo limite, sì che appare escluso il pericolo di arbitrarie dilatazioni della fattispecie, risultando quindi infondate le censure di genericità e indeterminatezza. Quello della dignità della persona umana è, infatti, valore costituzionale che permea di sé il diritto positivo e deve dunque incidere sull'interpretazione di quella parte della disposizione in esame che evoca il comune sentimento della morale».

A questo punto si comprende anche meglio il nucleo essenziale della norma contenuta nell'art. 8 del codice deontologico:

> «Salva l'essenzialità dell'informazione, il giornalista non fornisce notizie o pubblica immagini o fotografie di soggetti coinvolti in fatti di cronaca lesivi della dignità della persona, né si sofferma su dettagli di violenza, a meno che ravvisi la rilevanza sociale della notizia o dell'immagine. Salvo rilevanti motivi di interesse pubblico o comprovati fini di giustizia e di polizia, il giornalista non riprende né produce immagini e foto di persone in stato di detenzione senza il consenso dell'interessato. Le persone non possono essere presentate con ferri o manette ai polsi, salvo che ciò sia necessario per segnalare abusi».

Il giornalista può, eventualmente, diffondere immagini e foto di persone in stato di detenzione senza il consenso dell'interessato, soltanto qualora ricorrano rilevanti motivi di interesse pubblico o comprovati fini di giustizia e di polizia. Si pensi alla ricerca di evasi o di autori di crimini a sfondo sessuale, che potrebbero continuare a colpire e che ovviamente possono essere catturati a maggior ragione se le loro foto vengono diffuse il più possibile e la loro immagine risulta conosciuta dal maggior numero possibile di persone. Il Garante della *privacy* ha più volte richiamato i giornalisti ad astenersi dal riprodurre, senza il consenso degli interessati, fotografie di persone indagate o imputate, destinate a fini del tutto particolari, perché ciò arrecherebbe indubbiamente un danno alle stesse. Molti gli interventi del Garante per sottolineare il divieto di pubblicare foto segnaletiche di persone in stato di detenzione o con ferri o manette ai polsi. L' 8 aprile 2003, l'Autorità è stata categorica: «Non è consentito pubblicare sui giornali o trasmettere in tv immagini di persone arrestate in manette. Le foto segnaletiche, invece, anche nell'ambito di conferenze stampa, possono essere diffuse solo se ricorrono fini di giustizia e di polizia o motivi di interesse pubblico, altrimenti la loro diffusione è vietata. In alcuni casi recenti sono state nuovamente diffuse immagini e fotografie di persone sottoposte a misure restrittive della libertà personale (presentate con ferri o manette ai polsi) o foto segnaletiche di persone interessate ad indagini, in violazione di specifici divieti di legge previsti anche a tutela della dignità degli interessati (codice di procedura penale; ordinamento penitenziario; legge sul diritto d'autore) e ribaditi dal Codice di deontologia per l'attività giornalistica».

Molti gli interventi del Garante per sottolineare il divieto di pubblicare foto segnaletiche di persone in stato di detenzione oppure con manette ai polsi

Pochi mesi più tardi, il 21 e il 26 novembre 2003, in relazione ad un'indagine penale in corso a Roma in materia di stupefacenti e prostituzione e ad alcuni servizi giornalistici che avevano diffuso foto segnaletiche in violazione delle normative vigenti, il Garante ha parlato nuovamente di trattamento illecito di dati personali. Nel settembre 2005, il Garante ha vietato a un settimanale di pubblicare i dati identificativi di una giovane donna vittima di un tentativo di violenza sessuale. La donna si era rivolta al Garante dopo la pubblicazione su un settimanale del suo nome, cognome e indirizzo riportati nella cronaca dell'accaduto e dichiarava di non aver mai acconsentito alla pubblicazione dei suoi dati personali nell'articolo. Secondo l'Autorità, la giornalista avrebbe dovuto garantire l'anonimato della donna, in considerazione della particolare natura delle informazioni diffuse, attinenti alla sfera sessuale e pertanto di natura sensibile. Pubblicando i suoi dati e rendendola identificabile, aveva violato la sua dignità personale, esponendola inoltre a possibili minacce alla sua incolumità.

Un caso di "decesso in diretta", quello dell'allenatore di calcio e commentatore calcistico, Franco Scoglio, documentato da una diretta televisiva di una tv locale (il personaggio sportivo aveva accusato un malore mentre era ospite in studio durante una trasmissione) ha fatto dire al Garante (4 ottobre e 18 novembre 2005) che i *media* avrebbero dovuto astenersi dal pubblicare foto o dal mandare in onda filmati lesivi della dignità dell'interessato, avvertenze peraltro seguite spontaneamente dai destinatari di quell'invito, che si erano limitati a diffondere immagini con inquadrature a distanza.

Nel caso giudiziario che vedeva coinvolto, a Cosenza, padre Fedele Bisceglia (accusato di violenza sessuale su una suora), il Garante (gennaio 2006) ha sollecitato i giornalisti ad una maggiore cautela per garantire il rispetto degli individui ed evitare la pubblicazione di elementi non indispensabili. In particolare – ha dichiarato l'Autorità – nella vicenda di padre Bisceglia risultano «coinvolte, oltre all'interessato, altre persone e la stessa presunta vittima della violenza sessuale, la quale potrebbe risultare lesa nella sua dignità dalla diffusione di particolari e dettagli sui fatti che la riguardano». In un comunicato stampa del 31 marzo 2009, il Garante della *privacy* ha richiamato i *media* al rispetto delle vittime di violenza sessuale, affermando che: «i mezzi di informazione non possono rivelare il nome e cognome delle vittime di violenza sessuale senza il loro consenso. Un tale comportamento, ancora prima che al Codice deontologico dei giornalisti e al Codice della *privacy*, è contrario alle norme del codice penale. Riportare dettagli di natura sessuale, poi, oltre a contravvenire al principio di essenzialità dell'informazione, lede gravemente la dignità delle vittime degli abusi aggiungendo altra violenza a quella già da loro subita».

Nei casi di violenza riportare dettagli di natura sessuale lede gravemente la dignità delle vittime degli abusi aggiungendo altra violenza a quella già subita

4.6. Il diritto alla non discriminazione e la tutela della dignità delle persone malate (articoli 9-10)

L'art. 9 (Tutela del diritto alla non discriminazione) del Codice deontologico garantisce l'uguaglianza anche nell'ambito dell'esercizio del diritto di cronaca, riaffermando il principio della tutela del diritto alla non discriminazione:

> «Nell'esercitare il diritto-dovere di cronaca, il giornalista è tenuto a rispettare il diritto della persona alla non discriminazione per razza, religione, opinioni politiche, sesso, condizioni personali, fisiche o mentali».

L'art. 10 (Tutela della dignità delle persone malate) riguarda l'ambito della salute e recita così:

> «Il giornalista, nel far riferimento allo stato di salute di una determinata persona, identificata o identificabile, ne rispetta la dignità, il diritto alla riservatezza o al decoro personale, specie nei casi di malattie gravi o terminali, e si astiene dal pubblicare dati analitici di interesse strettamente clinico. La pubblicazione è ammessa nell'ambito del perseguimento dell'essenzialità dell'informazione e sempre nel rispetto della dignità della persona se questa riveste una posizione di particolare rilevanza sociale o pubblica».

Per esempio, le foto di un personaggio pubblico morente o in agonia non vanno pubblicate, sia perché feriscono la dignità della persona, sia perché nulla aggiungono alla descrizione degli avvenimenti. Si ricade in questo caso nell'ambito di applicazione dell'art. 15 della legge sulla stampa, la cui legittimità costituzionale è stata ribadita dalla Corte costituzionale con la già ricordata sentenza n. 293/2000.

Il primo caso in ordine di tempo sul quale il Garante si è pronunciato, applicando l'art.10 del Codice, riguarda il ricovero del compianto Lucio Battisti, che espressamente aveva chiesto il rispetto della *privacy* riguardo alla patologia che lo aveva colpito. Il 31 agosto 1998 l'Autorità ha vietato a tutti gli organi di informazione la divulgazione dei motivi del ricovero del cantautore italiano, poi deceduto. Poco dopo, il 4 marzo 1999, ha invitato le riviste mediche e le pubblicazioni scientifiche ad evitare che le persone di cui pubblicano diagnosi o dati clinici possano essere comunque identificate dai lettori e a tal fine ha suggerito l'utilizzo delle sole iniziali o di nomi di fantasia o di codici numerici. Successivamente, il 5 maggio 1999, ha raccomandato ai *media* estrema accortezza nella diffusione di foto e dati su prostitute malate di Aids, attraverso l'adozione di modalità di informazione del pubblico assai più selettive rispetto alla divulgazione della fotografia e delle generalità complete del soggetto interessato (per es. il soprannome, i luoghi frequentati, il periodo temporale di riferimento) e comunque in grado di allertare le persone potenzialmente contagiate, senza però sottoporre il soggetto interessato ad un'attenzione eccessiva da parte dei *media*.

Il 30 settembre 1999 e, in un altro caso, un mese più tardi, l'Autorità si è appellata ai canoni di pertinenza e non eccedenza dei dati da pubblicare in riferimento alle condizioni di salute e di essenzialità dell'informazione, ricordando che la pubblicazione di informazioni su persone malate, nell'ambito di precisi limiti è consentita solo se esse rivestono posizioni di particolare rilevanza sociale o pubblica.

La pubblicazione di informazioni su persone malate, nell'ambito di precisi limiti, è consentita solo se esse rivestono posizioni di particolare rilevanza sociale o pubblica

Nel giugno 2001 il Garante ha esaminato la segnalazione relativa a un settimanale che aveva pubblicato un'inchiesta sull'anoressia, corredata da foto di degenti e commenti sulle loro vicende personali e familiari. Tuttavia, non ha ravvisato violazioni, poiché le degenti erano maggiorenni ed erano state tutte preventivamente informate sia dalla struttura sanitaria, sia dal giornalista ed avevano espresso il proprio consenso a figurare nel servizio fotografico. Per l'unica degente di minore età, inoltre, era stato utilizzato un nome di fantasia e si erano omessi riferimenti specifici per evitarne l'identificabilità.

Il 3 febbraio 2004, l'Autorità ha invece condannato l'accanimento dei *media* sul caso di una donna che rifiutava l'amputazione della gamba, operazione ritenuta dai medici necessaria per salvarle la vita. «In un momento particolarmente delicato per la donna – ha detto il Garante – diffondere indirizzi e dati personali dell'interessata o insistere nella ricerca di particolari, finisce per ledere non solo la riservatezza ma la stessa libertà delle persone di autodeterminazione nel maturare in silenzio e tranquillità una difficile scelta personale».

Un caso assai delicato è stato affrontato dal Garante nel 2005. Riguardava una donna in stato di gravidanza e in coma irreversibile e la decisione di tenerla eventualmente in vita artificialmente per consentire la nascita prematura del figlio, nonostante i gravi rischi di malformazioni, decisione sulla quale si erano per giorni confrontati medici e familiari. Il marito e il fratello della donna avevano espresso valutazioni al personale medico che erano state riportate da alcuni giornali, che avevano anche riferito particolari di interesse strettamente clinico sulle gravi condizioni di salute dell'interessata. In quella circostanza, il primo agosto

2005, l'Autorità ha chiarito che «anche quando la vicenda di una persona in gravi condizioni di salute, per le implicazioni che comporta, riguarda un fatto di interesse pubblico, i giornalisti devono rispettare la riservatezza e la dignità dell'individuo» ed ha aggiunto che «non devono essere divulgate, né pubblicate informazioni non indispensabili, specie se di natura strettamente clinica, né dati relativi ai familiari della persona, dai quali, magari, si possono desumere le loro convinzioni etico-religiose», poiché «la diffusione di queste informazioni comporta una grave lesione dei diritti della persona». Emblematico il caso riguardante la diffusione, da parte del settimanale "Chi" (Mondadori), di immagini della principessa Lady Diana mentre viene soccorsa subito dopo l'incidente che le costò la vita, e di dati personali concernenti i risultati dell'esame connesso all'autopsia. Il 15 luglio 2006 il Garante ha stigmatizzato la scelta della rivista e ha vietato l'ulteriore diffusione di quei dati.

Anche quando c'è grande interesse su una persona in gravi condizioni i giornalisti devono rispettarne la riservatezza e la dignità

Molto interessante anche il comunicato stampa del 27 febbraio 2009 del Garante, che testualmente recita: «Con riguardo a notizie circa la eventuale diffusione di foto di Eluana Englaro, scattate durante il suo ultimo ricovero, il Garante della *privacy* richiama l'attenzione dei mezzi di informazione sulla circostanza che, a quanto è dato sapere, si tratterebbe di foto scattate per finalità di documentazione clinica e per sole esigenze di trattamento sanitario. La famiglia ha, peraltro, già fatto più volte sapere, anche tramite i suoi legali, che qualunque diffusione di queste foto deve ritenersi esclusa. L'Autorità raccomanda, dunque, il massimo rispetto non solo delle regole deontologiche che impongono ai media di tutelare sempre la dignità della persona ed in particolare del malato, ma anche delle regole giuridiche che vietano la pubblicazione di referti medici o di documentazione sanitaria. L'Autorità rammenta, inoltre, che le stesse regole non consentono, contro la volontà degli interessati, la pubblicazione di foto o altra documentazione fatta acquisire per scopi personali».

4.7. La tutela della sfera sessuale (articolo 11)

La conferma del fatto che solo per i personaggi pubblici, e sempre nel rispetto del requisito dell'essenzialità dell'informazione, l'equilibrio tra riservatezza e diritto di cronaca a volte può sbilanciarsi a favore di quest'ultimo, e che i cosiddetti *vip* possono rivendicare una sfera di tutela della riservatezza senza dubbio attenuata rispetto alle persone meno note, ce la fornisce anche l'art. 11 del codice (Tutela della sfera sessuale della persona), che obbliga il giornalista ad astenersi «dalla descrizione di abitudini sessuali riferite ad una determinata persona, identificata o identificabile», ma precisa anche che «la pubblicazione è ammessa nell'ambito del perseguimento dell'essenzialità dell'informazione e nel rispetto della dignità della persona se questa riveste una posizione di particolare rilevanza sociale o pubblica». Il 12 marzo 1999, il Garante ha ritenuto infondata la segnalazione di Fabrizio Frizzi, che, per mezzo del suo legale, lamentava la violazione della sua *privacy* da parte di alcune immagini trasmesse nel programma "Verissimo" (Mediaset). Infatti, l'art. 97 della legge sul diritto d'autore (la n.

633/41) specifica che «non occorre il consenso della persona ritratta quando la riproduzione dell'immagine è giustificata dalla notorietà». Inoltre, le immagini trasmesse erano state raccolte senza artifizi o tecniche invasive, in un luogo aperto al pubblico, dove chiunque avrebbe potuto facilmente fotografare o filmare persone di pacifica notorietà nel mondo dello spettacolo.

Caso analogo qualche anno più tardi. Il 5 febbraio 2001, il Garante non ha dato corso alla segnalazione di un calciatore presentata nei confronti dell'editore di un settimanale per la pubblicazione di un servizio nel quale comparivano foto che lo riprendevano in un luogo pubblico in compagnia di alcuni amici. L'interessato contestava la liceità e la correttezza del trattamento, anche perché le foto erano accompagnate da didascalie, espressioni e commenti ritenuti, a suo avviso, allusivi e riferibili alla sua vita sessuale. L'Autorità ha specificato che «non viola la *privacy* e non contravviene al Codice deontologico dei giornalisti chi pubblica le fotografie di un personaggio famoso o riproduce fatti che si sono svolti in un luogo pubblico», anche se «va posta attenzione alle didascalie che possono ledere il decoro, l'onore o la reputazione delle persone».

Anche la descrizione di abitudini sessuali è ammessa ma sempre nel rispetto della essenzialità della informazione e della dignità della persona

Il 10 ottobre 2002, a proposito di un'inchiesta su un giro di prostituzione a Roma, il Garante ha ribadito la necessità di non diffondere informazioni non indispensabili, soprattutto laddove queste siano legate ad aspetti particolarmente riservati, come la vita sessuale delle persone, e attinenti, quindi, alla loro sfera più strettamente privata. Questo anche allo scopo di evitare ingiustificate spettacolarizzazioni o eventuali strumentalizzazioni di scelte personali. Ciò anche quando si tratti di persone che rivestono posizioni di particolare rilevanza sociale o pubblica, se non ricorre il requisito dell'essenzialità dell'informazione e non viene garantito il rispetto della dignità personale. Tali considerazioni valgono sia per i clienti sia per le ragazze alle quali gli stessi si sarebbero rivolti, tanto più in considerazione del fatto che tra le persone delle quali sono state pubblicate le fotografie ve ne potrebbero essere alcune totalmente estranee alla vicenda, come già segnalato al Garante.

Nell'ottobre 2005 si è parlato di una presunta offerta di Mediaset al transessuale che ha ospitato Lapo Elkann (giovane manager Fiat ricoverato in ospedale per un grave malore legato all'abuso di sostanze stupefacenti mentre era in compagnia di alcuni transessuali) affinché concedesse l'esclusiva per un *talk-show* e rivelasse i contenuti-*choc* di quella notte dell'overdose. Il Garante ha subito aperto un'istruttoria di verifica conclusasi con un provvedimento (12 gennaio 2006) di divieto della divulgazione di immagini e dettagli di quella notte. «Stampa e *media* – ha precisato il Garante – sono tenuti a rispettare la dignità delle persone e la loro sfera privata più intima, anche quando si tratta di figure pubbliche, e ad astenersi dal diffondere dettagli non indispensabili evitando spettacolarizzazioni e accanimenti morbosi. Il diritto-dovere di informare su fatti di interesse pubblico, legittimamente oggetto del diritto di cronaca, non esonera dal dovere di essere sobri nel riferire su fatti così delicati».

Il "caso Sircana" è uno degli ultimi in ordine di tempo per ciò che riguarda le presunte abitudini sessuali di un personaggio noto. L'on. Silvio Sircana, portavoce del governo dell'epoca, presieduto da Romano Prodi, secondo "Il Giornale" (edizione del 14 marzo 2007) era stato fotografato mentre con la sua auto avvicinava un transessuale. Il Garante, quando ancora non era stata confermata l'esistenza di quelle foto, con un provvedimento del 15 marzo 2007 da molti non condiviso, aveva immediatamente intimato a "Il Giornale" e agli altri *media* di non pubblicarle. In verità, il riferimento alle foto di Sircana era indiretto. «In relazione alla vicenda oggetto dell'inchiesta di Potenza – si legge nel comunicato che riferisce di quella decisione – il collegio dell'Autorità garante per la protezione dei dati personali ha adottato oggi un provvedimento con il quale vieta "con effetto immediato" a tutti gli organi di informazione di diffondere notizie quando: 1) si riferiscano a fatti e condotte che non hanno interesse pubblico; 2) riguardino notizie, dettagli e circostanze eccedenti rispetto all'essenzialità dell'informazione; 3) attengano a particolari della vita privata delle persone diffusi in violazione della tutela della loro sfera sessuale». L'Autorità ha altresì precisato che la violazione di quel provvedimento avrebbe comportato la reclusione da tre mesi a due anni e l'eventuale risarcimento danni in sede civile. Il legame con le foto di Sircana si evince nell'ultimo capoverso del comunicato diffuso dal Garante: «Il provvedimento si è reso necessario perché, pur nel quadro di vicende per le quali è configurabile un interesse pubblico alla conoscenza anche dettagliata di fatti, "sono state diffuse alcune informazioni e notizie, anche non estratte da trascrizioni di intercettazioni, che hanno oltrepassato i limiti del diritto di cronaca e violato i diritti e la dignità delle persone interessate, a prescindere dalla veridicità di quanto diffuso"».

«Il diritto-dovere di informare su fatti di interesse pubblico, legittimamente oggetto del diritto di cronaca, non esonera dal dovere di essere sobri nel riferire su fatti così delicati»

Di lì a qualche giorno, però, le foto del politico che dal finestrino della sua auto parlava con il transessuale sono apparse su alcuni giornali, anche perché il diretto interessato, proprio al fine di frenare la "tempesta mediatica" scatenata dalle voci sui contenuti di quelle foto, ne aveva chiesto la pubblicazione, rinunciando alla propria *privacy* e autorizzando pubblicamente il trattamento dei suoi dati personali (art. 137 del d.lgs. 196/2003).

4.8. Il diritto di cronaca nei procedimenti penali e le sanzioni per l'inosservanza del Codice deontologico (articoli 12-13)

Rilevante anche la disposizione contenuta all'art. 12 del Codice deontologico (Tutela del diritto di cronaca nei procedimenti penali), nella quale si prevede che «al trattamento dei dati relativi a procedimenti penali non si applica il limite previsto dall'art. 24 della legge 675/96» e che «il trattamento di dati personali idonei a rivelare provvedimenti di cui all'art. 686, commi 1, lettere a) e d), 2 e 3 del codice di procedura penale, è ammesso nell'esercizio del diritto di cronaca, secondo i principi di cui all'art. 5». L'art. 24 della legge sulla *privacy* imponeva, per il trattamento di dati personali idonei a rivelare provvedimenti di cui all'art. 686, commi 1, lettere a) e d), 2 e 3 del codice di procedura penale, l'autorizzazione con espressa disposizione di legge o provvedimento del Garante «che specifichino le rilevanti finalità di interesse pubblico del trattamento, i tipi di dati trattati e le precise operazioni autorizzate». Quest'autorizzazione il giornalista non deve chiederla. In questo caso il diritto di cronaca prevale e il cronista può raccontare tutto quello che risulta contenuto nel Casellario giudiziale a carico di ogni persona: sentenze di condanna, ordini di carcerazione, misure di sicurezza, provvedimenti definitivi che riguardano l'applicazione delle misure di prevenzione della sorveglianza speciale, dichiarazione di abitualità o professionalità nel reato o di tendenza a delinquere. L'avviso di garanzia si può pubblicare, ma prima dev'essere portato a conoscenza dell'interessato; la richiesta di rinvio a giudizio è pubblicabile, così come la notizia della sentenza di condanna penale ai danni di un personaggio pubblico.

Infine, l'art. 13 del codice individua l'ambito di applicazione delle norme in esso contenute e le sanzioni disciplinari comminabili ai trasgressori:

> «Le presenti norme si applicano ai giornalisti professionisti, pubblicisti e praticanti e a chiunque altro, anche occasionalmente, eserciti attività pubblicistica. Le sanzioni disciplinari sono previste al titolo III della legge 3 febbraio 1963, n. 69: avvertimento, censura, sospensione da 2 a 12 mesi, radiazione. Tali sanzioni si applicano solo ai soggetti iscritti all'albo dei giornalisti, negli elenchi o nel registro».

Note

(1) Per sviluppare il tema del rapporto tra diritto di cronaca e rispetto della sfera di riservatezza dei soggetti, v. anche U. De Siervo, "Dignità delle persone e diritto di informazione nel Codice previsto dall'art. 25 della l. 675/96", in *Studi in onore di Leopoldo Elia*, Giuffré, Milano, 1998; ID., "Prime considerazioni su diritto di cronaca e nuova legislazione sulla tutela dei dati personali", in R. Zaccaria, *Informazione e telecomunicazione*, vol. XXIII del *Trattato di diritto amministrativo*, Cedam, Padova, 1999, pp. 995-1010; G. Santaniello, "I codici di deontologia nel trattamento dei dati personali", in www.interlex.it; S. Nicodemo, "Il codice di 'deontologia giornalistica': una fonte atipica?", in *Diritto dell'informazione e dell'informatica*, 2000, pp. 85-112

(2) Sul tema v. A. Lucarino e S. Melchionna, "Diritto di cronaca e diritto alla riservatezza", in www.privacy.it

(3) I provvedimenti del Garante si ritrovano nel sito www.garanteprivacy.it. Per un commento a tali provvedimenti, v. R. Razzante, *Manuale di diritto dell'informazione e della comunicazione,* Cedam, Padova, 2008, in particolare il cap. III

(4) Su questo punto si rimanda a M. Mantovani, "Le fattispecie penali della l. 675/96 e le posizioni di garanzia", in *Diritto dell'informazione e dell'informatica*, 2000, pp. 567-595 e in particolare 589-595. Inoltre, si segnala F. Abruzzo, "Meno vincoli al cronista a caccia di 'vip': così l'informazione ritrova le sue certezze", in *Guida al diritto*, 24/98, pp. 25 ss., F. Abruzzo, "Diritto di cronaca, giustizia e *privacy*", in www.francoabruzzo.it, F. Abruzzo, "I doveri del giornalista connessi all'esercizio del diritto di cronaca e di critica", in *Rassegna Forense. Rivista Trimestrale del Consiglio Nazionale Forense,* ottobre-dicembre 2000, pp. 801-838

(5) M. Polvani, *La diffamazione a mezzo stampa*, I ed., Cedam, Padova, 1995, p. 108

(6) Così la Cassazione, nella sentenza n. 2129 del 27 maggio 1975.

(7) *Ibidem*

Franco Elisei

5 La Carta di Treviso: informazione e minori

5.1. La tutela del minore

Il minore è un "soggetto debole", meritevole di tutela privilegiata. E come tale va salvaguardato. Ma come? Difendendo la sua riservatezza e proteggendo i suoi dati personali. In altre parole, con l'anonimato, non rivelando nome e cognome né immagini. E neppure rendendolo identificabile attraverso altri elementi, come le generalità dei genitori, l'indirizzo dell'abitazione o della scuola. Quando? Quando esistono situazioni che possono turbarlo, danneggiare lo sviluppo della sua personalità, ovvero il suo sviluppo psico-fisico. O quando può essere compromessa la sua dignità e nei casi in cui lui stesso può essere strumentalizzato per altri fini. Quindi in vicende negative. Prevalentemente quando è coinvolto in fatti di cronaca, anche non aventi rilevanza penale, ma lesivi della sua personalità. Sia nelle vesti di vittima, di artefice o anche solo di testimone. E comunque la sua tutela si estende anche nel ruolo di semplice fruitore o destinatario dell'informazione o del messaggio che gli si rivolge. Il minore, infine, va tutelato a prescindere dall'eventuale consenso dei genitori.

Per capire come comportarsi basta chiedersi se quella notizia può essere utile o danneggiare il minore

Esiste comunque un'eccezione: i mezzi di informazione possono farsi carico delle responsabilità di pubblicazione dei dati personali o di divulgazione di immagini, quando la vicenda sia realmente nell'interesse del minore (casi di rapimento di bambini scomparsi) ma sempre con il preventivo consenso dei genitori e del giudice competente o di chi ne abbia legittimamente la tutela.

Per capire se è possibile pubblicare l'identità di un minore coinvolto in un fatto di interesse pubblico, sarebbe utile porsi subito un interrogativo: domandarsi se il fatto può danneggiare o essere utile al minore stesso. Nel primo caso il minore va tutelato, nel secondo, previo consenso, possono essere pubblicate generalità e immagini. Pensate ad un riconoscimento sportivo o ad un premio per meriti scolastici o artistici, oppure ad un positivo risalto delle qualità del minore. Come sostiene Mauro Paissan, dell'ufficio del Garante della *privacy*, «la regola dell'anonimato non è una gabbia ma il campo di gioco in cui il giornalista esercita la sua responsabilità, professionale ed etica». Il danno non c'è se si divulgano notizie positive. Se le immagini o le storie sono raccolte correttamente e se non c'è opposizione dei genitori, nulla osta alla loro pubblicazione. La tutela va applicata integralmente solo nei casi in cui possono esistere conseguenze negative per lo sviluppo della personalità del minore.

In pratica, il diritto di cronaca, ancorché stabilito dall'articolo 2 della legge istitutiva dell'Ordine professionale, si ferma davanti al diritto alla tutela e alla riservatezza dei minori che diventa così primario, inviolabile. Ma non si ferma completamente, perché il fatto, se di interesse pubblico, va comunque divulgato, pur tutelando l'identità e l'identificabilità del minore coinvolto. Quindi il diritto di cronaca, nella sua essenzialità, viene di fatto garantito.

Il problema dunque non è se informare o non informare, ma come informare, specie quando sono coinvolti i minori.

5.2. I principi della Carta di Treviso

Questi principi e limiti sono contenuti nella Carta di Treviso, del 1990, nel successivo Vademecum '95 e nell'aggiornamento della Carta stessa avvenuto nel 2006 alla luce dei nuovi mezzi di comunicazione che utilizzano anche il *web* e delle realtà emergenti che caratterizzano il mondo dell'informazione nel terzo millennio.

La legge sulla privacy *ha assimilato e rafforzato i principi contenuti nella Carta*

La Carta trae ispirazione dai valori della nostra Carta costituzionale e dalla Convenzione dell'Onu del 1989 sui diritti dei bambini ratificata dall'Italia e divenuta legge di Stato nel 1991 (n.176). I principi della Carta di Treviso si possono ritrovare enunciati anche nella Carta dei doveri del 1993, nel Codice deontologico, all'art. 7 relativo al trattamento dei dati personali nell'esercizio dell'attività giornalistica che prevede, appunto, una particolare tutela nei riguardi dei minori coinvolti in fatti di cronaca e nello stesso contratto nazionale di lavoro firmato nel 1991 in cui Fnsi e Fieg «confermano che l'informazione deve riconoscere e rispettare i principi stabiliti dalla Convenzione Onu sui diritti del bambino e richiamano le specifiche normative previste dal codice di procedura penale a tutela dei minori». In particolare evidenziano che «nessun bambino dovrà essere sottoposto a interferenze arbitrarie o illegali nella sua *privacy*».

La stessa legge sulla *privacy,* la 675 del 1996 ha assimilato e rafforzato i principi della Carta. Che anzi, nell'affidare alla responsabilità del giornalista la valutazione della notizia, o meglio se la pubblicazione della notizia sia riconducibile all'interesse oggettivo del minore o no, ha detto in modo esplicito che tale valutazione deve avvenire alla luce dei principi e dei limiti della Carta di Treviso. E nel campo televisivo è importante il capitolo del Codice di autoregolamentazione tv e minori emanato nel 2002 e dedicato alla partecipazione dei giovanissimi a trasmissioni televisive.

La Carta di Treviso, sull'aspetto specifico del rapporto tra informazione e minori è stata oggetto di attenzione anche da parte del Parlamento europeo nella prospettiva di diventare una base giuridica di riferimento per una futura e possibile carta europea sull'informazione e minori, in linea con l'attuale Carta europea dei diritti dove si legge che l'interesse superiore del minore deve essere considerato preminente in tutti gli atti che lo riguardano, in linea anche con l'intenzione europea di tracciare direttive sull'uso di Internet e sul rapporto pubblicità televisiva e minori. Non solo: in occasione delle celebrazioni del ventennale della Convenzione dei diritti del fanciullo a New York, la carta deontologica italiana, ha trovato spazio e attenzione per un'ulteriore riflessione sui diritti dei fanciulli direttamente all'Onu.

5.3. Un po' di storia

Dei minori e dei loro diritti si comincia a parlare per la prima volta nel 1924. Successivamente, nel 1934, con la riforma del codice penale, si pensò anche ad un tribunale specializzato. Ma nel campo dell'informazione, una più significativa attenzione nei confronti dell'infanzia prende vigore solo alla fine degli anni Ottanta quando si comincia a considerare il minore come titolare di diritti soggettivi. I *media* sono chiamati ad assumere un ruolo sempre più responsabile sia nel modo in cui devono relazionarsi con il mondo dell'infanzia, sia nei contenuti, in un continuo bilanciamento tra libertà di informazione e tutela del minore. Si comincia a comprendere in maniera più convinta che i minori vanno sempre e comunque rispettati dall'informazione, anche se molti danni sono stati ormai consumati.

Si ribalta la concezione che voleva tutto sacrificato al diritto di cronaca: ora, invece, è proprio il diritto di cronaca in alcuni casi a essere sacrificato al diritto dell'infanzia. O meglio, come già detto, il diritto di cronaca da parte del giornalista resta e va esercitato, seppur limitato esclusivamente al fatto di interesse pubblico, ma deve trasformarsi anche nel dovere di tutela, una tutela rafforzata nei confronti del minore definito "soggetto debole" proprio perché incapace di difendersi e privo degli strumenti critici.

Il diritto di cronaca non è più assoluto: in alcuni casi è sacrificato al diritto dell'infanzia

Così si arriva alla Carta di Treviso che per certi aspetti appare sui minori ancor più garante e restrittiva dello stesso codice di procedura penale. Ed emerge sempre più la convinzione che si possa comunque esercitare il diritto di cronaca senza pubblicare nomi, foto, immagini di bambini coinvolti nel fatto. Senza invadere la loro vita con microfoni, telecamere e altri mezzi.

Va evitato, secondo gli psicologi, quell'atteggiamento, che invece di aiutare il bambino ad elaborare il trauma o la violenza, rischia di farlo vivere ancor più nella sua improvvisa diversità.

Questa maggiore attenzione da parte dell'informazione nei confronti dell'infanzia è il passo più significativo che sancisce il passaggio dalla fase di sensibilizzazione a quella più concreta di una reale tutela. Frenando la tentazione che il minore faccia sempre notizia.

La Carta di Treviso è il primo documento di autodisciplina, o meglio, autoregolamentazione deontologica che impegna i giornalisti a norme e comportamento eticamente corretti nei confronti dei minori. È nata nel 1990 per iniziativa della Federazione nazionale della stampa, Ordine dei giornalisti e Telefono Azzurro (l'organizzazione che si occupa dei bambini in difficoltà o che subiscono violenze) che formarono un gruppo di lavoro interdisciplinare con giornalisti, magistrati, docenti ed esperti di pedagogia. Il documento prese il nome dalla città che ospitò il convegno.

La Carta di Treviso è stata firmata il 5 ottobre del 1990, ma lo studio iniziò nel marzo del 1989 quando proprio tre episodi di cronaca nazionale fecero scalpore perché videro coinvolti, in maniera discussa e discutibile, altrettanti minori: Serena di 3 anni, Miriam di 2 anni e mezzo e Marco di 7 anni. La prima, vittima di una storia controversa di adozione; la seconda di una presunta violenza paterna rivelatasi poi assolutamente infondata; infine la terza, che riguardava la vicenda di Marco, rapito e poi liberato dopo due anni, ripreso e portato sotto i riflettori dei media senza esitazione. Tutti episodi in cui, in nome del diritto di cronaca, erano stati superati e disconosciuti i reali diritti alla tutela dei minori. Va ricordato, inoltre, che l'art. 2 della legge istitutiva dell'Ordine recita: «È diritto insopprimibile del giornalista la libertà di informazione e di critica, limitata dall'osservanza delle norme di legge dettate a tutela della personalità altrui». E una sentenza del 1984 delle sezioni unite della Cassazione aveva affermato che l'art. 2 della Costituzione, in cui viene riconosciuta l'inviolabilità della persona umana, debba prevalere sull'art. 21 che invece garantisce la libertà di manifestazione del pensiero «a meno che non sussista una utilità sociale dell'informazione».

Il bambino non deve essere identificato e neppure reso identificabile né strumentalizzato o posto al centro di spettacolarizzazioni

Ma per il minore questa eccezione è ancor più limitata. Con la Carta di Treviso viene stabilito che la tutela del minore coinvolto in un fatto di cronaca supera qualsiasi altra esigenza. E vengono dettati criteri irrinunciabili: il bambino non deve essere identificato e neppure reso identificabile, né strumentalizzato o spettacolarizzato. E questo vale sia se il minore viene coinvolto in un reato come vittima, soggetto attivo o protagonista anche di comportamenti autolesivi oppure se è presente in altri episodi di cronaca.

5.4. Minori e soggetti deboli

In un caso, secondo un pronunciamento del Tribunale per i minorenni condiviso anche dallo stesso Ordine dei giornalisti, è stato considerato sotto tutela, dunque con la medesima attenzione, anche un adulto, almeno fino al ventunesimo anno di età, perché si trovava in una situazione svantaggiata, affidato a servizi sociali. Considerato soggetto debole e quindi equiparato ad un minore. Il dibattito era stato stimolato nel 1998 da una trasmissione in cui venivano rivelate immagini, storie e generalità di una ragazza, ormai diciottenne, stuprata dal padre quando era minorenne e al momento della messa in onda, ancora affidata ai servizi sociali.

Lo stesso Codice di procedura penale all'art. 114 punto 6, vieta «la pubblicazione delle generalità e l'immagine dei minorenni testimoni, persone offese o danneggiate dal reato, finché non siano divenute maggiorenni». E l'art. 13 del d.p.r. 448 dell'88 che regola il processo penale minorile (d.p.r. precedente alla Carta di Treviso) rafforza la tutela vietando «la pubblicazione e la divulgazione, con qualsiasi messo, di notizie o immagini idonee a identificare il minore comunque coinvolto nel procedimento».

Da una giurisprudenza processuale emergono alcuni principi inderogabili: Eccoli: anche una particolare notorietà del fatto commesso da un minore o di cui lui stesso sia vittima, non può mettere in discussione il diritto alla riservatezza. Nello stesso tempo la vicenda, che potrebbe essere di grande interesse generale, non può essere sottratta all'opinione pubblica. Il giornalista può rivendicare l'utilità e l'importanza di trattare casi in cui sia coinvolto un minorenne, ma non deve rivelarne l'identità o come detto, renderlo identificabile. Si può scrivere o mandare in onda la storia senza esporre il bambino a varie curiosità o sacrificarlo sull'altare dell'*audience*.

Il diritto a informare o ad essere informati non è incompatibile con il dovere al rispetto dei soggetti deboli.

L'interesse all'informazione viene così bilanciato dal legislatore con la tutela del soggetto. E ovviamente, quando in aula viene ascoltato un minore, l'udienza non è pubblica. Infine la tutela, cioè il divieto di qualsiasi notizia o immagine del ragazzo coinvolto, non va riferita solo al momento del processo in aula, cioè alla fase dibattimentale, ma fin dalle indagini istruttorie, nell'ambito, appunto, di tutto il "procedimento" penale.

5.5. Codice di procedura penale e Carta di Treviso

Carta di Treviso e Carta dei doveri sono più rigide e garantiste delle norme del Codice di procedura penale

Esiste però un passaggio del Codice di procedura penale che sembra meno garantista della Carta di Treviso. L'art.114 vieta, come abbiamo visto, la pubblicazione delle generalità e dell'immagine dei minorenni, nelle vesti di testimoni, persone offese o danneggiate dal reato fino a quando non siano divenuti maggiorenni. Ma subito dopo afferma che il Tribunale dei minori può autorizzare, nell'interesse esclusivo di quest'ultimo, la pubblicazione delle generalità. E che può farlo anche il minore che abbia compiuto il sedicesimo anno di età: egli può consentire la pubblicazione della sua vicenda purché non sia nella veste di imputato. Eventualità che i nostri codici non prendono in considerazione.

In questo caso è evidente che la Carta di Treviso e la Carta dei doveri del giornalista risultano ancor più rigide e garantiste poiché assicurano la riservatezza totale ai minori comunque coinvolti in un reato. Carte supportate poi dalla legge sulla *privacy*.

Secondo la giurisprudenza, prima dei sedici anni, deve essere il Tribunale per i minori ad autorizzare l'uso e la diffusione di dati personali, ovviamente, nell'interesse del ragazzo. Come nei casi di scomparsa o rapimento. Analogo intervento del giudice è richiesto nel caso in cui l'ultrasedicenne sia coinvolto, appunto, come imputato. Il ragazzo può infatti chiedere che il processo sia pubblico, ma la richiesta sarà vagliata dai magistrati che dovranno motivare l'esistenza di un reale e serio interesse del minore a pubblicizzare il suo processo. E in caso di accoglimento della richiesta, vengono meno anche i divieti di pubblicazione e divulgazione di immagini e notizie che possono, appunto, identificare il minorenne. Così non è per la Carta di Treviso.

Le norme previste nel documento deontologico e quelle del Codice di procedura penale sui minori sono state oggetto di discussione nel 2002 nell'ambito di un procedimento disciplinare avviato da un Ordine regionale nei confronti di un articolista che aveva pubblicato la testimonianza di un ragazzo sedicenne, testimonianza raccolta subito dopo una rapina. Il cronista sapeva che il ragazzo era minorenne, perché avvertito dallo stesso intervistato, ma non aveva ritenuto necessario coprirlo con l'anonimato per due motivi: perché non aveva ravvisato alcuna conseguenza nei suoi confronti, dato che il rapinatore era stato già arrestato e identificato da altri e proprio perché il giovane aveva già compiuto sedici anni e quindi poteva liberamente dare il consenso a divulgare le proprie generalità. In questo caso era stato il ragazzo a fornire la propria identità, non opponendosi alla divulgazione.

Ma mentre il codice di procedura penale ritiene che un sedicenne, non imputato, sia in grado di valutare se consentire la diffusione delle proprie generalità, la Carta di Treviso non lo prevede. Anzi fissa principi di tutela ancor più rigidi.

Da parte sua la difesa del giornalista aveva invocato il principio che se un atteggiamento è lecito (cioè permesso e in questo caso, lo è dal Codice di procedura penale) non era punibile neppure nel procedimento disciplinare.

Ma in base anche alla legge sulla *privacy*, il giornalista è stato sanzionato dall'Ordine regionale con l'avvertimento, ravvisando che «in casi del genere, è il giornalista, con la sua professionalità che dovrebbe capire autonomamente quando sia opportuno o meno indicare le generalità di un ragazzo che ha avuto il coraggio civile di testimoniare e che al momento può non rendersi conto dei pericoli ai quali va incontro».

Per i minori il diritto alla riservatezza è fondamentale per non pregiudicare il delicato processo formativo del soggetto

Nel caso dell'infanzia, il diritto alla riservatezza è fondamentale per non pregiudicare il già delicato processo formativo del soggetto. E se prima, anche l'ordinamento giuridico si preoccupava più dei diritti patrimoniali, ora sono riconosciuti pienamente tutti i diritti soggettivi al minore, non già come "speranza uomo" ma come soggetto con bisogni, condizioni attuali e aspirazioni da rispettare. Titolare appunto di tutti i diritti. Anzi, con una attenzione maggiore, in modo da tutelarne non solo la riservatezza e l'identità, ma anche la dignità e la personalità complessiva. Per questo anche se reso opportunamente irriconoscibile in televisione o non identificabile in un'intervista, è inaccettabile che il minore possa subire l'invadenza di microfoni o telecamere per fatti di cronaca in cui è coinvolto.

5.6. I punti principali della Carta di Treviso

Oggi la Carta di Treviso può definirsi norma di legge a tutti gli effetti: è stata infatti aggiornata con le osservazioni del Garante per la protezione dei dati personali e pubblicata sulla Gazzetta ufficiale in quanto allegato al Codice di deontologia. La Carta è presa come riferimento non solo nei procedimenti disciplinari avviati dall'Ordine ma anche nei vari giudizi di legittimità. Ed è documento fondamentale per una corretta informazione. Che deve tenere in considerazione vari punti:

- il rispetto del minore sia come soggetto agente sia come vittima di un reato, richiede il mantenimento dell'anonimato nei suoi confronti, il che implica la rinuncia a pubblicare elementi che, anche indirettamente, possano comunque portare alla sua identificazione;

- la tutela della personalità del minore si estende – tenuta in prudente considerazione la qualità della notizia e delle sue componenti – anche a fatti che non siano specificatamente reati (suicidio di minori, questioni relative ad adozioni e affidamento, figli di genitori carcerati ecc) in modo che sia tutelata la specificità del minore come persona in divenire, prevalendo su tutto il suo interesse ad un regolare processo di maturazione che potrebbe essere profondamente disturbato o deviato da spettacolarizzazioni del suo caso di vita, da clamorosi protagonismi o da fittizie indicazioni;

- particolare attenzione andrà posta per evitare possibili strumentalizzazioni da parte degli adulti portati a rappresentare e a far prevalere esclusivamente il proprio interesse;

- per i casi ove manchi una univoca disciplina giuridica, i mezzi di informazione devono farsi carico della responsabilità di valutare se quanto vanno proponendo sia davvero nell'interesse del minore;

- se nell'interesse del minore (esempi possibili, i casi di rapimento e di bambini scomparsi) si ritengano opportune la pubblicazione di dati personali e la divulgazione di immagini, andrà comunque verificato il preventivo assenso dei genitori e del giudice competente.

La Carta lascia comunque un margine di autonomia al giornalista che deve sempre tener conto dell'interesse primario del minore

Si è detto che la salvaguardia della personalità del minore è prevalente rispetto al diritto di cronaca. Il giornalista deve quindi valutare l'opportunità di pubblicare notizie che riguardano i bambini anche se le relative informazioni sono state fornite da uno o da entrambi i genitori. È il caso di una famiglia, la cui madre aveva accusato il padre di molestie sessuali nei confronti della figlia e aveva dato al cronista anche la foto della minore. Prima è intervenuto il Tribunale affidando ad altri la bambina, poi l'Autorità per la protezione dei dati personali decretando la violazione delle norme di tutela e della stessa *privacy* e incitando il giornalista a maggiore cautela e ad una valutazione dei fatti, ma soprattutto delle possibili conseguenze sul minore. Un altro esempio che risale al gennaio del 1989: Davide, 6 anni, è conteso da entrambi i genitori che si stanno separando. La madre viene accusata addirittura di sequestro di persona. Stampa e televisione si occupano della vicenda. Nonostante il consenso del padre, il pretore di allora, impedisce la trasmissione per tutelare la riservatezza e l'equilibrio psicologico del bambino.

La "Carta" lascia comunque un margine di autonomia al giornalista che «nei casi ove manchi una univoca disciplina giuridica» può farsi carico della divulgazione di notizie sui minori, ma sempre nell'interesse primario e oggettivo del bambino (l'*audience* non è interesse del minore né interesse pubblico) e con l'assenso dei genitori. Articolo e vicenda non devono essere dunque lesivi della sua formazione e riservatezza. Il giornalista può valutare il caso perseguendo questo interesse, applicando alle circostanze i principi della Carta di Treviso.

5.7. Il Vademecum '95

Cinque anni dopo l'approvazione della Carta di Treviso, constatando la presenza di violazioni al documento, i giornalisti, d'intesa ancora una volta con Telefono Azzurro hanno ribadito e rafforzato i principi stabiliti nel 1990 per ottenere una maggior protezione della dignità e dello sviluppo dei bambini e degli adolescenti, senza distinzione di razza e religione.

Sono cinque i principali avvertimenti:

- al bambino coinvolto, come autore, vittima o teste in fatti di cronaca, la cui diffusione possa influenzare negativamente la sua crescita, deve essere garantito l'assoluto anonimato. Deve essere evitata, per esempio, la pubblicazione di tutti gli elementi che possono portare alla sua identificazione, quali le generalità dei genitori, l'indirizzo dell'abitazione o il comune di residenza nel caso di piccoli centri o l'indicazione della scuola frequentata;

- per quanto riguarda i casi di affidamento o di adozione e quelli di genitori separati o divorziati, fermo restando il diritto di cronaca e di critica circa le decisioni dell'autorità giudiziaria e l'utilità di articoli o inchieste, occorre comunque anche in questi casi tutelare l'anonimato del minore per non incidere sull'armonico sviluppo della sua personalità;

Anche nei casi di bambini malati o feriti occorre cautela per evitare che in nome di un sentimento pietoso si arrivi a forme di sensazionalismo

- il bambino non va intervistato o impegnato in trasmissioni televisive o radiofoniche che possano ledere la sua dignità, né turbato nella sua *privacy* o coinvolto in una pubblicità che possa compromettere l'armonico sviluppo della sua personalità. E ciò a prescindere dall'eventuale consenso dei genitori;

- nel caso di bambini malati, feriti o disabili, occorre porre particolare attenzione nella diffusione delle immagini e delle vicende al fine di evitare che, in nome di un sentimento pietoso, si arrivi ad un sensazionalismo che finisce per divenire sfruttamento della persona;

- nel caso di comportamenti lesivi o autolesivi (come suicidi, lanci di sassi, fughe da casa ecc) posti in essere da minorenni, occorre non enfatizzare quei particolari di cronaca che possono provocare effetti di suggestione o emulazione.

In più occasioni, quotidiani hanno scritto di suicidi di minori senza il consenso diretto o indiretto dei genitori, unici soggetti legittimati a farlo. L'Autorità garante ha vietato il trattamento dei dati personali. Oltretutto la pubblicazione del nome, dell'indirizzo o di qualsiasi altra indicazione relativa al contesto che possa svelare l'identità di un minore coinvolto in un fatto gravemente autolesivo, non è ritenuto essenziale per esercitare fino in fondo il diritto di cronaca.

5.8. I casi e gli errori da evitare

La tragedia di Vermicino. Giugno 1981, Alfredino caduto nel pozzo. Non solo la tragedia ma anche gli ultimi istanti prima della morte del bimbo vengono trasmessi in televisione con una rincorsa a registrare anche l'ultimo gemito. Tv-verità, si è detto, che sconvolge l'opinione pubblica, ma va anche al di là di ogni remora.

In tv dopo la prigionia. Marzo 1987, Marco 7 anni, viene rapito e tenuto prigioniero per ben due anni e mezzo. Quando torna libero, il suo sguardo, il suo volto, le sue dichiarazioni vengono riprese, pubblicate e trasmesse per giorni. Deve intervenire il magistrato del Tribunale per i minorenni per impedire un'ulteriore intervista in televisione: l'equilibrio psicologico del piccolo rischia di essere messo nuovamente a dura prova. Bisogna dire che tutte le riprese, le fotografie e le interviste erano state autorizzate dal padre, che in questa maniera ha rischiato di vedersi sottrarre il figlio dal Tribunale. Ecco quando l'informazione deve fermarsi a prescindere dall'autorizzazione dei genitori.

Adottata due volte e per due volte sbattuta sui media. Marzo 1989, Serena, tre anni è una bimba straniera adottata. Ma l'adozione è irregolare, viene scoperta e interrotta dopo oltre un anno. La bimba, che aveva ormai trovato affetto e serenità in quella famiglia finisce per essere affidata ad un'altra coppia. Il caso divide l'opinione pubblica, giuristi e psicologi. La bimba è oggetto di articoli, interviste e dibattiti, il trauma psicologico del distacco si ripete per innumerevoli volte. Nessuno pensa di scrivere, approfondire la storia senza coinvolgere la bimba, senza rivelare il suo nome e quello dei genitori. E senza ritrarli.

Tre anni dopo, la televisione invita addirittura i primi e secondi genitori. Questi ultimi rifiutano e denunciano di essere ancora braccati da alcuni media. È il 1992, la Carta di Treviso è già stata firmata. L'Ordine dei giornalisti richiama l'emittente televisiva e alcuni giornali per aver puntato sulla «spettacolarizzazione della vicenda senza valutare se quanto proposto era davvero nell'interesse del minore». Ma non basta. Cinque anni più tardi, un noto rotocalco vince le resistenze della nuova famiglia adottiva e pubblica un'intervista in cui indica il nuovo nome della bambina, la residenza, i dati anagrafici delle sorelline corredandoli con fotografie della piccola e del nucleo familiare.

In alcuni casi anche il consenso di uno o entrambi i genitori può non essere sufficiente per pubblicare dati identificativi del minore

Il Consiglio dell'Ordine infligge la censura al direttore della rivista e l'avvertimento al giornalista. Il Tribunale civile conferma il provvedimento con questa motivazione: «Con la pubblicazione delle generalità e dell'immagine di un minore, il comportamento in concreto tenuto dal giornalista estensore dell'articolo e dal giornalista direttore della testata è idoneo a violare le norme di legge dettate a tutela della personalità altrui nonché ad essere valutato come non conforme al decoro e alla dignità professionali, così da compromettere anche la dignità dell'Ordine». E non è valso ai giornalisti il fatto di avere il consenso dei genitori alla pubblicazione. Un aspetto ritenuto irrilevante perché l'articolo è stato giudicato non finalizzato all'esclusivo interesse del minore ma al perseguimento di motivi personali dei genitori. La Carta di Treviso parla, in alcuni casi, di valutare a prescindere dal consenso dei genitori, quando si ravvisano conseguenze per il minore o possibili strumentalizzazioni da parte degli adulti.

Malattia scambiata per abusi. Aprile 1989, Miriam due anni e mezzo viene ricoverata d'urgenza. Secondo i medici la bambina è stata vittima di violenze fisiche e sessuali. Interviene il Tribunale dei minori. I magistrati sospettano che l'autore dello stupro sia il padre, professore di matematica. Poi, invece, si saprà che l'ematoma della bimba era dovuto ad un tumore. Il padre viene scagionato dopo un mese, la bimba muore. Ma i giornali avevano già pubblicato per giorni e giorni particolari della vicenda, riferimenti, sospetti senza reticenze verso quello che era ormai diventato "il mostro", convinti della certezza di fonti autorevoli: medici e magistrati. Pochi ammisero lo sbaglio e il modo 'disinvolto' con il quale, a quei tempi, era stata trattata la notizia che coinvolgeva una minore. Chiede scusa ai familiari, il presidente della Repubblica, anche a nome della categoria dei giornalisti.

Violenza su disabile. Agosto 1990, Giuseppina 14 anni, disabile, viene violentata da balordi, anche loro minorenni. Rimane incinta. I genitori, quando se ne accorgono, vogliono che abortisca, gli inquirenti scoprono gli stupratori, ma sono per lo più non imputabili. C'è anche il parroco che si oppone all'aborto. La vicenda finisce sui giornali che pubblicano tutto senza riserve, insensibili alle nuove norme di autodisciplina che dopo due mesi altri giornalisti avrebbero firmato.

Bimba stuprata. Giugno 1992, la stessa situazione si ripete con analoga storia di violenza su una bambina di 11 anni. Un giornale pubblica nome, cognome e residenza della piccola. Il giornalista viene sospeso dall'Ordine.

Il caso di una ragaza intervistata per anticipare il contenuto della sua testimonianza in tribunale

Concorrenza senza rispetto. Luglio 1992, nella cronaca di un quotidiano esce il resoconto di un processo per atti di libidine violenta nei confronti di una bambina di 11 anni. L'articolo riporta nome, cognome e residenza della piccola insieme a particolari estremamente scabrosi, ritenuti neppure «indispensabili al fine di una corretta informazione». Tra le giustificazioni fornite dall'articolista anche l'esistenza di un clima di estrema concorrenza tra giornali che avrebbe portato a scrivere notizie sempre più spinte. Motivazione ritenuta ovviamente inaccettabile anche dal Consiglio nazionale dell'Ordine che ha sospeso il cronista ravvisando non solo la violazione delle varie "Carte" dei giornalisti, ma anche le norme del codice di procedura penale in materia di processi in presenza di minori.

Rapporti sessuali davanti alla figlia. Maggio 1993, diversi giornali pubblicano con dovizia di particolari e nomi, il caso di una madre finita sotto processo per aver avuto apporti sessuali con l'amante sotto gli occhi della figlia minore. Il Consiglio regionale dell'Ordine competente apre un procedimento contro i giornalisti.

Tre figli tolti ai genitori. Gennaio 1994, il Tribunale interviene su una coppia indigente e affida ad altre famiglie i tre figli di pochi anni. I giornali si interessano e pubblicano anche l'identità dei piccoli. Le televisioni riprendono i volti. L'Ordine emette una nota in cui, pur ammettendo la rilevanza sociale della vicenda, striglia giornali e tv per aver superato ogni «limite di doverosa informazione con un possibile danno per gli stessi bambini» e interviene, in particolare su un giornalista che aveva volutamente pubblicato tutte le generalità dei piccoli e dei genitori con l'intento di invitare i giudici a riesaminare la decisione e dunque a "riparare ad una ingiustizia" nell'interesse dei bambini. Ma le intenzioni, pur apprezzabili, hanno violato le norme deontologiche.

Il giornalista viene sanzionato dall'Ordine perché la stessa Carta di Treviso prevede – nel caso di un reale interesse del minore – che sia verificato il preventivo assenso dei genitori e del giudice competente. Cosa che invece non era stata neanche preso in esame. E comunque l'effetto desiderato di riesaminare l'affidamento, poteva essere raggiunto senza addentrarsi nei particolari anagrafici.

Paternità non riconosciuta. Febbraio 1994, altra storia di paternità non riconosciuta nei confronti di un bimbo di 8 anni che finisce con identità e volto sui giornali, nonostante la Carta di Treviso, che ne vieta la pubblicazione, sia in vigore da quattro anni.

Disabile tolto alla famiglia. Febbraio 1994, il Comitato di garanzia segnala un'altra violazione. Questa volta riguarda la pubblicazione di vari articoli con i dati di un minore, per di più disabile, allontanato dalla famiglia e affidato alle strutture sanitarie.

Bimba testimone del delitto dei genitori. Aprile 1994, Serena, 6 anni ha visto uccidere i genitori quando aveva appena tre anni. I giudici discutono sull'opportunità di farla deporre al processo contro i presunti assassini del padre e della madre; un telegiornale la intervista. E come unica cautela rende irriconoscibile il suo volto. Ma questo non basta. Il Comitato sancisce che «resta inaccettabile e contraria all'etica professionale l'intromissione dei microfoni, delle telecamere e comunque dei media nella vita di un minore».

Spesso in tv i minori vengono strumentalizzati in trasmissioni che puntano solo a spettacolarizzare le loro vicende

Minore conteso. Aprile 1995, ancora un minore conteso tra padre e madre. Il giornalista intervista solo il padre che riferisce di possibili maltrattamenti che la bambina di cinque anni avrebbe subito nella sua permanenza nei nonni. E nei giorni successivi il giornale è invitato a pubblicare un'ampia rettifica richiesta dalla madre. Al di là del mancato rispetto della verità sostanziale dei fatti, avendo intervistato solo padre, l'articolista è stato ritenuto responsabile d aver consentito anche l'identificazione della bimba pubblicando una sua grande foto. Inutile il tentativo di giustificare l'articolo facendo leva su una situazione di importanza sociale. Il giornalista è stato sospeso dall'Ordine.

*Minori in tv sacrificati all'*audience. Febbraio 1996. Conduttore televisivo sanzionato dall'Ordine per aver consentito la partecipazione di minori ad una trasmissione. In due occasioni differenti. La prima volta facendo abbracciare in diretta figlioletto e padre mai conosciuto, la seconda volta permettendo la ripresa di figli minori di un pentito. Un utilizzo ritenuto di mero spettacolo, attento solo ad alzare l'*audience* ma non a garantire la tutela e la riservatezza dei minori coinvolti. Soprattutto nel primo episodio, per un incontro avvenuto davanti a milioni di telespettatori. Nel secondo episodio, invece, è stato ravvisato un atteggiamento che poteva mettere in pericolo l'incolumità degli stessi piccoli, interferendo sul programma segreto di protezione. Minori sacrificati ad interessi di «facile sensazionalismo dello spettacolo».

Bimbo strappato alla madre. Gennaio 1997. Non basta non pubblicare il nome di un bambino di 7 anni strappato alla madre e affidato ai servizi sociali, quando poi si rivela l'identità della stessa madre, anche se indicata solo con il nome da signorina. Nulla avrebbe tolto all'importanza della notizia l'omissione del nome della donna.

Il pm toglie il figlio al sindaco. Gennaio 1999. Un episodio che ha fatto scalpore. Si tratta nuovamente di un bimbo di genitori separati. Ma il pm, dopo un primo affidamento al padre, chiede che venga preso in carico dai servizi sociali.

Il nome del piccolo non viene mai fatto. E allora? Il padre in questione è il sindaco di un paese di poche migliaia di anime. Il bimbo è dunque riconoscibilissimo. Gli estensori dell'articolo sostengono che il problema è stato a lungo dibattuto ma che "sul tavolo" c'era proprio la condotta del sindaco, accusato oltretutto dalla moglie di utilizzare la sua autorità per impedirle di incontrare il bimbo. Dunque, nella scelta della pubblicazione della vicenda, ha influito molto "il ruolo istituzionale" rivestito dal sindaco in quanto "prima autorità morale e civile" della località.

Non solo, con il suo comportamento avrebbe messo in discussione gli stessi requisiti per ricoprire quell'incarico. Oltretutto, secondo gli autori degli articoli, erano stati tenuti in considerazione sia l'interesse del bambino, che non riusciva più a vedere la madre che quello della collettività che veniva informata della decisione del magistrato di affidare il figlio del sindaco non più ai genitori, ma ai servizi sociali. Il Consiglio dell'Ordine ravvisa invece la violazione della Carta di Treviso e precisamente il secondo punto del Vademecum che prende in considerazione i casi di affidamento e le separazioni dei genitori: il fatto che il padre del minore sia sindaco, non giustifica la mancata tutela del bambino e la mancata attenzione alle conseguenze.

Il caso di Erika: la tutela della sua riservatezza è diventata di fatto impossibile a causa dello sviluppo degli eventi

Immagini di pedofili in tv e sulla stampa. Settembre 2000. Un caso a parte merita la vicenda delle immagini di pedofilia trasmesse da diverse reti televisive e pubblicate su un giornale. Immagini che violano gli articoli 2 e 48 della legge istitutiva dell'Ordine. Pur non riconoscibili o identificabili, rappresentano bambini rapiti, stuprati, rapporti sessuali tra adulti e minori. Un fatto gravissimo che chiama in causa redattori e direttori di testata sanzionati in varia misura dai rispettivi Ordini regionali fino al Consiglio nazionale, ma con un unico giudizio finale: non era stata bilanciata l'esigenza di informare l'opinione pubblica su una vicenda gravissima come questa, con l'opportunità di non trasmettere immagini raccapriccianti e impressionanti, come sono state unanimemente definite.

Erika e Omar. Febbraio 2001, fa scalpore il delitto di Novi Ligure. Erika e Omar, entrambi minorenni, poi processati per omicidio della madre e del fratellino della stessa Erika, sono subito identificati anche se resi irriconoscibili nelle foto. Una situazione che presenta un difetto "a monte": all'inizio la responsabilità viene attribuita ad una sanguinosa banda di albanesi. Quando lo scenario cambia, il problema del trattamento dell'identità balza in primo piano. Ma il percorso è troppo avanzato, impossibile tornare al silenzio o raccontare il delitto in termini impersonali. Il tribunale dei minori chiede comunque agli organi di informazione equilibrio e rispetto del codice deontologico.

Bimbo identificato in una foto di un centro di recupero. Marzo 2001, Aristide è un ragazzino che frequenta un corso di recupero scolastico in un centro di aggregazione indicato per ragazzi con gravi problemi di inserimento e difficoltà di studio. Il piccolo è riconoscibile in una foto pubblicata su un giornale per un servizio sul centro. I genitori di Aristide presentano un esposto contro il direttore della testata che si difende affermando che il servizio era di "promozione" per il centro, dunque positivo. Ma il problema è che la foto viene autorizzata dalla direzione del centro ma non dai genitori. L'immagine riconoscibile del bambino, rivela automaticamente la sua presenza al centro tenuta fino ad allora riservata. Immediate le deduzioni sulle sue difficoltà di apprendimento. Condizione che scatena reazioni canzonatorie da parte dei compagni d scuola determinando ulteriori complessi nel bambino tali da poter incidere sul processo formativo e sul suo sviluppo psichico. Al direttore responsabile del giornale, l'Ordine regionale competente infligge la sanzione della censura.

Fuga da casa di minore adottata. Novembre 2001, condannata dal Garante della *privacy* la pubblicazione di un articolo relativo ad una ipotetica fuga da casa di una minore con nome, cognome e scuola frequentata, che rivelava anche la sua origine etnica e il fatto che era stata adottata. Il Garante avvisa non solo la violazione della legge sulla *privacy*, ma anche del Codice deontologico ritenendo le informazioni pubblicate non immediatamente utili ai fini del ritrovamento della bambina e non essenziali. Non solo. Potevano essere addirittura lesive della personalità del minore nel caso in cui la piccola non fosse stata a conoscenza della sua adozione o la sua condizione non fosse nota nell'ambiente frequentato.

Anche la pubblicazione della foto segnaletica di una baby-sitter *può contribuire alla identificazione di un minore*

Il delitto di Cogne. Il Garante della *privacy* è intervenuto più volte per tutelare il fratellino del bambino ucciso. Ci sono stati tentativi per intervistarlo nonostante l'età giovanissima, è stato ripreso con teleobiettivi al di fuori della casa e registrato il suo saluto alla madre scarcerata.

Violenze e abusi. Una *babysitter* è accusata di aver abusato e usato violenza su due minori che le erano stati affidati. I giornali nel riferire i fatti non hanno mai fatto i nomi né dei bambini né dei genitori, però hanno fornito dettagli tali da vanificare le tutele fin lì usate: è stata rivelata l'attività professionale del padre e della madre, è stato rivelato il fatto che il padre avesse uno studio a Londra dove si recava ogni lunedì e martedì. Quante persone ci saranno state in quella località che fanno la stessa cosa? È stato rivelato il quartiere di residenza della famiglia, l'età e il sesso dei minori, il numero e la razza dei cani e dei gatti di casa, le generalità e lo stato civile della *babysitter*. Ma non basta: è stata pubblicata anche la foto segnaletica della stessa *babysitter* che ogni mattina accompagnava a scuola i due bambini. Così è stata rivelata praticamente anche l'identità delle piccole vittime. Il padre che si è rivolto al Garante, ha avuto ragione.

Donna in coma. Il Garante è intervenuto anche sul caso di una donna in coma e nello stesso tempo incinta. Sul marito è pesata la responsabilità lacerante di decidere se far nascere il bimbo con un'altissima percentuale di rischio di handicap. Su questo caso delicatissimo che ha contrapposto differenti opinioni della cultura laica e cattolica, sono state pubblicate numerose informazioni che rendevano identificabile la donna – poi deceduta con il bimbo che aveva nel grembo – e rendevano identificabili anche i familiari. Secondo il Garante questa situazione, se il padre avesse acconsentito di far portare a termine la gestazione e se il bimbo fosse sopravvissuto, avrebbe potuto incidere sul futuro del piccolo, segnato ancor prima di nascere. L'Autorità garante ha dato ragione ai familiari contro le pubblicazioni. E ha prodotto una copiosa giurisprudenza su questi temi.

Elio Donno

6 Il confine tra informazione e pubblicità

6.1. Il ruolo del giornalista

Il ruolo del giornalista dinanzi al problema degli inserti, degli annunci, degli *spot*, in una parola dei messaggi pubblicitari, è stato e continua ad essere oggetto di controverse interpretazioni, nonostante la precisa e coerente giurisprudenza degli Ordini regionali, del Consiglio nazionale e della magistratura.

I messaggi pubblicitari devono essere sempre e comunque distinguibili dai testi giornalistici

Tante discussioni non avrebbero motivo di esistere se si tenesse sempre presente la disposizione contenuta nel capitolo 'Incompatibilità' della Carta dei doveri, sottoscritta congiuntamente dal Consiglio nazionale dell'Ordine dei giornalisti e dalla Federazione della stampa, l'8 luglio 1993, nel punto in cui si afferma che: «...il giornalista non assume incarichi e responsabilità in contrasto con l'esercizio autonomo della professione, né può prestare il nome, la voce, l'immagine, per iniziative pubblicitarie incompatibili con la tutela dell'autonomia professionale». Il paragrafo prosegue con questa enunciazione: «Sono consentite, invece, a titolo gratuito, analoghe prestazioni per iniziative pubblicitarie volte a fini sociali, umanitari, culturali, religiosi, artistici, sindacali o comunque prive di carattere speculativo».

6.2. Le norme di riferimento

È vietato al giornalista confondere il suo messaggio con quello pubblicitario e chiara deve essere sempre la distinzione tra i due prodotti, uno di informazione, l'altro di marketing. Lo dispone, innanzitutto, la Carta dei doveri, nel paragrafo dedicato a "Informazione e pubblicità", in cui si afferma che:

> «I cittadini hanno il diritto di ricevere un'informazione corretta, sempre distinta dal messaggio pubblicitario e non lesiva degli interessi dei singoli. I messaggi pubblicitari devono essere sempre e comunque distinguibili dai testi giornalistici attraverso chiare indicazioni. Il giornalista è tenuto all'osservanza dei principi fissati dal Protocollo d'intesa sulla trasparenza dell'informazione e dal contratto nazionale di lavoro giornalistico; deve sempre rendere riconoscibile l'informazione pubblicitaria e deve comunque porre il pubblico in grado di riconoscere il lavoro giornalistico dal messaggio promozionale».

Assieme alla Carta dei doveri del giornalista, vi è anche la chiara disposizione dell'art. 4 del contratto di lavoro giornalistico nella parte in cui stabilisce che:

> «Allo scopo di tutelare il diritto del pubblico a ricevere una corretta informazione, distinta e distinguibile dal messaggio pubblicitario e non lesiva degli interessi dei singoli, i messaggi pubblicitari devono essere chiaramente individuabili come tali e quindi distinti anche attraverso apposita indicazione, dai testi giornalistici».

E ancora:

«Gli articoli elaborati dal giornalista nell'ambito della sua normale attività redazionale non possono essere utilizzati come materiale pubblicitario. I direttori nell'esercizio dei poteri previsti dall'art. 6, e considerate le peculiarità delle singole testate, sono garanti della correttezza e della qualità dell'informazione anche per quanto attiene il rapporto tra testo e pubblicità. A tal fine i direttori ricevono periodicamente i pareri dei comitati di redazione».

Per completezza di informazione, vanno anche richiamati, perché attinenti alla materia di cui ci occupiamo:

- il *Protocollo d'intesa,* firmato il 14 aprile 1988 da Ordine dei giornalisti, Federazione della stampa e le varie organizzazioni dei pubblicitari col quale furono approvate delle regole per disciplinare il rapporto tra pubblicità e informazione nell'ambito del lavoro giornalistico. In particolare si affermava che «il primo dovere è di rendere sempre riconoscibile l'emittente del messaggio»;

Vi sono delle norme precise che hanno trovato espressione in numerose decisioni su ricorsi presentati da giornalisti sanzionati

- la *legge Mammì* (n.223/90) all'art. 8 – 2° comma – ha stabilito che la pubblicità televisiva e radiofonica deve essere riconoscibile come tale ed essere distinta dal resto dei programmi con mezzi ottici ed acustici di evidente percezione;
- l'*articolo 23 (Trasparenza della pubblicità)* del D.lgs 6 settembre 2005 n. 206 con cui si dispone che «La pubblicità deve essere chiaramente riconoscibile come tale. La pubblicità a mezzo stampa deve essere distinguibile dalle altre forme di comunicazione al pubblico, con modalità grafiche di evidente percezione».
- la *Carta dei doveri dell'informazione economica,* approvata dal Consiglio nazionale l'8 febbraio 2005.

Vi sono poi le prese di posizione dei vari Ordini regionali (primo fra tutti quello di Milano, che è stato antesignano in questa difesa dell'autonomia del lavoro giornalistico) e del Consiglio nazionale, quindi, vi sono delle norme precise che, poi, hanno trovato espressione in numerose decisioni su ricorsi presentati da giornalisti sanzionati.

6.3. Rilievi ricorrenti

Tra i motivi opposti da giornalisti incorsi in sanzioni disciplinari per aver trasmesso messaggi pubblicitari è opportuno qui evidenziarne due in particolare. Per ciascuno di essi seguono poi le valutazioni in base alle quali sono stati respinti in numerose decisioni del Consiglio nazionale.

Si è eccepito o si eccepisce che:

la previsione del quarto comma dell'art. 13 della legge 5.10.1991 n. 327, Ratifica ed esecuzione della convenzione europea sulla televisione transfrontaliera, con annesso, fatta a Strasburgo il 5 maggio 1989. Secondo i ricorrenti la previsione del quarto comma dell'art.13, nella parte in cui si afferma: «La pubblicità non deve far ricorso, né visivamente né oralmente a persone che presentano regolarmente i telegiornali e le rubriche di attualità», esonererebbe da tale divieto tutti gli altri giornalisti.

Nella legge professionale non vi sarebbe un esplicito richiamo a tale divieto, per cui non sarebbe consentito sanzionare i giornalisti che lanciano messaggi pubblicitari in mancanza di una esplicita previsione di legge.

L'eccezione sollevata al punto 1, è stata superata, nelle numerose decisioni dell'Ordine dei Giornalisti, chiarendo che tale divieto deve essere visto alla luce della specifica normativa che regola la deontologia professionale dei giornalisti, normativa che in *epoca successiva* al 5 ottobre 1991, e precisamente l'8 luglio 1993, si è arricchita della Carta dei doveri del giornalista. Pertanto, nessun iscritto all'Ordine dei giornalisti può prestare la voce o l'immagine per messaggi pubblicitari.

In relazione al punto 2, l'art. 2 della legge professionale al primo comma afferma che:

> «È diritto insopprimibile dei giornalisti la libertà d'informazione e di critica, limitata dall'osservanza delle norme di legge dettate a tutela della personalità altrui ed è loro obbligo inderogabile il rispetto della verità sostanziale dei fatti osservati sempre i doveri imposti dalla lealtà e dalla buona fede».

Al giornalista è vietato fare pubblicità, a meno che non sia a titolo gratuito e nell'ambito di iniziative che non abbiano carattere speculativo

ed al terzo comma stabilisce che:

> «Giornalisti e editori sono tenuti a rispettare il segreto professionale sulla fonte delle notizie, quando ciò sia richiesto dal carattere fiduciario di esse, e a promuovere lo spirito di collaborazione tra colleghi, la cooperazione fra giornalisti e editori, e la fiducia tra la stampa e i lettori».

È evidente allora che non si fa libero giornalismo né si rispetta la verità sostanziale dei fatti quando si reclamizza un prodotto commerciale.

Inoltre, l'art. 48 della legge n.69/63 stabilisce che:

> «Gli iscritti nell'albo, negli elenchi o nel registro che si rendano colpevoli di fatti non conformi al decoro e alla dignità professionale, o di fatti che compromettano la propria reputazione o la dignità dell'Ordine, sono sottoposti a procedimento disciplinare».

Tale principio peraltro è stato sancito dal Tribunale di Milano, con sentenza del 1997, quando ha respinto il ricorso di una giornalista sanzionata per avere pubblicato, su un noto rotocalco, un articolo dal titolo: "Lavarsi i denti oggi è un gioco" inserendo il nome della ditta che aveva messo in commercio uno spazzolino da denti. In proposito il Tribunale di Milano ha stabilito che:

> «Chi pubblica articoli che, nella sostanza, sono pubblicità ingannevole, tiene un comportamento che viola quel principio di lealtà nell'informazione cui (ex artt. 2 e 48 della legge professionale n. 69/1963) devono essere improntati i comportamenti del giornalista».

In ogni caso, va ricordato che la Carta dei doveri del giornalista si conclude con la seguente statuizione: «La violazione di queste regole integranti lo spirito dell'art. 2 della legge 3 febbraio 1963 n. 69 comporta l'applicazione delle norme contenute nel titolo III della citata legge».

Pertanto, è fuori discussione che al giornalista sia vietato fare pubblicità, a meno che non sia a titolo gratuito e nell'ambito di iniziative che non abbiano carattere speculativo.

6.4. Quando la pubblicità è consentita

«Sono consentite, invece, a titolo gratuito, analoghe prestazioni per iniziative pubblicitarie volte a fini sociali, umanitari, culturali, religiosi, artistici, sindacali o comunque prive di carattere speculativo».

Su questo capitoletto della Carta dei doveri è stata tentata, a volte, una artificiosa confusione, mentre il dettato della norma è chiaro. Il primo aspetto da considerare è che queste prestazioni per iniziative pubblicitarie devono avere tre caratteristiche essenziali:

1) essere a titolo gratuito;
2) essere rivolte a fini sociali, umanitari, culturali, religiosi, artistici, sindacali;
3) essere prive di ogni carattere speculativo.

È bene ribadire che i tre requisiti non sono da considerarsi in maniera disgiunta, cioè o l'uno o l'altro o l'altro, ma devono sussistere tutti è tre *congiuntamente*.

Sì ai messaggi sociali, culturali, religiosi che servano a sensibilizzare l'opinione pubblica sui più disparati problemi in questi campi

Ci si trova quindi dinanzi a tre capisaldi, primo fra tutti quello della gratuità. In nessun caso e per nessun motivo può esserci dazione di danaro al giornalista che fa pubblicità. Nemmeno se, poi, quel danaro venisse girato in favore dei beneficiari. Un giornalista cioè non può dire di avere incassato delle somme e poi di averle versate per scopi benefici legati a una delle finalità sopra indicate.

Un giornalista romano, che aveva prestato la propria voce per una campagna pubblicitaria a favore di un'azienda produttrice di condizionatori d'aria, fu sanzionato dall'Ordine regionale con la sospensione. Si difese affermando di avere erogato i compensi percepiti a favore di una comunità di suore. Il Consiglio nazionale respinse il ricorso in quanto ritenne «ininfluente che avesse devoluto in beneficenza il ricavato della sua partecipazione agli *spot* pubblicitari, dovendosi piuttosto rilevare che la pubblicità effettuata non era a fini sociali, umanitari, culturali, religiosi, artistici, sindacali o comunque priva di carattere speculativo», come si esprime la Carta dei doveri.

Il Tribunale di Roma, con sentenza dell'ottobre 2005, confermò la sanzione disciplinare ritenendo irrilevante l'aver devoluto in beneficenza il proprio compenso in quanto «la pubblicità di un prodotto commerciale ha di per sé carattere speculativo», e ritenendo che «una pubblicità di un prodotto commerciale immediatamente lega la figura del giornalista ad interessi di carattere economico incompatibili con la tutela dell'autonomia professionale».

A questo carattere della gratuità e dell'assenza di aspetti speculativi, si aggiungono poi le finalità che il messaggio deve avere: l'appello a contribuire al sostegno di popolazioni colpite da calamità, la diffusione di messaggi sociali, culturali, religiosi che servano a sensibilizzare l'opinione pubblica sui più disparati problemi in questi campi.

Per evitare che sorgano confusioni di ruoli, però, è necessario che, quando un giornalista presta la propria voce o immagine per messaggi di questo tipo, appaia, ben visibile da tutti, una scritta con cui si precisa, che si tratta di messaggio pubblicitario gratuito e si indicano le specifiche finalità che persegue.

6.5. Caratteristiche della pubblicità

Vi è una regola che il giornalista deve tenere ben presente: la pubblicità deve essere chiara, palese, esplicita, riconoscibile e "separata" dall'informazione giornalistica.

Il Consiglio nazionale ha sempre condannato la commistione tra informazione e pubblicità ribadendo un principio fondamentale per la professione: che la responsabilità del giornalista verso i cittadini prevale sempre nei confronti di qualsiasi altro e che il giornalista non può mai subordinarla ad interessi di altri e particolarmente a quelli dell'editore.

Già nel 1988, il Consiglio nazionale dell'Ordine dei giornalisti (Cnog) richiamava «tutti i giornalisti, direttori compresi, al dovere di esercitare la professione al di fuori da possibili condizionamenti, in piena libertà di giudizio e di scelta, nel solo intento di informare onestamente il lettore, secondo coscienza. Nel rapporto informazione – pubblicità, scriveva, deve affermarsi l'autonomia dell'informazione rispetto ai condizionamenti posti dal potere industriale ed economico ed al loro intrecciarsi... Il giornalista dovrà vigilare sui giusti equilibri tra spazi redazionali e spazi pubblicitari, sulla separazione tra gli uni e gli altri e contro le infiltrazioni della pubblicità indiretta, affinché un giornale resti tale e non si trasformi in un catalogo commerciale».

La pubblicità, non va dunque in alcun modo demonizzata, a patto che rimangano tracciati con chiarezza i confini tra le diverse sfere del giornalismo, del marketing e del messaggio promozionale

Il Consiglio nazionale affrontò ancora il problema nella seduta del 14 aprile 2004 (e lo riprese nel 2005) approvando il seguente documento:

«1. Il Consiglio nazionale dell'Ordine dei giornalisti italiani valuta con preoccupazione le commistioni fra pubblicità e testi giornalistici, che compaiono con sempre maggiore frequenza, in particolare all'interno delle pubblicazioni periodiche a stampa.

2. Troppo spesso il cittadino non viene messo in grado di capire se il messaggio che gli viene inviato ha natura esclusivamente informativa o se vuole, invece, indirizzarlo e convincerlo a scelte commerciali. A loro volta, nel quadro di un certo tipo di iniziative editoriali apertamente subordinate a esigenze di marketing, i giornalisti si sentono pesantemente e insistentemente pressati ad assumere funzioni che loro non spettano e che in ogni caso mettono a rischio l'autorevolezza e la dignità del lavoro giornalistico e contemporaneamente non garantiscono al lettore la necessaria trasparenza e distinzione tra informazione e pubblicità.

3. Il Consiglio nazionale sa bene che la pubblicità, nelle sue diverse forme, costituisce uno dei perni sui quali si regge oggi il sistema dei mass media. Essa non va dunque in alcun modo demonizzata, a patto che – a tutela primaria del lettore – rimangano tracciati con chiarezza i confini tra le diverse sfere del giornalismo, del marketing e del messaggio promozionale.

4. In questo senso il Consiglio nazionale dell'Ordine dei giornalisti ricorda che proprio attraverso il protocollo firmato nel 1988 con le organizzazioni del settore pubblicitario – unitamente alla Fnsi – nonché attraverso le norme recepite nei contratti di lavoro è stata prevista – in pieno accordo con la Federazione

degli editori – una trasparente separazione fra notizie e pubblicità formulando e applicando rigorose norme di comportamento, nel comune intento di mantenere distinti i testi giornalistici dai messaggi a finalità commerciali.

5. Oggi queste regole vengono sistematicamente eluse o erose. Troppo spesso si leggono testi impaginati come articoli giornalistici, ma sostanzialmente indirizzati alla presentazione di un prodotto e quindi privi del distacco e dello spirito critico necessari, finendo per costituire uno spot pubblicitario più o meno mascherato.

7. Il Consiglio nazionale, al fine di garantire al lettore – e nel suo primario interesse – un'informazione giornalistica non inquinata e allo scopo di tutelare l'esercizio professionale dei giornalisti contro indebite pressioni:

a) invita i colleghi e in particolare i direttori di testata all'applicazione di criteri professionali più rigorosi;

b) sollecita gli Ordini regionali ad una attenta vigilanza e ad aprire il procedimento disciplinare nei casi in cui il comportamento dei giornalisti appare passibile di sanzioni;

c) chiede infine alle società editrici il rispetto degli accordi sottoscritti con i rappresentanti dei giornalisti e le invita a concordare l'apertura di un tavolo di discussione per analizzare e ridefinire l'intera materia».

La grafica, la collocazione in pagina, il contesto e la frequenza sono elementi che vanno attentamente considerati

6.6. Messaggio giornalistico e messaggio pubblicitario

6.6.1. Il giornalista

L'utente del messaggio giornalistico deve poter riconoscere subito il prodotto giornalistico opera della redazione e quello liberamente espresso dal servizio marketing. Certo, è difficile distinguere un articolo informativo da una pubblicità redazionale. A volte un servizio su quello che si propone come servizio pubblico può avere in sé riferimenti espliciti ad un prodotto.

Bisogna perciò evitare riferimenti ripetitivi che finiscano con l'avere carattere pubblicitario valorizzando i cosiddetti "elementi presuntivi", che si riscontrano nel servizio, e facciano sorgere il dubbio non di informare il pubblico, ma di avallare un messaggio pubblicitario.

La grafica, la collocazione in pagina e tanti altri aspetti sono tutti elementi che vanno attentamente considerati. Peraltro, un articolo collocato in una rubrica dedicata alla salute o alla bellezza contenente specifici riferimenti, anche fotografici, a determinati prodotti nonché ad un eventuale inserto con consigli sull'igiene, accompagnati dall'indicazione dei prodotti da prediligere, nasconde inevitabilmente pubblicità ingannevole. E per tale motivo la direttrice di un settimanale fu sanzionata.

Il giornalista, certo, è l'anello debole della catena. Se incaricato di redigere un servizio o di impaginarlo, avendo legittimi dubbi di violare le norme esistenti, deve comunque legittimamente opporre il suo rifiuto. D'altro canto, il direttore non può chiedere al giornalista di redigere testi con finalità pubblicitarie.

Al limite e, nel caso di persistenti dubbi tra il giornalista e il direttore, sul fatto che si possa incorrere in una commistione tra pubblicità e giornalismo, il giornalista potrà chiedere di eliminare la sua firma.

6.6.2. Il direttore

La responsabilità del direttore, nel campo dell'informazione pubblicitaria, è stata ribadita tanto da decisioni della magistratura quanto da delibere del Consiglio nazionale. Va dato per acquisito insomma il principio che costituisce illecito disciplinare, in quanto contrario al prescritto dovere di lealtà nell'informazione, il comportamento del direttore responsabile di un periodico, che avalli la pubblicazione di una copertina e di articoli dotati di contenuto pubblicitario non chiaramente differenziato rispetto al dato informativo.

Tra le tante pronunce puntualmente raccolte e catalogate da Franco Abruzzo, se ne richiamano, a titolo esemplificativo, due:

- Corte di Cassazione-Sezione III civile (20 ottobre 2006) «L'obbligo del direttore del giornale di garantire la correttezza e la qualità dell'informazione anche per quanto concerne il rapporto fra testo e pubblicità deriva dagli artt. 44 ccnl giornalisti e 4 D. Lgs. 74/1992; il contenuto dell'obbligo è di rendere la pubblicità chiaramente riconoscibile come tale mediante l'adozione di modalità grafiche di evidente percezione; lo scopo è di tutelare dalla pubblicità ingannevole e dalle sue conseguenze sleali... Può, in sostanza, affermarsi che il direttore di giornale deve garantire la correttezza e la qualità dell'informazione; a questo fine è tenuto a verificare se la pubblicità sia chiaramente riconoscibile come tale, distinguendosi da ogni altra forma di comunicazione al pubblico mediante modalità grafiche facilmente riconoscibili... Ove la verifica conduca a risultati negativi, il direttore deve impedire la pubblicazione del testo contenente la pubblicità, incorrendo altrimenti nelle sanzioni comminate dalla legge n. 69/1963».
- Corte d'Appello di Milano, (sentenza n. 1827/2003) con cui si è affermato che «di fronte a iniziative di marketing e puramente pubblicitarie, il direttore di un giornale o di periodici, deve vegliare e dissentire».

Il direttore non risponde solo di culpa in vigilando, *ma anche quale materiale estensore del messaggio pubblicitario quando non sia identificabile l'autore*

Naturalmente, il direttore non risponde solo di *culpa in vigilando*, ma anche quale materiale estensore del messaggio pubblicitario quando non sia identificabile l'autore. Ciò è confermato dalla sentenza n. 17989/2007, con cui il Tribunale di Milano ha confermato la legittimità della sanzione inflitta a un direttore responsabile per illecito disciplinare commesso da un "non giornalista" in quanto, se è vero che «anche i non iscritti all'albo hanno libertà di scrivere, ... non per questo il direttore resta esente da responsabilità».

6.7. Informazione economica

Il divieto opera anche nei cosiddetti settori specialistici del giornalismo. La questione fu affrontata, sollevata dal Consiglio del Piemonte nel 1994 e da quello lombardo nel 1995, e confermata dal Cnog nel 1995 col divieto, per il giornalista economico e per quello finanziario, di partecipare ad operazioni di Borsa tramite commissionaria.

Il Consiglio nazionale osservò, tra l'altro, che per un giornalista economico partecipare a operazioni di Borsa tramite commissionaria può indurre il sospetto che voglia influenzare l'andamento del mercato. In ogni caso è un comportamento che incrina il rapporto di fiducia tra lettori e stampa, un rapporto che fa apparire il giornalista condizionato da interessi riconducibili alla sua vita privata nel momento in cui dà una notizia o la commenta.

6.8. Pubblicità elettorale

È regolata da una precisa disposizione di legge (legge 22 febbraio 2000, n. 28 e successive modificazioni) e quindi non rientra nei divieti di cui ci stiamo occupando.

In tal senso, il Consiglio nazionale, con provvedimento del giugno 2008, ha annullato la delibera con cui un Consiglio regionale aveva sanzionato un giornalista perché ritenuto responsabile di non aver adottato, nella sua qualità di direttore responsabile di un settimanale, «misure grafiche (carattere, formato, colore) atte a differenziare chiaramente l'inserto pubblicitario dal resto del giornale».

Un discorso a parte merita la pubblicità elettorale che è regolata da un apposita legge

Nel documento si richiamava in maniera esplicita l'art. 4 del decreto legislativo 25 gennaio 1992, n.74 che così recita:

> «La pubblicità deve essere chiaramente riconoscibile come tale. In particolare quella a mezzo stampa deve essere distinguibile dalle altre forme di comunicazione al pubblico con modalità grafiche di evidente percezione».

Nel ricorso si è sottolineata la insussistenza della violazione disciplinare contestata con la inapplicabilità del d.l. 25 gennaio 1992 n.74 alla pubblicità elettorale trattandosi di norma rivolta alla regolamentazione della pubblicità commerciale.

In effetti, si trattava invece di pubblicità elettorale di un movimento ed il ricorso fu accolto. «Gli inserti incriminati – si legge nella decisione del Consiglio nazionale – recano a pie' di pagina, dopo un filetto di chiusura a giustezza intera, una doppia dicitura: "informazione pubblicitaria" (a sinistra),"pagina autogestita dal Movimento della..." (a destra). Le due diciture hanno carattere e corpo diversi da quelli utilizzati per i testi contenuti nelle pagine e sono, di per ciò, chiaramente visibili».

Pur riconoscendo esatto il rilievo del Consiglio regionale secondo cui non vi è nessun elemento che consenta ai lettori di capire quali articoli siano a pagamento, il Cnog ha rilevato che nelle stesse pagine contestate non c'erano articoli normali e articoli pubblicitari. Erano le intere pagine considerate e indicate come pubblicità e, per di più, con la specifica indicazione che si trattava di pagine autogestite a cura di un movimento politico che partecipava in quel periodo alle elezioni regionali valdostane per cui le quattro pagine riguardavano attività di propaganda politico-elettorale del movimento stesso.

6.9. Alcune decisioni del Consiglio nazionale

Qui di seguito si riportano alcune decisioni prese dal Consiglio nazionale per evidenziare come la casistica di possibili violazioni delle norme in materia di pubblicità palese o ingannevole sia ampia e varia e debba poter trovare sempre una valutazione nella coscienza e nella professionalità del giornalista.

6.9.1. Casi di pubblicità occulta

Riguardano entrambi due rotocalchi a diffusione nazionale. Nel primo (anno 1997), una *top model* apparve in un servizio fotografico dal titolo: «...fotografata da... Mi spoglio per l'avanguardia». Nella didascalia delle foto era scritto: «Sexy sui tacchi». Nelle prime righe dell'articolo che accompagnava le tre foto si leggeva: «Ai piedi di... le scarpe multicolori di... calzaturiero...». La pubblicazione delle foto della top model che indossava addirittura una scarpa sotto la doccia fu ritenuta pubblicità occulta.

In sede di esame del ricorso, il Consiglio nazionale confermò la sanzione dell'avvertimento per il direttore del giornale rilevando che elementi oggettivi, quali il *testimonial*, le foto, le didascalie, l'impaginazione, la circostanza che, nonostante il titolo di copertina fosse riferito ad altro e nel servizio non si facesse alcun riferimento alla *top model*, fu determinante nella decisione sanzionatoria al fatto che le foto della stessa fossero legate ad un articolo in cui più volte veniva nominato l'industriale calzaturiero. Le immagini, osservò il Cnog, sono un evidente messaggio pubblicitario, il tutto avvalorato dalla contestuale campagna pubblicitaria dell'industriale. La commistione tra informazione e pubblicità risultava quindi evidente sul presupposto che la pubblicità deve essere sempre riconoscibile e 'separata' dall'informazione giornalistica.

La pubblicazione delle foto della top model *che indossava una scarpa sotto la doccia fu ritenuta pubblicità occulta*

Il secondo caso (anno 2009) è più singolare: per un giorno la direttrice di un rotocalco affida la condirezione del numero del giornale ad un famoso stilista, che quindi partecipa in prima persona alla ideazione e realizzazione del giornale.

Si tratta insomma di un numero monografico su uno dei più grandi stilisti del mondo, e quindi con presentazione della sua villa, dei suoi prodotti etc. con una 'trovata' che i primi giudici definiscono "motivata, creativa, interessante" ma che potrebbe essere foriera di confusione.

Il Cnog, anche sulla base di una decisione del Tar che aveva considerato "promozionale" e non pubblicitaria l'iniziativa della direttrice del giornale, confermandone la responsabilità (comunque riducendo la sanzione da due mesi di sospensione alla censura) ma, con riferimento alla 'trovata' di fare apparire lo stilista condirettore, si è chiesto: «E allora i casi sono due: se è vero (che lo stilista ha condiviso per un giorno la direzione) è stato commesso un abuso; se non è vero è stato ingannato il lettore».

«Si è trattato – ha osservato il Cnog – di un'operazione di marketing da parte di un giornale di moda che va comunque sanzionata. Tale sanzione, comunque, proprio per la natura stessa dell'illecito contestato, vuole ribadire la necessità che si evitino esperimenti che possano avvalorare, sotto qualsiasi forma e in qualunque modo, ipotesi di commistioni improprie tra informazione e pubblicità».

6.9.2. Pubblicità palese

I casi sono numerosi. Vi è il pubblicista costretto a vestirsi da donna durante una trasmissione sportiva per reclamizzare un supermercato (sospensione di 6 mesi ridotta a tre) il quale si è difeso affermando che la trasmissione era improntata sull'ironia e che comunque la sua era una pubblicità in chiaro mentre altre sono camuffate. Sanzione ridotta per il ravvedimento dell'interessato.

Tre famosi giornalisti, poi, sono stati sanzionati per aver realizzato degli spot uno per una marca di ventilatori, l'altro per un *tour operator*, l'altro per campagne pubblicitarie di vario genere nel corso di trasmissioni.

Il primo si è giustificato ritenendo che l'esclusività della professione prevista dall'art. 1 della legge professionale consentirebbe di fare pubblicità sfruttando la propria immagine come «diritto personalissimo costituzionalmente garantito». La risposta del Cnog è stata netta: «Si è in presenza di un giornalista che ha conquistato le simpatie di una vastissima platea di telespettatori. In virtù di tale notorietà ha pubblicizzato la marca di ventilatori, utilizzando quindi la credibilità e la popolarità acquisite con l'attività giornalistica per proporsi come mediatore di interessi commerciali altrui».

Il pubblicista costretto a vestirsi da donna durante una trasmissione sportiva per reclamizzare un supermercato

Il secondo ha sostenuto che si trattava di pubblicità progresso, pienamente compatibile, nell'ambito di una rubrica di attualità, ma il Cnog non ha accolto tale tesi ed ha respinto il ricorso.

Il terzo ha cercato di chiarire che l'esclusività professionale non comporterebbe il divieto di fare pubblicità. Sono state opposte le motivazioni contenute nel capitoletto "Norme di riferimento".

6.10. Telepromozioni

In questo campo i casi non sono pochi e spesso i giornalisti si sono trincerati dietro contratti artistici sottoscritti, per tentare di aggirare le norme che vietano di effettuare pubblicità.

Una giornalista pubblicista fu sospesa per sei mesi per aver partecipato attivamente a diversi spot pubblicitari andati in onda sulla Rete Uno della Rai. Nel suo ricorso affermò di «avere accettato le proposte relative agli spot – consistiti in realtà in telepromozioni, ben segnalate e riconoscibili come tali, diffuse nel contesto del programma da lei condotto – provenienti dai responsabili del programma girando i relativi filmati in assoluta buonafede, ritenendo o che le norme di cui alla legge n. 69/1963, compresa quella della quale le si contestava la violazione, contenuta nella Carta dei doveri (peraltro da lei ignorata) fossero applicabili ai soli giornalisti professionisti e non anche ai semplici giornalisti pubblicisti».

Affermò di ritenere perciò che ogni giornalista (specie se non professionista e quindi come tale non vincolato dall'esclusività e dalla continuatività) potesse considerarsi libero di aderire a proposte ed offerte aventi ad oggetto iniziative pubblicitarie, purché tali iniziative siano mantenute dallo stesso ben distinte e distinguibili dall'informazione. Il Cnog, nel respingere il ricorso, eccepì che un quadro normativo e regolamentare va visto nel suo complesso. «Pertanto, i pubblicisti – eccezion fatta per il processo formativo e quello per l'accesso – hanno gli stessi obblighi, e gli stessi doveri dei professionisti». Il ricorso fu quindi respinto.

Respinto pure il ricorso presentato dalla conduttrice di una trasmissione su un *network* nazionale, che si giustificò affermando di avere sottoscritto un contratto artistico, che prevede televendite e telepromozioni. Il Cnog confermò la decisione dell'Ordine del Lazio di sanzionarla con la sospensione per sei mesi, osservando, tra l'altro, che l'avere sottoscritto un tipo di contratto non autorizza a violare le norme che regolano l'attività giornalistica.

6.11. Inserti

Il Consiglio nazionale ha anche respinto ricorsi presentati dagli autori di inserti con aspetti pubblicitari in cui vi era un evidente "taglio" giornalistico. È il caso, a volte, di inserti con copertine e foto tratte dagli archivi e dalle cartelle stampa di case produttrici di prodotti di bellezza, con servizi centrati su personaggi impegnati in campagne pubblicitarie, dove l'informazione pare essere posta a supporto della pubblicità.

I pubblicisti – eccezion fatta per il processo formativo e quello per l'accesso – hanno gli stessi obblighi, e gli stessi doveri dei professionisti

Fu inflitta (anno 2006) la sanzione dell'avvertimento al giornalista responsabile dell'inserto di economia di un quotidiano nazionale, per avere ospitato in più numeri delle pagine "Osservatorio Hi-Tech" servizi e inserzioni pubblicitarie di aziende di telefonini e portatili. La sanzione del Consiglio della Lombardia fu motivata dal fatto che si ritenne il giornalista responsabile di non aver fatto nulla per impedire la pubblicazione di servizi in un contesto di commistione tra pubblicità e informazione e di non aver protestato con i vertici aziendali, in tal modo minando, nella sua veste di garante della correttezza e della qualità dell'informazione del supplemento il «diritto dei cittadini di ricevere una informazione corretta, sempre distinta dal messaggio pubblicitario».

Il Consiglio nazionale confermò la decisione dei Primi giudici, dopo aver preso atto che il giornalista aveva ammesso di godere di totale libertà per la parte informativa e quindi non aveva spiegato cosa gli impedisse, data la libertà totale di cui godeva per la parte informativa, di inserire in pagine diverse dalla pubblicità delle aziende le interviste ai dirigenti delle stesse.

Altro giornalista fu sanzionato in luogo del direttore perché figurava a tutti gli effetti responsabile della impostazione e preparazione di un inserto che aveva palesi caratteristiche pubblicitarie.

6.12. Pubblicità di giornalisti specializzati

Il Consiglio si è pure occupato di ricorsi presentati da giornalisti di particolare prestigio e notorietà, che curano rubriche specializzate nel campo dei motori. Ecco due casi.

6.12.1. Moto

Un giornalista, particolarmente noto per il suo passato di campione e ora conduttore di una trasmissione di moto, fu sanzionato con l'avvertimento per aver mandato in onda messaggi pubblicitari all'interno delle pause pubblicitarie e al termine della trasmissione di un gran premio commentato. Nel suo ricorso, il giornalista affermò di ritenere che la Carta dei doveri ammetta la possibilità di iniziative pubblicitarie compatibili con la tutela dell'autonomia professionale, in quanto, a suo parere, il giornalista dovrebbe astenersi solo da prestazioni pubblicitarie disdicevoli per la propria autonomia professionale.

Aggiunse che non avrebbe accettato di prestare l'immagine per prodotti che nulla avevano a che fare con la sua storia giornalistica, come, ad esempio, la pubblicizzazione di una casa motociclistica piuttosto che un'altra. Precisò infine che tutti i messaggi pubblicitari erano stati mandati in onda in trasmissioni in cui non aveva ricoperto alcun ruolo né di inviato né di commentatore, avendo anzi cura di evitare che gli stessi fossero trasmessi nella rubrica da lui condotta. Perciò nessuna contiguità di ruoli poteva trarsi in due trasmissioni distinte seppur con contenuti analoghi, per il solo fatto che una trasmissione anticipasse un'altra.

Non è possibile immaginare che possano esservi pubblicità consentite solo perché non offendono il decoro del giornalista

Il Cnog respinse il ricorso osservando che il ricorrente aveva ammesso di aver letto dei messaggi pubblicitari, la qual cosa aveva determinato un'innegabile confusione di ruoli tra chi dà un messaggio giornalistico e nello stesso tempo dà un messaggio pubblicitario. La pretesa di valutare la "qualità" del messaggio – chiarì il Cnog – non può giustificarsi dal momento che si tratta di stabilire se un giornalista, che è credibile per il messaggio che dà con la comunicazione insita nell'attività professionale, possa avere la stessa credibilità quando pubblicizza un prodotto ed invita a correre in edicola.

6.12.2. Auto

Una giornalista, che collaborava ad un *network* nazionale, fu sanzionata per essersi fatta riprendere, sia pure con la scritta in sovrimpressione "messaggio promozionale", mentre pubblicizzava due auto, ne guidava una e invitava i telespettatori "a recarsi dal più vicino concessionario". La ricorrente si difese affermando, tra l'altro, che una giornalista televisiva «esiste se appare», ma il Cnog eccepì che «sarà pur vero che sono stati ridotti gli spazi per le interviste ma questo non le consente "per apparire" di fare pubblicità».

Nel respingere il ricorso, il Cnog osservò tra l'altro che apparendo in video per una pubblicità di auto nell'ambito di un programma che riguardava i motori, la collega trasmetteva ai telespettatori – nonostante la scrittura "messaggio promozionale" – la sensazione che il consiglio venisse da una "esperta" del settore, falsando così il rapporto giornalista-telespettatore.

6.13. Pubblicità durante una radiocronaca

Non è consentito interrompere una telecronaca o radiocronaca lanciando messaggi pubblicitari da parte del cronista. Lo ha ribadito il Consiglio nazionale confermando la sanzione disciplinare a un giornalista toscano che aveva ammesso di aver letto messaggi pubblicitari durante le radiocronache di incontri di calcio. Questi si era difeso affermando, tra l'altro, che il richiamo ad una pizzeria o ad un negozio non potrebbe ingenerare in alcuno la convinzione che il messaggio possa, costituire parte integrante della trasmissione.

6.14. *Testimonial*

Alcuni giornalisti si prestano a fare da *testimonial*. Se ciò può essere ammesso nei casi di beneficenza prima descritti, non è consentito per iniziative con finalità speculative.

Il carattere speculativo di una iniziativa pubblicitaria resta sempre un limite insormontabile al diritto del giornalista di prestare nome, voce o immagine, perché è proprio il carattere speculativo a pregiudicare l'autonomia professionale e la fiducia nei lettori.

6.15. Personaggi dello spettacolo – pubblicisti

L'Ordine dei giornalisti ha anche affrontato il problema di famosi personaggi del mondo dello spettacolo iscritti nell'elenco dei pubblicisti e che effettuano spot pubblicitari di ogni genere. Li ha invitati al rispetto delle norme che regolano gli iscritti, non essendo ammissibile un "doppio binario" nell'applicazione di tali disposizioni.

Alcuni giornalisti si prestano a fare da testimonial. *Se ciò può essere ammesso nei casi di beneficenza, non è consentito per iniziative con finalità speculative*

La risposta di alcuni è stata che il pubblico li percepisce non come giornalisti ma come uomini di spettacolo. Ciò è vero. Ma la permanenza in un Ordine professionale impone il rispetto delle regole da parte di tutti, per evitare beffarde distinzioni tra pubblicisti costretti ad opporre rifiuti a direttori ed editori e chi, invece, iscritto all'Albo dei giornalisti, ritiene di potere ignorare queste regole. In tal senso gli Ordini regionali hanno già avviato procedimenti disciplinari per chi, avendo deciso di restarvi iscritto, non intende accettare le regole che valgono per tutti.

Alcuni personaggi dello spettacolo hanno anche deciso di rassegnare le dimissioni.

6.16. Conclusioni

Il confine tra pubblicità e giornalismo, purtroppo, resta sempre labile a causa del ruolo importantissimo che la pubblicità ha e deve continuare ad avere nella vita di giornali, radio e televisioni. C'è però un elemento contenutistico che, al di là dei vantaggi economici, dei fini sociali e degli aspetti speculativi precisati all'inizio, va sempre considerato per individuare il confine pubblicità-giornalismo: quest'ultimo è innanzitutto l'"informazione critica", mentre la pubblicità non può mai essere critica. Una notizia che descriva senza alcuna valutazione che non sia celebrativa un prodotto commerciale – non importa se si tratta di un detersivo, di un jeans o di un hotel – è molto probabile che sia una pubblicità camuffata.

Comunque, la collaborazione tra direttori, giornalisti ed editori, può rafforzare la convinzione che un messaggio pubblicitario chiaro e trasparente, nettamente visibile ed estraneo ad ogni collegamento diretto col prodotto giornalistico, potrà rafforzare il prestigio del messaggio giornalistico ed il peso di quello pubblicitario.

E il giornalista, nella netta separazione di ruoli e responsabilità, potrà presentarsi al lettore, al telespettatore ed al radioascoltatore consapevole di avere assolto lealmente al proprio ruolo e di non aver tradito la loro fiducia.

Claudio Alò

7

La Carta dei doveri dell'informazione economica e finanziaria

7.1. Le violazioni dell'etica professionale

Le mele marce ci sono dappertutto, anche fra i giornalisti: naturalmente, tutti, da chi si occupa di politica a chi scrive di sport o di moda. E purtroppo non sono pochi quelli che violano l'etica professionale (e spesso anche la legalità) manipolando le notizie. Per puro interesse personale o per pressioni esterne (magari del direttore o dell'editore), per resistere alle quali ci vogliono spina dorsale e disponibilità a pagare un prezzo che può anche essere alto, almeno professionalmente.

La manipolazione di una notizia, falsandola, dandola in un certo modo o non dandola, può procurare danni o vantaggi economici

Ma tra le varie categorie i più esposti a questo rischio sono, probabilmente, i giornalisti che si occupano di informazione economica e finanziaria, come hanno ammesso anche molti direttori di giornali in una piccola inchiesta fatta qualche anno fa dall'Ordine dei giornalisti. I motivi di questa maggiore esposizione al peccato sono semplici. Parliamo di un settore dell'informazione che tratta delle attività dove girano i soldi, dalle banche, alle industrie, alla Borsa. Dove la manipolazione di una notizia, falsandola, dandola in un certo modo o non dandola, collocandola in una certa posizione del giornale e con un certo titolo, può procurare danni o vantaggi economici. Anche, ovviamente, al giornalista manipolatore. «Non conosco nessuna *commodity* che valga quanto l'informazione», è una delle battute più significative di Gordon Gekko, il *raider* di Borsa del famoso film di Oliver Stone, "Wall Street".

Ma c'è un motivo ancora più sottile e diffuso che spinge molti colleghi del settore economico a violare le norme dell'etica professionale: le proprietà editoriali. In Italia, tutti o quasi tutti i giornali fanno capo non a editori puri ma a industriali o comunque a poteri finanziari. Con i loro interessi, dei quali tutti i giorni si occupano le pagine economiche dei loro stessi giornali. E quanti sono i giornalisti realmente liberi di riferire notizie dannose per gli interessi economici del proprio editore o di non dare con la massima evidenza, e magari con un titolo forzato o artefatto, una notizia che può portare invece vantaggio a lui o magari danno a un proprio concorrente? No, neanche quello dei giornalisti, e tantomeno quello dei giornalisti economici, è un popolo di santi e di eroi. Ed è anche per questo che il Consiglio nazionale dell'Ordine ha approvato all'inizio del 2005 la Carta dei doveri dell'informazione economica e finanziaria, un piccolo codice di autoregolamentazione che vincoli chi lavora in questo settore al rispetto di alcune semplicissime norme di etica professionale, alcune delle quali già contenute nella Carta dei Doveri del 1993.

7.2. La nascita della Carta dei doveri

A spingere per il varo del Codice contribuì allora certamente anche l'imminente approvazione da parte del Parlamento, della Direttiva europea sul *market abuse*, cioè sulla turbativa di mercato prodotta dalla diffusione, dolosa o colposa, di notizie che tendano ad alterare l'andamento delle quotazioni di Borsa o a nascondere situazioni di dissesto. Evenienze che in questi ultimi anni (dal caso Enron a quello Parmalat) si sono susseguite numerose in tutto il mondo. A conferma del fatto che il fenomeno non riguarda certo solo i giornalisti italiani.

La legge, che fu approvata nel 1995, avrebbe inflitto severe sanzioni penali e avrebbe delegato alla Consob il compito di comminare pesantissime multe ai colpevoli di scorretta informazione. A meno che, questo prevedeva la normativa comunitaria, non ci si trovasse in presenza di rigorose norme di autoregolamentazione, caso nel quale la competenza a punire le violazioni professionali (e non i reati penali, ovviamente) sarebbe rimasta all'organizzazione professionale. Nel nostro caso dell'Ordine dei giornalisti.

Nessuno chiede l'eroismo di andarsi a cercare informazioni che danneggino il proprio editore. Ma le notizie di agenzia, se rilevanti, vanno pubblicate correttamente

Di qui, non solo l'opportunità, ma la necessità e l'urgenza della Carta approvata appunto l'8 febbraio del 2005. Che diventò immediatamente operativa e vincolante per tutti i giornalisti ai quali, in caso di violazione, sarebbero state applicate le varie sanzioni previste dalla legge ordinistica, fino alla più grave della radiazione dall'Albo.

7.3. La Carta articolo per articolo

Ma vediamo ora gli otto semplici articoli (per la gran parte addirittura ovvi) che devono guidare il corretto comportamento dell'informazione economica.

> Art. 1. «Il giornalista deve riferire correttamente, senza omissioni e alterazioni, le informazioni di cui dispone. Soprattutto quando sono state già diffuse dalle agenzie di stampa o siano comunque di dominio pubblico. L'obbligo (e questo è il punto essenziale *ndr*) sussiste anche quando la notizia riguardi il suo editore o il referente politico o economico dell'organo di stampa».

Un'inutile prescrizione che qualunque persona per bene considererebbe superflua? Certo, ma quante notizie che coinvolgono gli interessi dei nostri editori vengono ogni giorno manipolate, alterate, gonfiate, nascoste o addirittura non pubblicate? Nessuno chiede l'eroismo di andarsi a cercare informazioni che danneggino il proprio editore. Ma le notizie di agenzia, se rilevanti ovviamente, vanno comunque pubblicate correttamente. E la norma è un cardine dell'etica professionale.

> Art. 2. «Non si possono subordinare in alcun caso al profitto personale o di altri le informazioni economiche e finanziarie di cui si sia venuti a conoscenza nell'ambito della propria attività professionale. Né si può turbare l'andamento di mercato, cioè delle Borse, diffondendo fatti o circostanze utili ai propri interessi».

In questi casi, più diffusi di quanto si creda, del resto, il giornalista non viola solo la deontologia professionale ma spesso anche il codice penale.

Art. 3. «Il giornalista non può scrivere articoli che contengano valutazioni relative ad azioni o altri strumenti finanziari sul cui andamento borsistico abbia in qualunque modo un interesse finanziario. Né può vendere o comprare titoli di cui si stia occupando professionalmente nell'ambito suddetto o debba occuparsene a breve termine».

In pratica (anche se l'applicazione della norma è obiettivamente difficile) si vuole impedire che un giornalista finanziario, specialmente di una testata influente in materia, volutamente diffonda o alteri notizie la cui pubblicazione gli faccia guadagnare dei soldi. Per esempio facendo crescere le quotazioni di un titolo che ha in portafoglio. Se ho comprato Fiat o Generali, insomma, posso riportare una notizia di agenzia ma non esprimere su questi titoli un giudizio positivo (tanto più se immotivato) che possa contribuire a far crescere il valore delle azioni che anche io posseggo. Facile a dirsi, assai meno ad applicarsi.

Art. 4. «Il giornalista rifiuta pagamenti, rimborsi spese, elargizioni, vacanze gratuite, regali, facilitazioni o prebende da privati o enti pubblici che possano condizionare il suo lavoro e la sua autonomia o ledere la sua credibilità e dignità professionale».

«Il giornalista non assume incarichi e responsabilità in contrasto con l'esercizio autonomo della professione»

Questa norma, già contenuta nel Codice dei doveri del 1993, prende atto, purtroppo, di un malcostume della categoria sempre diffuso, ma esploso in particolare negli anni Ottanta quando per guadagnarsi i consensi della stampa le aziende pubbliche (della enorme galassia delle Partecipazioni statali) e quelle private, non badavano a spese. Offrendo, appunto, sostanziosi regali, viaggi gratuiti, automobili in uso e magari anche soldi. *Benefit* che peraltro, non pochi giornalisti si vergognavano di sollecitare.

Art. 5. «Il giornalista non assume incarichi e responsabilità in contrasto con l'esercizio autonomo della professione, né può prestare nome, voce e immagine per iniziative pubblicitarie, in quanto incompatibili con la credibilità e autonomia professionale. Sono consentite, invece, a titolo gratuito, analoghe iniziative volte a fini sociali, umanitari, culturali, religiosi, artistici, sindacali o comunque prive di carattere speculativo».

Anche questa norma era già contemplata dal Codice del 1993 quando ci si rese conto che era abbastanza diffusa la pratica di fare contemporaneamente il giornalista e l'uomo-stampa di politici o industriali e finanzieri di cui si scriveva anche sul proprio giornale, in palese conflitto di interessi. Così come era diffusa fra noti professionisti della tv e della carta stampata l'uso della propria autorevole (perché nota) faccia per pubblicizzare, profumatamente pagati, prodotti e servizi di ogni tipo. Un malcostume che tante volte in questi ultimi anni l'Ordine dei giornalisti ha pesantemente sanzionato.

Art. 6. «Il giornalista, tanto più se ha responsabilità direttive, deve assicurare un adeguato standard di trasparenza sulla proprietà editoriale del giornale e sull'identità e gli eventuali interessi di cui siano portatori analisti e commentatori esterni in relazione allo specifico argomento dell'articolo. In particolare va ricordato al lettore chi è l'editore del giornale quando un articolo tratti problemi economici e finanziari che direttamente lo riguardino o possano in qualche modo favorirlo o danneggiarlo».

Anche il motivo di questa prescrizione è evidente: per chiarire la possibile parzialità dell'articolo in questione va ricordato che l'azienda o il prodotto di cui si parla è di proprietà dello stesso editore del giornale. Così come va ricordato che l'autorevole commentatore che scrive, solo per fare un esempio, sulle banche, è un esponente dell'Associazione bancaria: insomma una fonte di parte. Una consuetudine, purtroppo, che ancora non è stata adottata da molti organi d'informazione.

Art. 7. «Nel caso di articoli che contengano raccomandazioni di investimento elaborate dallo stesso giornale, va espressamente indicata l'identità dell'autore della raccomandazione (sia esso un giornalista interno o un collaboratore esterno)... Occorre inoltre, nel rispetto delle norme deontologiche già in vigore sulla affidabilità e sulla pubblicità delle fonti, che per tutte le proiezioni, le previsioni e gli obiettivi di prezzo di un titolo siano chiaramente indicate le principali metodologie e ipotesi elaborate nel formularle e utilizzarle».

Anche questa disposizione, contenuta nei precetti europei sul *market abuse*, ha il chiaro obiettivo di difendere il lettore-investitore dalle manipolazioni dell'informazione finanziaria e dai consigli di acquisto troppo "interessati". Consigli che negli ultimi anni hanno spinto migliaia e migliaia di risparmiatori ad acquistare titoli tossici che si sono ben presto rivelati carta straccia. Al giornalista, finanziario, insomma, si chiede di usare la massima trasparenza nell'indicare chi e perché consiglia l'acquisto di un determinato titolo.

L'obiettivo è difendere il lettore-investitore dalle possibili manipolazioni della informazione

Art. 8. «La presentazione degli studi degli analisti deve avvenire assicurando una piena informazione sull'identità degli autori e deve rispettare nella sostanza il contenuto delle ricerche. In caso di una significativa difformità occorre farne oggetto di segnalazione ai lettori».

Un completamento dell'articolo precedente che sottolinea ancora una volta come al giornalista finanziario spetti il preciso compito di far capire che in questo campo esistono anche istituzioni e analisti non sempre disinteressati i cui studi vanno valutati con estrema attenzione.

E non dimenticando mai che la quasi totalità degli analisti non si è accorta della bufera finanziaria e del *crac* di Borsa che ha investito il mondo se non quando la crisi più grave dal 1929 era già esplosa.

Dario De Liberato

Il Codice media-sport

8

8.1. Giornalismo sportivo tra etica e deontologia

Dalla Carta di Treviso al decalogo del giornalismo sportivo, ovvero: come si impegna il giornalista sul piano deontologico.

Il parallelismo tra le due "Carte", quella di Treviso per la tutela dei minori e il Codice di autoregolamentazione del giornalismo sportivo in fatto di deontologia ed etica nel giornalismo sportivo non dovrebbe apparire irriverente.

In entrambi i casi si solidifica la convinzione che "l'informazione debba ispirarsi e rispettare i principi e i valori su cui si radica la nostra carta costituzionale".

Le Carte dei doveri non si fermano certamente alla tutela dei minori, all'informazione economica, all'informazione politica, al rapporto con la pubblicità e quant'altro interessa il giornalista nel suo lavoro quotidiano.

I doveri dei giornalisti esistono per tutti, siano essi giornalisti che si occupano di economia, di politica, di spettacoli, e perchè no, di sport. Proprio lo sport, o meglio la figura del giornalista sportivo è al centro dell'attenzione dell'opinione pubblica. È il giornalista sportivo, sicuramente al centro di dure contestazioni in un mondo dove sino a qualche tempo fa si poteva scrivere o dire tutto e il contrario di tutto.

Dieci giornalisti sportivi possono scrivere dieci cose diverse su un giocatore, su una squadra, su un'azione di gioco

Giornalismo soggettivo, si è detto da più parti, per via di quella particolarità che si sviluppa in un concetto tecnico-agonistico non codificato. Insomma, dieci giornalisti sportivi possono scrivere su un giocatore, su una squadra, su un'azione di gioco, dieci cose diverse. Tutto soggettivo a meno che un giocatore non segni un gol, atto che è e resta un fattore inconfutabile ed uguale per tutti. La cronaca, nello sport, è come non mai in commistione con le opinioni. Non c'e più cronaca nei resoconti sportivi ma c'e il commento al fatto di cronaca. Separare la cronaca dal commento è un esercizio che non trova riscontro alcuno.

Ma il problema non è nel commento o nella diversità delle cronache. Il problema nel mondo del giornalista sportivo è sentirsi partecipe di un avvenimento al di là dell'impegno professionale. Insomma, il giornalista sportivo si cala nella parte del tifoso erudito a tal punto da scimmiottare negli atteggiamenti, persino nella sua postazione di lavoro sul luogo dell'avvenimento, l'ultrà che vive la sua passione in curva. Spasmodica appare addirittura la ricerca di vestire i panni che corrispondono al colore della squadra che generalmente segue per impegni professionali.

E non appaia certamente offensivo l'appellativo di giornalista-tifoso. Lo si è sentito più volte anche e soprattutto nelle chiassose trasmissioni televisive.

Il giornalista invitato si fa travolgere volutamente dalla passione sportiva per una società, per una squadra, per un atleta campione o no che sia. E la passione annulla in un sol colpo quei principi che dovrebbero ispirare i giornalisti in maniera costante e trasparente: il rispetto dell'etica e deontologia professionale. Quell'etica che non l'ha inventata la società contemporanea per avere uno scudo credibile, ma nasce dalla antica passione dei greci che ha trovato in Socrate il soggetto capace di fissarne i punti fondamentali.

8.2. Il Codice media-sport

I tragici fatti di Catania del 2007, con la morte dell'ispettore di polizia Filippo Raciti, a seguito degli incidenti fuori dallo stadio, hanno travolto il mondo dello sport ma anche, per certi versi, il giornalismo sportivo già ferito dalle vicende legate a "Calciopoli" (1).

Dopo Catania, l'Ordine nazionale dei giornalisti ha risposto positivamente agli appelli del ministero delle Comunicazioni, ministero delle Politiche giovanili e ministero della Giustizia, partecipando da protagonista all'elaborazione del Codice di autoregolamentazione delle trasmissioni di commento degli avvenimenti sportivi.

Il Codice media-sport si rivolge soprattutto alla informazione radio-televisiva senza dimenticare Internet e tutti gli strumenti audio-visivi che fanno parte del pianeta comunicazione

Il Codice recepito per decreto il 21 gennaio 2008 contiene principi che si specchiano nei valori etici e deontologici propri della legge dell'Ordine. E agli Ordini professionali di appartenenza vengono segnalate dall'Autorità delle comunicazioni le violazioni delle norme del Codice.

È nato, come si diceva, a seguito del ripetersi di fenomeni di violenza e vandalismo che creano sempre indignazione e allarme nei cittadini. Il Codice media-sport si rivolge soprattutto all'informazione radio-televisiva senza dimenticare Internet e tutti gli strumenti audio-visivi che fanno parte del pianeta comunicazione.

Il Codice è nato per evitare di veicolare messaggi che incitino alla violenza o che addirittura la giustifichino di fronte non solo ad avvenimenti particolari, ma anche nei confronti delle violazioni della legge. "Media e sport" mette di fronte ai giornalisti la responsabilità di una corretta conduzione dei dibattiti televisivi e radiofonici con personaggi presenti negli studi o collegati con altri mezzi. Alle emittenti che non rispettano il Codice è previsto non solo il taglio dei contributi statali, ma anche la possibilità di revoca della licenza di trasmissione. È dunque indispensabile che i giornalisti rispettino e facciano osservare i principi «della legalità, della correttezza e del rispetto della dignità altrui», anche se le opinioni, come spesso accade, sono divergenti.

È fuori discussione che al giornalista sia riconosciuto il diritto di informare ma nel riferire e nel commentare gli avvenimenti bisogna assolutamente tenere distinti la cronaca dal commento e, in modo particolare, abiurare qualsiasi opinione personale se è condizionata da simpatie per una squadra o per un attore della squadra.

E non è di secondaria importanza (anzi!) evitare che durante radiocronache, telecronache, commenti, dibattiti e quant'altro si faccia ricorso a espressioni dure, in alcuni casi minacciose o vendicative.

Ai principi morali i giornalisti devono dar credito se vogliono davvero condividere con tutti i soggetti il "ruolo sociale dello sport". All'etica segue a ruota quell'obbligo inderogabile, come viene definito dalla legge istitutiva della professione, ovvero il «rispetto della verità sostanziale dei fatti osservati». E il giornalismo sportivo non ha alcuna deroga per non dover osservare l'obbligo. Obbligo vuol dire rispetto per gli atleti, squadre, tifosi avversari, arbitri, colleghi giornalisti, forze dell'ordine, soggetti organizzatori di eventi sportivi, etnie, confessioni religiose.

Gli operatori dell'informazione sportiva, senza distinzione di ruoli, hanno l'obbligo di stigmatizzare i comportamenti gravi che portano in molte occasioni anche a lesioni gravi e mortali.

Il Codice media e sport non ammette deroghe nei casi di utilizzazione di immagini registrate e di espressioni particolarmente forti e impressionanti. Non a caso si richiama alla Carta di Treviso e alla Carta dei doveri del giornalista. E non ammette deroghe nemmeno nel corso delle trasmissioni televisive e radiofoniche che vedono molto spesso gli ospiti dare vita ad interventi che violano apertamente il Codice. È importante quindi l'immediata reazione del giornalista che conduce la trasmissione a cominciare dall'annunciare la dissociazione dell'emittente e del conduttore stesso.

Nel caso si raggiungano momenti di grave tensione il conduttore deve interrompere la trasmissione per avere una pausa di riflessione

Il Codice parla chiaro: nel caso si raggiungano momenti di grave tensione il conduttore deve interrompere la trasmissione per avere una pausa di riflessione ma, può anche decidere sulla sospensione definitiva del programma.

È richiesto poi un impegno da parte delle emittenti in caso di violazione del Codice: diffondere nella prima edizione successiva del programma in cui è stata commessa la violazione, un messaggio nel quale l'editore e l'emittente e i fornitori di contenuti stessi si dissociano dall'accaduto esprimendo la loro deplorazione. Dissociarsi, dunque, è un atto che rende giustizia in caso di violazione del Codice da parte di ospiti. Lo stesso atteggiamento il giornalista conduttore deve averlo nei confronti di soggetti che propongono la loro partecipazione tramite telefono o altri mezzi di comunicazione audio-video. È fatto obbligo, pur nel rispetto della legge sul trattamento dei dati personali, rendere individuabili i soggetti che si collegano telefonicamente.

Il Codice media e sport non disegna solo i confini dei doveri ma richiama l'attenzione dei protagonisti della vita sportiva a tutti i livelli ad avere un particolare riguardo verso giovani e minori. L'impegno, dunque, degli operatori dell'informazione è trasmettere i valori positivi dello sport. È indispensabile, quindi, in determinate occasioni andare oltre al commento puramente tecnico di un risultato, magari esaltando lo spirito di lealtà di un atleta anche se non è necessariamente un protagonista.

L'articolo 5 afferma il diritto dell'Autorità per le garanzie nelle comunicazioni di controllare il rispetto del Codice anche se resta centrale il ruolo dell'Ordine dei giornalisti cui spetta il potere sanzionatorio.

Importante allora è fissare quei punti che caratterizzano una "carta di doveri" anche per il giornalista sportivo, senza però tralasciare alcune sottolineature importanti, quelle che vedono a fianco dei "doveri" anche i "diritti" che nell'ambiente sportivo sono oltremodo facili da abolire.

Non riesce difficile, a chi governa lo sport, mettere 'fuorigioco' il giornalista sportivo. Il più delle volte ricorrendo a comportamenti che violano i più elementari principi della Costituzione italiana a cominciare dal diritto di poter informare. È consistente la casistica sulle decisioni di vietare al giornalista "scomodo" l'ingresso allo stadio, al palasport ed in tutti i luoghi dove si svolgono manifestazioni a pagamento. Un divieto semplicemente scandito dal rifiuto di un accredito indispensabile per accedere ad una postazione di lavoro o a una sala stampa.

Un rifiuto che si manifesta peraltro anche in altre forme a cominciare da quel "silenzio stampa" che ha il solo scopo di punire il giornalista non allineato o scomodo.

Il Codice media e sport entrato in vigore appunto il 21 gennaio 2008 ribadisce senza alcun tentennamento «i diritti dei giornalisti di avere l'accesso più ampio alle fonti di informazione sportiva che non possono essere sottoposte a indebite restrizioni incompatibili con il diritto di cronaca». Se esistono i "doveri" per i giornalisti, esistono dunque anche i "diritti".

È consistente la casistica sulle decisioni di vietare al giornalista "scomodo" l'ingresso allo stadio, al palasport ed in tutti i luoghi dove si svolgono manifestazioni a pagamento

E l'art. 2 della Legge istitutiva dell'Ordine è oltremodo chiaro:

> «È diritto insopprimibile dei giornalisti la libertà di informazione e di critica, limitata dall'osservanza delle norme di legge dettate a tutela della personalità altrui ed è loro obbligo inderogabile il rispetto della verità sostanziale dei fatti, osservati sempre i doveri imposti dalla lealtà e dalla buona fede».

8.3. Il decalogo dei giornalisti sportivi

«Il giornalismo sportivo non ha mai perduto, è un giornalismo vincente». Lo scriveva Gino Palumbo nell'editoriale di presentazione il 6 novembre del 1976 assumendo la direzione della "Gazzetta dello Sport". Poche righe per spiegare il tutto. «Siamo l'unico paese al mondo ad avere quattro quotidiani sportivi».

Giornalismo sportivo vincente nei numeri, non ci sono dubbi. Vincente anche in qualità? Forse, anzi, senza il forse. Almeno sino all'avvento di un uso distorto del mezzo televisivo con programmi dai toni esasperati, con polveroni sollevati e con dispute artificiose, sapientemente inserite nel caos organizzato del programma.

Sono sufficienti i litigi, le aberranti schermaglie fra i protagonisti di un programma, i toni da mercato a far scrivere a Howard Cosell, il giornalista sportivo più famoso negli Usa negli anni Ottanta: «Esistono due mestieri che si possono fare con poca esperienza: uno è la prostituzione, l'altro il giornalismo sportivo. Troppo spesso diventano la stessa cosa».

Eccoci di fronte ad un'affermazione non solo esagerata ma sicuramente lontana da un'analisi seria e approfondita del giornalismo sportivo. Ci sono sicuramente "colpe" ma è pur vero che si fa fatica ad attribuirle a tutta la categoria.

C'è però da domandarsi se Gino Palumbo scriverebbe ancora «giornalismo sportivo vincente». Forse no, anzi, sicuramente no, dopo le vicende dello scandalo "Calciopoli" del 2006 che hanno inferto al giornalismo sportivo gravissime ferite. I fatti di Calciopoli, seppur abbiano visto il coinvolgimento di pochi, anzi pochissimi giornalisti sportivi, hanno prodotto un'iniziativa sicuramente lodevole fra gli addetti ai lavori: comprendere quali valori e ideali devono animare lo sport e su quali principi fondare le regole.

Discorso aperto per il giornalismo sportivo. Le regole – quelle che costituiscono il fondamento della legge ordinistica del 63 – ci sono. Tanto che viene da chiedersi: un decalogo di autodisciplina del giornalismo sportivo serviva e servirà?

Sicuramente serve a ribadire che «il giornalista sportivo non realizza articoli che possano procurare profitti personali». Ovvia sottolineatura si dirà, ma come non mai è bene nutrirsi di un comportamento lineare, sano e convincente.

Scontati appaiono anche gli obblighi di rifiutare i rimborsi spese, viaggi vacanze o elargizioni da enti, società e dirigenti, mentre crea non pochi motivi di discussione il divieto di fare pubblicità «nemmeno nei casi in cui i proventi siano devoluti in beneficienza». In prima battuta tale divieto può apparire oltremodo ostativo nei confronti di chi vuole impegnarsi in azioni e percorsi a favore di persone, enti, associazioni, iniziative che meritano l'attenzione non solo di personaggi pubblici, di spettacolo, di sport, ma anche di giornalisti sportivi che possono vantare la capacità di attrarre verso l'iniziativa benefica un determinato pubblico.

Secondo il decalogo di autodisciplina "il giornalista sportivo non realizza articoli che possano procurare profitti personali"

Al giornalista impegnato in una rappresentazione pubblicitaria, difficilmente viene attribuito un impegno di solidarietà a meno che la cosa o il fatto pubblicizzato non sia chiaramente a supporto di una iniziativa benefica.

A nessun giornalista sportivo, tanto per fare un esempio, sarà vietato pubblicizzare la "partita del cuore", quella che vede ormai da anni i giornalisti impegnati in confronti calcistici con squadre avversarie composte da attori, cantanti, piloti di auto e moto, ciclisti e così via. Pubblicità dunque palesemente con scopi benefici che non comportano tra l'altro alcun esborso da parte del *team* che organizza l'evento.

D'altronde la Carta dei doveri al capitolo "Incompatibilità" circa i doveri dell'iscritto all'Ordine così recita: «Il giornalista non assume incarichi e responsabilità in contrasto con l'esercizio autonomo della professione, né può prestare il nome, la voce, l'immagine, per iniziative pubblicitarie incompatibili con l'autonomia professionale. Sono consentite invece a titolo gratuito analoghe prestazioni per iniziative pubblicitarie volte a fini sociali, umanitari, culturali, religiosi, artistici, sindacali o comunque prive di carattere speculativo».

8.4. Qualche esempio di procedimento disciplinare

Il Consiglio nazionale dell'Ordine più volte si è occupato di procedimenti disciplinari dovuti a "prestazioni pubblicitarie". È stato ribadito in più di una occasione con voto unanime dell'Assemblea che «al giornalista è vietato fare pubblicità, a meno che non sia a titolo gratuito e nell'ambito di iniziative non aventi carattere speculativo. Prive di carattere speculativo debbono essere non già le prestazioni fatte dal giornalista, bensì le iniziative pubblicitarie».

Prendendo in esame un ricorso presentato da un giornalista sanzionato con la sospensione per due mesi, il Consiglio nazionale ha accolto nella sua interezza la valutazione della Commissione ricorsi stabilendo che: «È ininfluente che il giornalista abbia devoluto in beneficienza il ricavato della sua partecipazione agli spot pubblicitari, dovendosi piuttosto rilevare che la pubblicità effettuata non era a fini sociali, umanitari, culturali, religiosi, artistici, sindacali o comunque priva di carattere speculativo. Non è chi non veda al riguardo che reclamizzare un prodotto commerciale non rientri nei casi in cui è possibile derogare dalla norma che vieta ad un giornalista di effettuare pubblicità».

Sempre il Consiglio nazionale dell'Ordine si è occupato di definire quando una "nota di cronaca" costituisce pubblicità e quindi si ravvisa la violazione deontologica del giornalista.

Ebbene è stato stabilito che: «Non si ravvisa illecito disciplinare nel contenuto di un articolo che riferisca di un evento sportivo e che in calce ricordi come il comitato organizzatore abbia dato a titolo di omaggio ai partecipanti allo stesso evento sportivo un libro edito dall'ente pubblico ed una spilla in oro riprodotta su disegno esclusivo realizzato in un numero limitato da un *atelier*».

"Leggere messaggi pubblicitari nel corso di trasmissioni sportive, da parte di un giornalista, determina un'innegabile commistione di ruoli"

Il Consiglio nazionale nel definire il caso di non violazione del codice deontologico precisa che: «Si tratta in sostanza di un normale riferimento di cronaca che non può essere considerato un messaggio pubblicitario, anche perché nessun corrispettivo è stato pagato dalla ditta produttrice del gioiello al giornale, per quella che è una notizia integrativa di un fatto di cronaca. È noto infatti che iniziative di sport dilettantistico si avvalgono spesso di sostegni di ditte o aziende e il fatto che vi sia una citazione in cronaca non configura certo un messaggio pubblicitario».

È oltremodo chiaro che «leggere messaggi pubblicitari nel corso di trasmissioni sportive, da parte di un giornalista, determina un'innegabile commistione di ruoli tra chi dà un messaggio giornalistico e nello stesso tempo lancia un messaggio pubblicitario».

Il punto 4 del decalogo raccomanda al giornalista sportivo di tenere «una condotta irreprensibile durante lo svolgimento di avvenimenti che segue professionalmente». Non è certamente cosa rara assistere a comportamenti che non fanno onore alla professione nei luoghi di lavoro come la tribuna stampa di stadi calcistici, palazzetti dello sport e così via. Va insomma corretto il comportamento di chi, nell'esercizio delle sue funzioni professionali, si produce in atteggiamenti e parole che fanno parte del bagaglio del peggior tifoso.

Una particolare raccomandazione arriva dai punti 6 e 7 soprattutto per quei giornalisti che si occupano di resoconti radiofonici e televisivi.

Occorre assolutamente evitare di usare «espressioni forti o minacciose nei confronti di tutti i soggetti che sono parte integrante dell'avvenimento». Nel calcio, soprattutto, in non poche occasioni inveire contro il direttore di gara vuol dire esacerbare ancora più gli animi con il rischio di incoraggiare i facinorosi a commettere azioni da codice penale.

E proprio in occasioni di incidenti, il giornalista sportivo è obbligato a informare che certi atteggiamenti e certe manifestazioni di violenza trovano una chiara violazione delle leggi sull'ordine pubblico. Purtroppo nello sport molti non giornalisti svolgono una incontrollata attività di opinionisti che ledono l'immagine e la correttezza deontologica dello stesso lavoro giornalistico. Più volte è stato ribadito dal Consiglio nazionale dell'Ordine che il giornalista corretto lavora nell'esclusivo interesse del cittadino ed a questo principio ispira la propria opera, sia di cronaca, sia di commento.

Il decalogo ha recepito in gran parte i principi che hanno ispirato l'art. 3 del Codice di autoregolamentazione delle trasmissioni sportive. Dal Codice media e sport l'obbligo persino di interrompere la trasmissione in caso di violazioni non solo di legge, ma anche deontologiche. Il primo passo spetta sicuramente al giornalista conduttore del programma: dissociazione immediata da avvenimenti, dichiarazioni, valutazioni e quant'altro possa contribuire ad esacerbare gli animi.

Massima attenzione, quindi, nella gestione dei dibattiti anche se dichiarazioni o affermazioni arrivano da colleghi, protagonisti interessati all'avvenimento. E non meno attenzione deve essere messa in atto nei confronti di chi comunica via telefono, via sms o via Internet. Nessuna censura preventiva, s'intende, ma un'attenta valutazione di atteggiamenti e dichiarazioni per poter ricondurre il dibattito nei modi e nelle forme che rispettano l'etica e la deontologia professionale oltre alle leggi che disciplinano appunto alcune trasmissioni.

Massima attenzione, nella gestione dei dibattiti anche se dichiarazioni o affermazioni arrivano da colleghi, protagonisti interessati all'avvenimento

Anche per i giornalisti sportivi il decalogo chiede il rispetto della Carta di Treviso, in modo particolare a tutela della dignità del minore malato, disabile o ferito.

La conclusione di questi appunti non può che essere affidata a questa valutazione: «La mancata conoscenza della Carta dei doveri del giornalista non può essere invocata come esimente in ordine alle proprie responsabilità deontologiche. Né può essere operata una distinzione tra iscritti di serie A (professionisti) e iscritti di serie B (pubblicisti). Gli iscritti nei relativi elenchi, infatti, sono tenuti all'osservanza delle stesse norme deontologiche e ne rispondono in base alla legge professionale. Anche perché i pubblicisti, eccezion fatta per il processo formativo e quello per l'accesso alla professione, hanno stessi obblighi, stessi doveri, stessa applicazione contrattuale e possono occupare professionalmente qualsiasi posizione lavorativa, vertice aziendale compreso».

È quanto scriveva Saro Ocera, presidente della Commissione giuridica dell'Ordine nazionale dei giornalisti nel 2007 a significare che "la legge è uguale per tutti i giornalisti sportivi".

Note

(1) Calciopoli. Con questo termine si indica il complesso di inchieste che nel 2006 hanno sconvolto il mondo del calcio italiano portando a mettere sotto accusa sei club sportivi (Juventus, Fiorentina, Lazio, Milan, Reggina e Arezzo), alcuni arbitri e molti dirigenti di società, fra cui Luciano Moggi e Antonio Giraudo

Roberto Natale

9 La Carta di Roma: la dignità dello straniero

9.1. La nascita della Carta di Roma

Erba, provincia di Como, dicembre 2006. Nelle ventiquattro ore successive alla strage va in scena, a reti e a giornali pressoché unificati, la caccia a un immigrato. Non ha dubbi la magistratura, non ha dubbi neanche l'informazione: a commettere i quattro omicidi non può che essere stato Azouz Marzouk, marito di Raffaella Castagna e padre del piccolo Youssef. È un tunisino, e sembra "naturale" che i sospetti si concentrino su di lui. Poi le indagini prenderanno tutt'altra direzione: quella degli italianissimi vicini di casa Olindo e Rosa. Ma il primo riflesso di noi giornalisti, quello istintivo, è tanto unanime da impressionare.

I temi della immigrazione e della multiculturalità hanno acquisito nella nostra società una rilevanza tale da meritare un'attenzione particolare

È in questa terribile pagina di cronaca lo spunto d'origine, la causa occasionale che porterà al varo della Carta di Roma, nome veloce del Protocollo deontologico concernente richiedenti asilo, rifugiati, vittime della tratta e migranti. Rimarcando il conformismo colpevolista dei *media*, l'Alto Commissariato Onu per i Rifugiati (Unhcr) chiede ai direttori di testata e alle rappresentanze dei giornalisti di avviare un confronto. Dai direttori la risposta è un silenzio pressoché totale; ma Fnsi e Ordine raccolgono la sollecitazione e insieme si lavora a un testo che, fra aprile e giugno del 2008, ottiene il consenso pieno dei due Consigli nazionali ed entra così a far parte del bagaglio di strumenti di lavoro del giornalismo italiano.

C'è bisogno di un'altra Carta? Il lavoro è partito da questa domanda. Ci siamo detti che sì, che i temi dell'immigrazione e della multiculturalità hanno acquisito nella nostra società una rilevanza tale da meritare un'attenzione particolare. Abbiamo perciò lavorato ad approfondire e specificare i richiami generali contenuti nella Carta dei doveri, di cui la categoria si è dotata dal 1993 e che resta il fondamentale riferimento deontologico.

Non vogliamo caricare sulle nostre spalle di giornalisti tutte le responsabilità: non siamo noi ad avere inventato e praticato quella che è stata definita l'"imprenditoria politica della paura". Nella vita pubblica italiana, a partire dagli anni Novanta, il tema dei flussi migratori è diventato sempre più rilevante nel dibattito tra i partiti, e chi ha calcato la mano sullo slogan "più immigrati = più insicurezza" ne ha tratto benefici elettorali cospicui. Ma questa constatazione non può valere come alibi per sottrarsi alla riflessione sui nostri compiti professionali, a meno di non teorizzare che l'informazione debba limitarsi a riprodurre passivamente i contenuti delle campagne politico-mediatiche, senza guardare alla reale consistenza dei fatti.

9.2. Il «rispetto della verità sostanziale dei fatti» alla base della Carta

I fatti: sono questi la pietra solida sulla quale vuole poggiarsi la Carta, che sviluppa le sue indicazioni ai colleghi «in base al criterio deontologico fondamentale del "rispetto della verità sostanziale dei fatti" contenuto nell'articolo 2 della Legge istitutiva dell'Ordine». È importante questo punto di partenza, per cancellare alla radice il dubbio che la Carta sia stata pensata per giornalisti "militanti", particolarmente inclini alla solidarietà con gli immigrati. No, il testo non è rivolto specificamente a chi nell'informazione abbia una accentuata sensibilità sociale; men che meno si propone di invitare l'informazione ad essere "buonista" (per dirla con un abusato aggettivo in voga in questi anni). La Carta ci chiede semplicemente – ma è moltissimo – di fare per intero i giornalisti, anche quando trattiamo vicende spesso ad elevata incandescenza e ad alto tasso ideologico come quelle che coinvolgono gli immigrati.

Un nostro termine sbagliato impedisce a chi ci legge o ci ascolta di farsi una idea corretta della vicenda

9.3. La Carta in dettaglio

La prima richiesta, allora, visto che le parole sono parte fondamentale del nostro lavoro, è di usare le parole giuste: «adottare termini giuridicamente appropriati, sempre al fine di restituire al lettore ed all'utente la massima aderenza alla realtà dei fatti, evitando l'uso di termini impropri». In una delle primissime riunioni per l'elaborazione del documento, venne posta a noi giornalisti intorno al tavolo una domanda: «Ma perché usate come se fossero sinonimi cinque termini così diversi come "immigrato", "extracomunitario", "clandestino", "rifugiato" e "richiedente asilo"?». Una domanda imbarazzante, anche perché nella confusione tendiamo a privilegiare – magari senza rendercene conto, ma l'inconsapevolezza non è un'attenuante – quelle definizioni che proiettano un'immagine negativa del fenomeno. Un cittadino statunitense è un "extracomunitario", eppure nessuno si sogna di chiamarlo così. E "clandestino" è parola ben più gettonata che non "richiedente asilo": il primo termine parla di una persona che vuole nascondersi e vìola la legge, il secondo di un essere umano che è dovuto scappare dal suo paese per sfuggire a una persecuzione. È evidente la differenza di "simpatia" che nell'opinione pubblica suscitano le due definizioni.

Non dobbiamo certo edulcorare la realtà: i "clandestini" (o "migranti irregolari", come suggerisce di chiamarli la Carta) esistono. Il punto dolente è quando, ad esempio, applichiamo sbrigativamente questo termine anche agli immigrati che sono sui barconi oggetto di respingimento, senza preoccuparci di sapere se non siano invece "richiedenti asilo". Un nostro termine sbagliato impedisce a chi ci legge o ci ascolta di farsi una idea corretta della vicenda. Per evitare questi rischi, e nella logica di offrire un attrezzo da lavoro utile nella pratica quotidiana, al testo della Carta è stato allegato un piccolo glossario che precisa il significato delle principali definizioni. A questa sua "concretezza e chiarezza didascalica" ha fatto riferimento in modo molto positivo anche il Presidente della Repubblica, Giorgio Napolitano, al quale la Carta è stata ufficialmente presentata nell'ottobre del 2008.

La Carta chiede inoltre di «evitare la diffusione di informazioni imprecise, sommarie o distorte», richiamando l'attenzione «sul danno che può essere arrecato da comportamenti superficiali e non corretti, che possano suscitare allarmi ingiustificati, anche attraverso improprie associazioni di notizie». Sono regole che valgono in ogni ambito della nostra professione: applicate al tema dell'immigrazione, significano che dobbiamo mantenere nelle nostre cronache un metro omogeneo e coerente di misura, per evitare di alimentare – anche involontariamente – eventuali atteggiamenti razzistici.

Ricordare, ad esempio, che uno stupro è un crimine odioso sempre: dunque merita lo stesso risalto sia quando c'è un uomo rumeno nel ruolo del violentatore, sia quando c'è una donna rumena nei panni della vittima. Non possiamo farci guidare, nel decidere dello spazio che l'avvenimento merita, dal clamore politico che esso suscita, perché le logiche dei partiti sono troppo spesso ispirate a scopi ben diversi dal «rispetto della verità sostanziale dei fatti» che deve essere la nostra stella polare. Di questi rischi parla con chiarezza un breve corsivo apparso il 18 febbraio del 2009 sul "Corriere della Sera" ("Se viene scarcerato un italiano", a firma di Mario Garofalo). Esemplare anche per il modo in cui individua il compito dell'informazione: nessuna indulgenza, ma denuncia delle reazioni differenti a fatti uguali.

Un reato non può assumere una valenza diversa se l'autore o la vittima non sono italiani

«"Basta con le scarcerazioni facili degli stupratori clandestini", hanno detto dal centrodestra. "Se non vengono tenuti in prigione e neppure espulsi dopo aver commesso un gesto orrendo è evidente che c'è un problema", hanno detto dal centrosinistra. Entrambi i politici parlavano di violenze commesse da immigrati nei confronti di donne italiane. Ma è accaduto, nel frattempo, che un italiano abbia stuprato una rumena. Secondo gli inquirenti l'ha fatto giovedì scorso a Sgurgola, in provincia di Frosinone. La donna, 36 anni, ha raccontato di essere stata convinta ad andare nella sua macchina dove poi l'uomo, 55 anni, l'ha violentata in aperta campagna. I medici hanno confermato lo stupro e lui è stato arrestato. Dopo tre giorni è stato rimandato a casa dal gip, che ha ritenuto sufficienti i domiciliari. Stavolta nessuna voce indignata si è levata. Tutto normale».

Nelle discussioni che hanno preceduto il varo della Carta si è presa in esame la possibilità di importare nel testo i divieti che a livello internazionale colpiscono lo *hate speech*, cioè il discorso di incitamento alla discriminazione e all'avversione razziale (ad es. la Raccomandazione varata nel 1997 dal Consiglio d'Europa, che condanna «l'intolleranza espressa in forma di nazionalismo aggressivo o di etnocentrismo»).

Ma la decisione è stata di far nettamente prevalere il diritto-dovere di cronaca, per non assegnare al giornalista il compito improprio di filtrare o persino censurare alcune posizioni: tanto più quando ad esprimerle sono figure di rilievo politico e/o istituzionale. All'informazione spetta comunque di offrire ai cittadini un panorama completo delle diverse – talora antitetiche – posizioni in campo.

Tra i doveri professionali che il testo richiama non manca quello di «fornire al pubblico l'informazione in un contesto chiaro e completo». Buona norma generale, che in materia di immigrazione può aiutare a impedire che l'enfasi su una singola vicenda (negativa, naturalmente) diventi chiave di lettura complessiva del fenomeno, ben al di là di quello che i dati segnalano. Ci possiamo intendere meglio con un esempio tratto dalle cronache dei giorni in cui vengono redatte le note che state leggendo (inizio ottobre 2009).

È arrivato a sentenza il processo di primo grado per i due rumeni accusati del cosiddetto "stupro della Caffarella", dal nome del parco romano in cui una minorenne era stata violentata nel giorno di san Valentino 2009. Una vicenda rilevante, per il nostro tema, anche perché le prime indagini avevano puntato i riflettori contro due altri cittadini rumeni, additati all'opinione pubblica come sicuri colpevoli (qualche servizio non si era fatto scrupolo di adottare la perentoria definizione di "belve") e poi scagionati dalla prova del dna.

Sui *media* si discute ora con evidenza se siano adeguate le condanne (11 anni e 6 mesi e 4 anni) inflitte ai due immigrati giudicati colpevoli, e non mancano microfoni aperti in strada per sentire cosa ne pensino i cittadini. Il rilievo giornalistico c'è tutto, senza dubbio. Dov'è il problema, allora?

L'opinione pubblica si consolida nella convinzione che ci sia una diffusa immigrazione criminale, capace di reati spregevoli

È nel fatto che, quasi in contemporanea, viene presentata una ricerca nazionale (prodotta dal "Dossier Immigrazione" Caritas-Migrantes in collaborazione con l'Agenzia Redattore Sociale) secondo la quale «non esiste alcuna corrispondenza tra l'aumento degli immigrati e l'aumento dei reati in Italia... Il tasso di criminalità degli immigrati regolari nel nostro paese è solo leggermente più alto di quello degli italiani e, se si tiene conto delle differenze di età, questo tasso è uguale a quello degli italiani».

E questo studio non ha avuto quasi alcun risalto nella grande informazione. Libere scelte dei direttori, si dirà, ed è vero. Ma il risultato dell'evidenza data soltanto ad un singolo caso sarà che l'opinione pubblica si consolida nella convinzione che ci sia una diffusa immigrazione criminale, capace di reati spregevoli e magari anche trattata con eccessivi riguardi dalla nostra giustizia; e non viene messa in condizione di sapere, la stessa opinione pubblica, quali siano le reali dimensioni del fenomeno, la sua autentica pericolosità.

"Ma la vicenda specifica interessa molto di più che non noiose statistiche": l'obiezione è prevedibile e anche dotata di una sua forza. Qui entra in gioco però la nostra idea di professione. Dobbiamo cioè scegliere se alla logica della spettacolarizzazione, alla ricerca del titolo ad effetto o del servizio che faccia impennare la curva dell'Auditel, siamo disposti a sacrificare «il rispetto della verità sostanziale dei fatti»: perché di quella «verità sostanziale» fanno indubitabilmente parte anche le tabelle statistiche, ed è dovere darne conto anche a prezzo di attenuare il tasso emotivo delle nostre cronache.

Queste le indicazioni principali che la Carta di Roma dà ai giornalisti. Ma di buone indicazioni, notoriamente, sono pieni i cassetti della nostra deontologia: documenti spesso eccellenti, che non sono però riusciti ad interagire con la pratica quotidiana delle redazioni. Perciò fin dalle prime riunioni per la produzione del testo i rappresentanti di Fnsi, Ordine e Unhcr si sono posti l'obiettivo di individuare strumenti tali da scongiurare il rischio di una virtù solo "cartacea".

9.4. Far entrare la Carta nella pratica delle redazioni

Due gli impegni principali che, nelle intenzioni dei promotori, dovrebbero permettere alla Carta di entrare in circolo ed essere stimolo vero per la professione:

- il primo è la formazione. Anche se con ritardo, il giornalismo italiano ha comunque compreso in modo irreversibile che non può esserci informazione di qualità senza adeguata preparazione culturale. Il tema "*media* e immigrazione" entra dunque nelle attività di formazione dei nuovi giornalisti, dai programmi delle scuole riconosciute dall'Ordine ai seminari per i praticanti (come attestano le pagine che state ora leggendo). Ma l'ambizione è quella di coinvolgere nello studio anche coloro che in redazione ci sono da anni, da molti anni, attraverso seminari di aggiornamento sulla rappresentazione del fenomeno delle migrazioni e sul linguaggio usato per descriverlo;

- il secondo è il monitoraggio costante della nostra informazione. Ad eseguirlo è un Osservatorio autonomo ed indipendente, nato dalla collaborazione tra le diverse facoltà universitarie italiane e i centri di ricerca che in questi anni, separatamente, avevano già cominciato a studiare il tema. L'Osservatorio produce un rapporto periodico (la prima edizione è di fine 2009) che analizza limiti e pregi della produzione informativa in maniera meno episodica ed impressionistica di quanto non capiti nelle consuete polemiche politico-giornalistiche.

La stagione di maggiore sensibilità deontologica del giornalismo italiano è cominciata quando la categoria si è aperta al contributo di altri soggetti

Lo scopo è di offrire ai direttori di testata, alle rappresentanze delle redazioni, a tutti i colleghi interessati, un materiale scientificamente elaborato per capire meglio quali siano i criteri delle nostre scelte, le conseguenze che producono, le eventuali correzioni di rotta da fare. Nessuna intenzione di "mettere all'indice" i singoli pezzi e i loro autori: la funzione di sorveglianza deontologica resta pienamente in capo all'Ordine, e la Carta di Roma vuole evitare accuratamente ogni sovrapposizione di funzioni. Né si punta esclusivamente a sottolineare il negativo, i pregiudizi, gli stereotipi, i luoghi comuni. Assieme all'individuazione dei punti deboli, è importante mettere in risalto ciò che funziona, le buone pratiche.

Ma c'è un ultimo ingrediente da ricordare, e che è decisivo per l'affermazione della Carta. È il rapporto con le associazioni, i gruppi, le organizzazioni che sull'immigrazione lavorano. Della nostra informazione avvertono in modo diretto le conseguenze. Hanno salutato con grande favore la scelta delle rappresentanze del giornalismo italiano di dedicare attenzione specifica alla materia sulla quale si impegnano ogni giorno. Sono giustamente esigenti. Acquisire il loro punto di vista, anche critico, sui contenuti del nostro lavoro, non significa rinunciare alla nostra autonomia professionale.

Può essere utile ricordare che la stagione di maggiore sensibilità deontologica del giornalismo italiano è cominciata quando la categoria si è aperta al contributo di altri soggetti: la Carta di Treviso, che nel 1990 segna l'inizio di questa fase, nasce dalla collaborazione di Fnsi e Ordine con Telefono Azzurro, all'epoca assai attivo nella difesa dei diritti dei minori. Così come adesso dietro la Carta di Roma c'è la sollecitazione dell'Alto Commissariato Onu per i Rifugiati. Un'informazione che sia consapevole delle sue responsabilità civili non ha paura del confronto. E il male antico del corporativismo oggi ci affligge molto meno.

Pierluigi Roesler Franz

10

Il Codice di autoregolamentazione per i processi in tv

10.1. I fondamenti del Codice

È stato accontentato il Presidente della Repubblica Giorgio Napolitano, che aveva più volte sottolineato «il rischio di un sovrapporsi della televisione alla funzione della giustizia attraverso la tecnica della spettacolarizzazione dei processi e la suggestione di teoremi giudiziari alternativi».

Il Codice si prefigge lo stop ai processi-spettacolo trasferiti dalle aule di giustizia sul piccolo schermo

Il nuovo Codice di autoregolamentazione per i processi in tv, sottoscritto il 22 maggio 2009 a Roma nella sede dell'Autorità per le garanzie nelle comunicazioni, si prefigge lo *stop* ai processi-*show* trasferiti impropriamente dalle aule di giustizia al piccolo schermo o alla radio e mira a rendere chiare le differenze fra cronaca e commento, fra indagato, imputato e condannato, fra accusa e difesa, adottando modalità che ne consentano un'adeguata comprensione e sempre nel pieno rispetto dei diritti inviolabili della persona, pietra angolare del lavoro giornalistico.

Il Codice trova fondamento nei diritti, garantiti dalla Costituzione, di libertà di espressione del pensiero, da un lato, e di rispetto dei diritti dei cittadini e della tutela dei minori, dall'altro, riconoscendo la necessità di piena esplicazione del diritto di cronaca degli operatori dell'informazione e, nello stesso tempo, l'inderogabile dovere di rispettare nell'esercizio di tale funzione informativa, i diritti alla dignità, all'onorabilità e alla riservatezza delle persone. E soprattutto riafferma il principio costituzionalmente garantito della presunzione di innocenza delle persone indagate, evitando la celebrazione in sede impropria, in forma libera e a fini anticipatori, dei processi in corso.

Ne esce anche rafforzato il ruolo dell'Ordine dei giornalisti cui restano affidate in via esclusiva le eventuali sanzioni a carico degli iscritti. Difatti, il Codice di autoregolamentazione non aggiunge assolutamente nulla – neppure una virgola – alle attuali norme in vigore, ma si limita a ribadire proprio questi concetti, cioé che se un giornalista viola le regole deontologiche può essere sottoposto a procedimento disciplinare e sanzionato in via esclusiva dall'Ordine regionale territorialmente competente. Ma sono stati finalmente tutelati tutti i cittadini come prescrive la Costituzione e come si richiede in un Paese civile.

Oltre alla Carta repubblicana il nuovo Codice si richiama infatti alla Carta dei diritti fondamentali dell'Unione europea, alla Raccomandazione approvata dal Comitato dei ministri del Consiglio d'Europa il 10 luglio 2003 (R(2003)13 – relativa all'informazione fornita dai *media* rispetto a procedimenti penali – nonché al Protocollo n. 11 della Convenzione europea dei Diritti dell'Uomo e delle Libertà fondamentali.

Ed ancora: al codice penale, al codice di procedura penale, al codice civile, alla legge sulla stampa del 1948, alla legge n. 69 del 1963 istitutiva dell'Ordine dei giornalisti, alla Carta dei doveri, alla Carta di Treviso, al Codice della *privacy*, al Testo unico della radiotelevisione, alla Carta dell'informazione e della programmazione a garanzia degli operatori del servizio pubblico televisivo, al Codice deontologico relativo al trattamento dei dati personali nell'esercizio dell'attività giornalistica, al Codice di autoregolamentazione tv e minori approvato il 29 gennaio 2002 e, infine, al Codice etico approvato dal consiglio di amministrazione della Rai.

Il Codice di autoregolamentazione in materia di rappresentazione di vicende giudiziarie nelle trasmissioni radiotelevisive fa quindi finalmente chiarezza su una delicatissima problematica rappresentata, nei suoi molteplici risvolti, che era stata più volte al centro di discussioni e polemiche.

*L'*Autority *potrà sanzionare le emittenti radio televisive che potranno poi rivalersi sui responsabiili delle violazioni*

Sulla carta il Codice doveva entrare in vigore il 1 luglio 2009, ma per diventare pienamente operativo era necessaria la costituzione (non ancora avvenuta) dell'apposito Comitato di controllo cui spetterà il compito di accertare eventuali violazioni e proporre le misure del caso.

Sarà poi l'*Authority* a irrogare le sanzioni nei confronti delle emittenti radiotelevisive, che a loro volta potranno rivalersi sui presunti responsabili (registi, programmisti registi, autori testi, presentatori, conduttori, *showman*, ecc.) che fino ad oggi riuscivano ad evitare conseguenze. In caso di trasgressione da parte dei giornalisti le eventuali sanzioni – come detto – resteranno, invece, affidate esclusivamente al giudizio dell'Ordine regionale territorialmente competente.

10.2. I firmatari del documento

A siglare l'intesa, oltre al presidente Agcom, Corrado Calabrò; il presidente della Rai, Paolo Garimberti; il direttore generale della Rai, Mauro Masi; il presidente Mediaset, Fedele Confalonieri; il vice presidente RTI, Gina Nieri; l'amministratore delegato di Telecom Italia Media, Mauro Nanni; il presidente dell'Associazione FRT-Federazione Radio Televisioni, Filippo Rebecchini; il presidente dell'Associazione Aeranti-Corallo, Marco Rossignoli; il presidente della Federazione Nazionale della Stampa, Roberto Natale e Pierluigi Roesler Franz per l'Ordine nazionale dei giornalisti. Per ora manca la firma di Sky che potrebbe aderirvi in un secondo tempo. Il Codice resta comunque aperto all'adesione da parte di altri soggetti iscritti al ROC presso l'Autorità per le garanzie nelle comunicazioni e a loro associazioni e consorzi. L'adesione comporta la piena accettazione del Codice.

«È una svolta nella comunicazione – ha detto il presidente dell'Agcom, Corrado Calabrò, presente alla firma in veste di "notaio" – non si vuole assolutamente limitare la libertà d'informazione, ma bisogna rispettare i diritti fondamentali della persona, evitando rappresentazioni dei processi che possono distorcere, come è accaduto più di una volta, la reale comprensione dei fatti. Vedere che tutte le emittenti hanno aderito, anche a costo di rinunciare a qualche punto di *share*, è positivo per tutta la società civile».

Il Codice di autodisciplina esegue un atto di indirizzo dell'Agcom del gennaio 2008 ed è frutto di 18 mesi di paziente lavoro intorno ad un tavolo comune cui hanno partecipato tra gli altri i presidenti emeriti della Corte costituzionale, Riccardo Chieppa e Cesare Ruperto (due supergaranti dei diritti dei cittadini), il direttore della Direzione Contenuti audiovisivi e multimediali dell'Agcom, Laura Arìa, gli esperti dell'Agcom, Giuseppe De Vergottini e Mario Morcellini, nonché quelli della Rai, Rubens Esposito e Cinzia Pistolesi e di Mediaset, Francesca Fastelli, Andrea Delogu e Giovanni Toti.

10.3. Breve cronistoria

Nell'"Atto di indirizzo sulle corrette modalità di rappresentazione dei procedimenti giudiziari nelle trasmissioni radiotelevisive", varato a Napoli con delibera n. 13 del 31 gennaio 2008, pubblicata sulla Gazzetta ufficiale n. 39 del 15 febbraio 2008, l'Autorità per le garanzie nelle comunicazioni ha sottolineato, tra l'altro che «alcuni programmi televisivi mostrano la tendenza a trasmettere in forma spettacolare vere e proprie ricostruzioni di vicende giudiziarie in corso, impossessandosi di schemi, riti e tesi tipicamente processuali che vengono riprodotti con i tempi, le modalità e il linguaggio propri del mezzo televisivo, i quali si sostituiscono a quelli, ben diversi, del procedimento giurisdizionale. Si crea così un foro "mediatico" alternativo alla sede naturale del processo, dove non si svolge semplicemente un dibattito equilibrato tra le opposte tesi, ma si assiste a una sorta di rappresentazione paraprocessuale, che giunge a volte perfino all'esame analitico e ricapitolativo del materiale probatorio, così da pervenire, con l'immediatezza propria della comunicazione televisiva, ad una sorta di convincimento pubblico, in apparenza degno di fede, sulla fondatezza o meno di una certa ipotesi accusatoria».

In televisione si assiste ormai a una sorta di rappresentazione para-processuale che genera un preciso convincimento nel pubblico

Di conseguenza «la televisione rischia seriamente di sovrapporsi alla funzione della giustizia: e può accadere che effetti "coloriti" o "teoremi giudiziari alternativi" o rappresentazioni suggestive (a volte persino con l'utilizzazione di figuranti) prevalgano sull'obiettiva e comprovata informazione, con il concreto rischio di precostituire presso l'opinione pubblica un preciso giudizio sul caso concreto, basato su una "verità virtuale" che può influire, se non prevalere, sulla "verità processuale", destinata per sua natura ad emergere solo da una laboriosa verifica che richiede tempi più lunghi, portando addirittura, in casi deteriori, a un giustizialismo emotivo e sbrigativo, talora non alieno da tratti morbosi».

Ed ancora: «La tecnica della spettacolarizzazione dei processi, che le trasmissioni televisive utilizzano a fini di *audience*, amplifica a dismisura la risonanza di iniziative giudiziarie che potrebbero nel prosieguo del processo anche rivelarsi infondate e risultare quindi superate, con il rischio della degenerazione della trasmissione in una sorta di "gogna mediatica" a scapito della presunzione di non colpevolezza dell'imputato e, in ultima analisi, della tutela della dignità umana e del diritto al "giusto processo", garantiti dalla nostra Costituzione e dai principi comunitari. E la "gogna mediatica" può diventare già essa stessa una condanna preventiva, inappellabile e indelebile. La cronaca può indubbiamente riferire del processo, ma non può spingersi a crearne un surrogato che, nella pretesa di ricostruire la vicenda delittuosa, ne amplifichi a dismisura e – in un certo senso – ne rinnovi e incrudisca gli effetti lesivi. Il processo deve essere svolto dal giudice competente, l'accusa va sostenuta dal pubblico ministero, la difesa va fatta da avvocati che conoscano il diritto e gli incartamenti processuali: il tutto secondo regole che garantiscano il regolare e appropriato svolgimento del processo e i diritti fondamentali della persona».

Secondo l'Authority «non é pertanto ammissibile – e contrasta con gli indirizzi dettati dalla Commissione parlamentare per l'indirizzo generale e la vigilanza dei servizi radiotelevisivi sul pluralismo informativo – che il ruolo di giudici, accusatori e difensori sia svolto da giornalisti o conduttori televisivi o, comunque, da soggetti estranei, senza quelle garanzie che nella cultura giuridica del Paese rappresentano un caposaldo dello Stato di diritto. Né é da escludere o da sottovalutare il pericolo che una siffatta rappresentazione "mediatica" del processo – ispirata più dall'amore per *l'audience* che dall'amore per la verità in programmi delle principali emittenti televisive che occupano con grande ascolto la prima e la seconda serata – possa influenzare indebitamente il regolare e sereno esercizio della funzione di giustizia. Esiste, in particolare, il pericolo dell'identificazione dell'organo giurisdizionale con la "platea dei telespettatori" che rischia di mettere a repentaglio l'indipendenza psicologica del giudicante (anch'essa valore costituzionalmente rilevante), facendo risentire la pressione di un processo di piazza dei nostri tempi sul processo nella sede giudiziaria. Con la conseguenza che, quando il processo reale approderà al suo esito giudiziario, la sentenza, se conforme all'esito della rappresentazione televisiva, appaia nient'altro che la tardiva rimasticatura di quell'esito tempestivamente raggiunto e, se difforme, venga contaminata dal sospetto di una distorsione dal giusto esito che, per frange non trascurabili del pubblico, rimane quello del processo celebrato in tv, impressosi ormai nella memoria dei telespettatori».

Esiste il pericolo di identificazione dell'organo giurisdizionale con la platea dei telespettatori

Il Presidente della Repubblica Giorgio Napolitano, nel suo intervento tenuto nel 2008 al Consiglio superiore della magistratura, aveva condiviso in pieno l'Atto di indirizzo del presidente dell'Autorità per le garanzie nelle comunicazioni e si era richiamato ai principi affermati dalla nostra Costituzione e insiti sia nell'ordinamento nazionale, sia in quello comunitario.

A sua volta il 30 gennaio 2009 il Primo presidente della Corte di cassazione, Vincenzo Carbone, nella sua relazione sull'amministrazione della giustizia nella cerimonia di inaugurazione dell'anno giudiziario aveva sottolineato la necessità di «evitare la realizzazione di veri e propri processi mediatici, simulando al di fuori degli uffici giudiziari, e magari anche con la partecipazione di magistrati, lo svolgimento di un giudizio mentre é ancora in corso il processo nelle sedi istituzionali. La giustizia deve essere trasparente, ma deve svolgersi nelle sedi proprie, lasciando ai *media* il doveroso ed essenziale compito di informare l'opinione pubblica, ma non di sostituirsi alla funzione giudiziaria».

10.3.1. Un iter travagliato

Fino al febbraio 2009 Fnsi e Ordine nazionale dei giornalisti erano contrari a sottoscrivere il Codice di autoregolamentazione – Agcom perché quella prima bozza prevedeva nuove regole a carico dei giornalisti in aggiunta a quelle già esistenti. Successivamente, però, e anche grazie all'intervento dell'Ordine, il testo del Codice è stato del tutto modificato sul passaggio-chiave riguardante i giornalisti iscritti all'Albo. Si tratta in particolare dell'art. 2, secondo comma, che prevede testualmente che «In ogni caso per i giornalisti eventualmente coinvolti la competenza resta riservata all'Ordine professionale». Questa nuova formulazione, accolta dal tavolo tecnico e dal presidente dell'*Authority*, ha ovviamente ribaltato la situazione perché ha mantenuto l'esclusiva competenza degli Ordini regionali così come era già avvenuto per il codice di autoregolamentazione dell'informazione sportiva, Codice media e sport.

10.4. Le regole da osservare

Il Codice prevede l'accurata verifica delle fonti dei fatti narrati avvertendo che le persone coinvolte si presumono innocenti

Ecco che cosa prevede il Codice per le trasmissioni televisive che abbiano ad oggetto la rappresentazione di vicende giudiziarie in corso:

a) curare che risultino chiare le differenze fra documentazione e rappresentazione, fra cronaca e commento, fra indagato, imputato e condannato, fra pubblico ministero e giudice, fra accusa e difesa, fra carattere non definitivo e definitivo dei provvedimenti e delle decisioni nell'evoluzione delle fasi e dei gradi dei procedimenti e dei giudizi;

b) diffondere un'informazione che, attenendosi alla presunzione di non colpevolezza dell'indagato e dell'imputato, soddisfi comunque l'interesse pubblico alla conoscenza immediata di fatti di grande rilievo sociale quali la perpetrazione di gravi reati;

c) adottare modalità espressive e tecniche comunicative che consentano al telespettatore un'adeguata comprensione della vicenda, attraverso la rappresentazione e la illustrazione delle diverse posizioni delle parti in contesa, tenendo ponderatamente conto dell'effetto divulgativo ed esplicativo del mezzo televisivo che, pur ampliando la dialettica fra i soggetti processuali, può indurre il rischio di alterare la percezione dei fatti;

d) rispettare complessivamente il principio del contraddittorio delle tesi, assicurando la presenza e la pari opportunità nel confronto dialettico tra i soggetti che le sostengono – comunque diversi dalle parti che si confrontano nel processo – e rispettando il principio di buona fede e continenza nella corretta ricostruzione degli avvenimenti;

e) controllare, nell'esercizio del diritto di cronaca, la verità dei fatti narrati mediante accurata verifica delle fonti, avvertendo o comunque rendendo chiaro che le persone indagate o accusate si presumono non colpevoli fino alla sentenza irrevocabile di condanna e che pertanto la veridicità delle notizie concernenti ipotesi investigative o accusatorie attiene al fatto che le ipotesi sono state formulate come tali dagli organi competenti nel corso delle indagini e del processo e non anche alla sussistenza della responsabilità degli indagati o degli imputati;

f) non rivelare dati sensibili, o che ledano la riservatezza, la dignità e il decoro altrui, ed in special modo della vittima o di altri soggetti non indagati, la cui diffusione sia inidonea a soddisfare alcuno specifico interesse pubblico.

In conclusione, il Codice di autoregolamentazione non affossa affatto il mestiere del cronista già a rischio di bavagli e censure nell'epoca della comunicazione ammazza-informazione, né rappresenta un nuovo cappio al collo di chi intende informare liberamente i cittadini delle vicende giudiziarie.

Franco Elisei

11

Gli altri Codici deontologici

11.1. Gli altri documenti deontologici

Carta di Treviso, Carta dei doveri, Codice di deontologia, Protocollo d'intesa su informazione e pubblicità, Doveri dell'informazione economica e sportiva e degli Uffici stampa pubblici: in Italia esiste un complesso di norme deontologiche per il giornalismo. E oltre a quelle «ufficiali», elaborate dagli organismi di categoria, si devono tenere in considerazione anche quelle di singole testate. Alcune redazioni, infatti ("Corriere della Sera", "La Repubblica", "Il Sole 24 Ore", Rai), si sono date propri codici di comportamento o di autodisciplina. Raccomandazioni e regole da conoscere e da tenere in considerazione. In modo particolare quelle che si aggiungono alle norme già scritte nelle varie carte "nazionali" e che – è bene ribadirlo – hanno valenza disciplinare.

Alcune redazioni si sono date propri codici di comportamento o di autodisciplina

11.2. La "Carta" del "Corriere della Sera"

Il "Corriere della Sera" parte da un presupposto: riconosce che il quotidiano non è solo il classico organo di informazione, ma «è anche un'industria». E aggiunge subito dopo che il suo prodotto, cioè il giornale, come per qualsiasi altro tipo di impresa, deve rispondere «a criteri di qualità e affidabilità» e che solo dalla «completa fiducia del pubblico dipende il successo di mercato».

Tutte le testate che hanno elaborato un proprio codice di autodisciplina evidenziano come elementi fondamentali e irrinunciabili, la tutela dell'autonomia, la libertà di stampa, la separatezza da interessi diversi da quelli dell'informazione libera, corretta e completa.

Il "Corriere della Sera" nella sua "Dichiarazione di indipendenza" elenca anche *mission* e doveri. Prima di tutto individua nell'autonomia e nell'indipendenza le garanzie essenziali per i lettori. Poi dedica spazio e attenzione ai seguenti principi:

- responsabilità dell'informazione nella ricerca della verità: «raccontare la verità fin dove può essere accertata e tutta la verità di cui può venire a conoscenza»;
- imparzialità considerata «una disposizione mentale prima che l'applicazione di una tecnica»;
- completezza e accuratezza dell'informazione ottenibile «controllando i fatti e le fonti» specificando anche che «redattori o inviati non appongono la loro firma per esteso se non hanno aggiunto una informazione originale o un contributo interpretativo a quelle dei dispacci. La buona scrittura non basta per presentare come articolo proprio un pastone d'agenzie e ritagli. È preferibile l'uso della

sigla, qualora si utilizzino più agenzie o fonti Internet con un lavoro giornalistico di selezione». «Accuratezza significa anche titoli e sommari che corrispondono al contenuto dei fatti e dei dati contenuti negli articoli e non esagerano o riducono la portata dell'informazione»;

- correttezza, che «impone di praticare l'onestà nei confronti del lettore», aggiungendo che «un articolo non è corretto se omette dati di grande importanza o significato»;

Il "Corriere della Sera" sottolinea l'importanza della «comprensibilità dei fatti», non solo di quelli accaduti, ma anche dei processi in corso e degli eventuali sviluppi o conseguenze. «La cronaca immediata – scrive – non esaurisce il compito del giornalista. La cronaca va messa in prospettiva per permettere al lettore di comprendere le cause dei fatti e le possibili conseguenze».

"Repubblica" aveva istituito la figura del Garante del lettore sulla scia di quanto previsto all'estero

Altra materia che i giornalisti del "Corriere della Sera" hanno sentito il dovere di regolare è quella dei rispettivi ruoli: «Il direttore è garante dell'autonomia della redazione rispetto alla gestione economico-finanziaria in base al principio secondo il quale l'informazione, che spetta ai giornalisti, è separata dalla gestione economico-finanziaria».

E tra gli accordi che sanciscono la netta separazione tra la professione giornalistica e la proprietà, particolare importanza assume la cosiddetta "Magna Charta" che riporta gli impegni dell'editore (pubblicati sulla prima pagina del "Corriere della Sera" del 29 maggio del 1973): «Indipendenza delle pubblicazioni e dei giornalisti dal potere politico e da ogni gruppo di pressione; difesa attiva delle istituzioni costituzionali; particolare impegno nell'informazione intorno ai problemi sociali, culturali, civili e ambientali a sostegno delle soluzioni più moderne, avanzate, idonee a eliminare gli squilibri, gli ingiustificati privilegi, le posizioni parassitarie e a promuovere il progresso verso una società più giusta ed equilibrata; separazione dell'informazione (che deve essere larga, indipendente, obiettiva) dal commento che, mentre deve risultare inequivocabilmente come tale, deve anche essere coerente con i principi precedenti».

11.3. Il Patto sui diritti e i doveri dei giornalisti di "Repubblica"

A respingere «interferenze di carattere politico, economico, ideologico, da qualsiasi fonte esse provengano, siano esse enti, istituzioni, associazioni pubbliche o segrete, aziende pubbliche o private, gruppi di pressione», si sono impegnati anche i giornalisti di "Repubblica" e lo hanno sottolineato nel loro "Patto sui diritti e doveri" firmato il 5 dicembre del 1990 tra l'Editoriale La Repubblica e il comitato di redazione. Un patto che intende richiamarsi al suo manifesto di fondazione.

Da parte loro, i giornalisti di Repubblica «si impegnano a non svolgere attività (uffici stampa, uffici di consulenza, promozione e relazioni pubbliche, uffici e agenzie di pubblicità, *house organ*) che possano influire sulla obiettività e sulla completezza dell'informazione».

11.4. Il garante dei lettori

Repubblica, nel suo "Patto", aveva provato a dedicare spazio e attenzione anche ai destinatari dell'informazione istituendo la figura del garante del lettore sulla scia di quanto previsto all'estero dove l'*Ombudsman* è più diffuso. Al "Pais", ad esempio, il garante ha il grado di direttore e opera in totale autonomia rispetto al direttore del giornale.

Ci provò anche "Il Messaggero" con Vittorio Emiliani alla guida del giornale nella metà degli anni Ottanta nominando un giurista come difensore dei lettori. Ma l'iniziativa durò poco. Stessa sorte toccò al garante di "Repubblica" che doveva essere scelto di preferenza, tra i giornalisti stessi della testata. Importante comunque che fosse stato giornalista e non avesse avuto rapporti con testate concorrenti. L'incarico sarebbe dovuto durare un anno, non rinnovabile. E al garante, il cui nome doveva essere previsto in gerenza, potevano «fare appello i lettori che ritenessero violato il rispetto della sfera privata delle persone; della presunzione di innocenza; di razza, colore della pelle e religione; se ad essi fosse stato fatto riferimento senza motivo di pubblico interesse». L'iniziativa durò appena qualche anno. Poi più nulla.

Al centro della Carta del "Sole 24 Ore" c'è l'attenzione a evitare ogni forma di conflitto di interessi

11.5. Il Codice di autodisciplina del "Sole 24 Ore"

Un richiamo alla "massima correttezza professionale" viene lanciato infine dai giornalisti del "Sole 24 Ore" che hanno firmato un proprio Codice di autodisciplina, in aggiunta alla Carta dei doveri dell'informazione economica, nel quale si sono impegnati a garantire due principi fondamentali: «non usare la propria posizione professionale per ottenere vantaggi personali e evitare ogni forma di conflitto d'interesse».

E sul conflitto d'interesse dedicano ben undici punti mettendo subito in chiaro che i giornalisti del "Sole 24 Ore" «si impegnano a non svolgere altre attività che possano alterare la loro indipendenza di giudizio», in particolare, «a non accettare e svolgere incarichi di consulenza, anche part-time per società ed enti di qualsiasi tipo che possano limitare l'accuratezza, la correttezza e l'indipendenza delle informazioni che elaborano e delle valutazioni che esprimono». Non solo: si impegnano a «non curare uffici stampa di enti, aziende, società o manifestazioni sia a titolo gratuito che retribuito». Norme molto rigide che non si limitano solo ad eventuali incarichi per i diretti interessati ma coinvolgono familiari e affini. Un comportamento che eviti conflitti d'interessi è richiesto, infatti, ai giornalisti della testata anche quando tali attività vengono svolte da «parenti entro il secondo grado o coniugi, partner di fatto e loro parenti o affini entro il secondo grado». Eventuali casi diretti o indiretti di conflitti d'interesse devono essere comunque segnalati al direttore.

Altro punto fondamentale del Codice di autodisciplina del "Sole 24 Ore" è dedicato all'impegno che devono garantire sia i giornalisti che i collaboratori della testata a «non usare la propria posizione professionale nei rapporti con gli esterni per ottenere benefici economici o privilegi per sé o per altri».

Particolare attenzione viene posta inoltre alla netta distinzione tra informazione e pubblicità, già evidenziata dal Protocollo d'intesa, ma qui richiamata e responsabilizzata maggiormente. Ai giornalisti e collaboratori viene chiesto di rendere «chiara la distinzione tra informazione e pubblicità» e di «non inserire negli articoli messaggi pubblicitari» non accettando «remunerazioni che sotto alcuna forma, possano condizionare la scelta e il contenuto degli articoli». Tantomeno devono accettare per sé, per il coniuge o per familiari entro il secondo grado, «qualunque omaggio, privilegio, servizio gratuito o a condizioni particolarmente favorevoli del valore indicativo superiore ai 100 euro».

Condizioni, queste, che potrebbero incidere sull'indipendenza e sulla correttezza dell'informazione come quella di accettare «viaggi e sistemazioni alberghiere pagati da enti o aziende, per sé e per propri familiari». Con un'eccezione: per quest'ultima situazione, in casi particolari, «solo il giornalista incaricato di servizio, può essere beneficiario di queste offerte se autorizzato dal direttore».

I giornalisti e collaboratori del "Sole 24 Ore" si impegnano a non usare a proprio profitto informazioni finanziarie

Inevitabili anche i riferimenti all'attività finanziaria. Con una premessa: ai giornalisti e ai collaboratori del "Sole 24 Ore" è consentita, come a qualunque altro cittadino, l'attività di compravendita di titoli e strumenti finanziari, ma al tempo stesso viene loro chiesto di «non occuparsi di società di cui essi o i propri familiari stretti entro il secondo grado, i coniugi, i partner di fatto e i loro familiari e affini entro il secondo grado, detengano azioni o obbligazioni». E di non comprare o vendere titoli finanziari, anche indirettamente, «di cui si stanno occupando o di cui progettano di occuparsi nell'immediato futuro». Non solo: «i giornalisti e collaboratori del "Sole 24 Ore", nel pieno rispetto della legge sull'*insider trading*, si impegnano a non usare a proprio profitto informazioni finanziarie non pubbliche di cui sono venuti a conoscenza nell'ambito della propria attività professionale o di collaborazione». Altre pagine del codice di autodisciplina sono dedicate ai rapporti con le fonti, al segreto professionale, alla completezza dell'informazione e a regole di comportamento con i colleghi e i collaboratori.

11.6. Carta dei doveri dei giornalisti degli uffici stampa pubblici

Oggi la trasparenza degli atti e delle decisioni di una amministrazione pubblica sono una realtà. È aumentata la consapevolezza di dover dare vita ad una comunicazione pubblica, nel rispetto del diritto del cittadino ad essere informato e nella convinzione che l'ignoranza delle leggi è sicuramente minore se la conoscenza viene resa più facile.

Si sono così moltiplicati gli uffici stampa pubblici sulla scia della legge 142 del 1990 che stabilisce il diritto di accesso alle informazioni e alle documentazioni, della legge 241 del 1990 che introduce il requisito della pubblicità dei documenti amministrativi e in ossequio alla successiva legge 150 del 2000 che disciplina le attività di informazione e di comunicazione delle pubbliche amministrazioni. Determinante, in questo senso, è la sentenza della Corte costituzionale che nel 1990 ha sostenuto che «qualsivoglia soggetto od organo rappresentativo, investito di competenze di natura politica, non può, di conseguenza, pur nel rispetto delle proprie attribuzioni, risultare estraneo all'impiego dei mezzi di comunicazione di massa».

Ed è su questi presupposti che nasce la Carta dei doveri del giornalista degli uffici stampa pubblici. Il documento, approvato dal Gruppo speciale uffici stampa dell'Ordine nazionale dei giornalisti il 26 febbraio del 2002, si basa soprattutto su due principi: sul diritto delle istituzioni pubbliche a informare e sul medesimo diritto dei cittadini ad essere informati. E il giornalista che opera negli uffici stampa pubblici si ritrova a muoversi in mezzo a due esigenze delicatissime: «è tenuto severamente ad osservare non solo le norme stabilite per il pubblico dipendente, ma anche quelle deontologiche fissate dalla legge istitutiva dell'Ordine dei giornalisti». In altre parole dovrà agire nel giusto equilibrio tra le regole deontologiche dei dipendenti delle amministrazioni pubbliche, la legge sulla *privacy* e quelle dei giornalisti. Non solo: «compito peculiare del giornalista che opera nelle istituzioni, è favorire il dialogo tra ente e utente… per la piena trasparenza dell'attività amministrativa, per il miglioramento dei servizi e la rimozione degli ostacoli che si frappongono alla loro piena fruibilità». Insomma concretizza lo scambio di informazioni tra istituzione e cittadini, avvicina la pubblica amministrazione al cittadino e allo stesso tempo rende partecipe il cittadino stesso della vita e dell'amministrazione pubblica.

Compito peculiare del giornalista che opera negli uffici stampa pubblici, è favorire il dialogo tra ente e utente

E per riuscire a realizzare questo obiettivo, evitando equivoci o confusione tra ruoli, la Carta chiarisce: «Il giornalista deve operare nella consapevolezza che la responsabilità verso i cittadini non può essere subordinata ad alcuna ragione particolare o di parte e annovera tra i suoi doveri d'ufficio, l'obbligo di difendere la propria autonomia e la propria credibilità professionale. Tale obbligo si sostanzia altresì nel tenere l'informazione distinta da altre attività di comunicazione e di promozione, pur cooperando nella distinzione dei ruoli e nella chiarezza dei messaggi».

11.7. Codice di autoregolamentazione tv e minori

Un capitolo a parte merita il Codice di autoregolamentazione tv e minori che prende in considerazione il minore nella sua veste di utente, fruitore del messaggio televisivo. In questi ultimi anni si sta verificando un'enorme offerta di informazioni e, a maggior ragione, il minore-utente, privo degli strumenti adatti a decodificare il messaggio, ha bisogno di una particolare attenzione e tutela. Immaginate i bambini che hanno a disposizione tante merendine, sanno riconoscere quelle che piacciono loro perché rispondono alle sollecitazioni dei sensi, ma non sanno quali siano quelle effettivamente nutrienti e quelle invece che possono nascondere rischi di un'alimentazione sbagliata, con conseguenze negative per il loro sviluppo, come il sovraccarico di alcuni ingredienti e la carenza di altri. Di qui, la necessità di tutelare i minori-utenti.

A questo punto, secondo gli operatori della comunicazione, è importante capire chi siano i destinatari dell'informazione e del messaggio. In altre parole, nel comunicare o informare, conoscere chi abbiamo davanti.

E il mezzo di informazione più diffuso tra i minori, oltre ad Internet, rimane ancora la televisione, che diventa un'impropria *baby sitter* per molte ore al giorno. Spesso i genitori stessi continuano a delegare ai programmi televisivi la preparazione, l'educazione e la cultura dei figli. È ovvio, che in questo contesto, esistono responsabilità anche da parte di chi gestisce e trasmette programmi. E per questo sia la tv pubblica che quella commerciale hanno previsto alcune misure preventive. Una specie di segnaletica informativa, come i "bollini" o la "farfalla" che cambiano colore, introdotti durante la programmazione per avvertire l'adulto (non certamente il minore che li recepirebbe invece come motivo di attrazione e trasgressione) dell'opportunità della visione da parte dei minori. È evidente però che questa segnaletica rischia di diventare inutile, anzi controproducente, se il bambino si ritrova ad assistere ai programmi da solo e da solo a gestire le scelte sul piccolo schermo. Anzi, come già detto, diventerebbe un richiamo maggiore, come tutto ciò che è proibito.

In televisione le fasce protette sono comprese tra le 16 e le 19, arco di tempo in cui si presume che la visione sia possibile da parte del minore senza il supporto di un adulto

Il Codice di comportamento nei rapporti tra tv e minori, emanato nel 2002 affronta proprio l'esigenza di tutela degli utenti minorenni. Le aziende televisive hanno stabilito fasce di ascolto "protette" e "rafforzate". Le fasce protette sono comprese tra le ore 16 e le 19, arco di tempo in cui si presume che la visione sia possibile da parte del minore senza il supporto di un adulto. In tal caso il Codice impegna le aziende televisive a trasmettere programmi controllati anche per quanto riguarda *promo*, *trailer* e pubblicità. Nel caso di programmi rivolti agli stessi minori, i messaggi pubblicitari e altre forme di comunicazione commerciale «dovranno essere preceduti, seguiti e caratterizzati da elementi di discontinuità ben riconoscibili e distinguibili dalla trasmissione, anche dai bambini che non sanno ancora leggere e da minori disabili». In questa fascia oraria dovrà essere vietata la pubblicità di bevande alcoliche e superalcoliche, servizi telefonici a valore aggiunto a carattere di intrattenimento, profilattici e contraccettivi con esclusione delle campagne sociali.

Tra le 7 e le 16 e tra le 19 e le 22.30 invece si entra nella cosiddetta "fascia rafforzata" in cui si presume che il minore sia davanti alla televisione in compagnia dell'adulto. Stabilito, infatti, che il minore è un soggetto fragile, perché non in possesso di strumenti critici, non può essere lasciato solo davanti a determinati *input*. Ha bisogno di un'assistenza attiva, rappresentata dalla presenza vicina di un adulto a cui rivolgersi per chiedere spiegazioni e riceverne.

Molto spesso, infatti, il problema non è solo legato al programma che si trasmette, ma al fatto che il minore lo assimili da solo. Ogni trasmissione potenzialmente a rischio, aumenta la sua pericolosità se insieme al bambino non c'è un adulto che possa interagire con lui: che spieghi, che cambi canale o che scelga di spegnere addirittura il televisore. Ma a volte – chiariscono gli esperti – il minore non si tutela vietando semplicemente la visione del programma, piuttosto aiutandolo con l'assistenza di chi è in grado di dargli gli strumenti per decodificarlo.

Le aziende televisive si sono impegnate a fornire preventiva informazione sul palinsesto «segnalando in particolare, i programmi adatti ad una fruizione familiare congiunta e quelli invece adatti ad una visione per un pubblico più adulto». Si sono impegnate anche ad evitare trasmissioni di immagini gratuite di violenza e di sesso, in modo particolare a non diffondere nei programmi di informazione dalle 7 alle 22.30 scene particolarmente crude o brutali che possano turbare o nuocere allo sviluppo psichico del minore, oppure suscitare pericolose forme imitative. In caso di straordinario valore sociale o informativo, il Codice prevede che prima di una «trasmissione di notizie, immagini e parole particolarmente forti e impressionanti» il giornalista avvisi gli spettatori che la visione non è adatta ai minori.

E in caso di programmi prevalentemente destinati ad un pubblico adulto, ma messi in onda prima delle 22.30, le imprese televisive dovranno annunciare, con congruo anticipo, che la trasmissione non è adatta ai più piccoli. Ad ogni modo dovranno essere evitate le trasmissioni «che usino in modo strumentale i conflitti familiari come spettacolo, creando turbamento nei minori preoccupati per la stabilità affettiva delle relazioni con i loro genitori» e le trasmissioni nelle quali «si faccia ricorso gratuito al turpiloquio e alla scurrilità nonché si offendano le confessioni e i sentimenti religiosi».

Nella fascia protetta "rafforzata" non possono esserci neppure spot che si rivolgono direttamente ai minori

Nel campo pubblicitario, nella cosiddetta fascia di "protezione rafforzata", cioè dalle 7 alle 16 e dalle 19 alle 22.30, non devono essere trasmessi spot rivolti direttamente ai minori contenenti situazioni che possano incidere sul loro equilibrio psichico e morale.

In generale, comunque, i messaggi pubblicitari non possono presentare minori come protagonisti impegnati in atteggiamenti pericolosi, di aggressività o autolesionisti; non debbono rappresentarli neppure intenti al consumo di alcol, di tabacco o di sostanze stupefacenti, né esortarli ad effettuare acquisti abusando della loro naturale ingenuità e inesperienza; non debbono, infine, indurli in errore sulla natura, prestazioni e dimensioni del giocattolo, sul grado di conoscenza e abilità necessario per utilizzarlo; sulla descrizione degli accessori inclusi o meno, nella confezione e sul prezzo dello stesso giocattolo, in particolar modo quando il suo funzionamento è legato ad articoli complementari.

Anche nel Contratto di servizio stipulato dalla Rai con il ministero delle Comunicazioni, si riprendono gli stessi impegni e si stabilisce in che modo l'emittente pubblica debba articolare la sua missione di servizio. Particolare attenzione viene rivolta all'utenza dei bambini, degli adolescenti e di quei giovani non ancora maggiorenni, con l'impegno di scongiurare la trasmissione di «programmi violenti che creino angosce e turbamento», favorendo invece filmati che rispettino la sensibilità e la dignità dei minori «in grado di tener conto della delicata funzione che la televisione svolge nella formazione dei giovani».

Mario Bernardini

12

Informazione e salute

12.1. Premessa

Il termine 'informazione' comprende quanto è oggetto di comunicazione nel contesto sia del diritto a informare sia del diritto a essere informati. Per il giornalista, che assume lo specifico impegno professionale di informare in maniera completa e corretta, è importante definire cosa comprende la 'sanità'. Generalmente con la parola "sanità" si considera tutto ciò che riguarda ogni persona partendo dal presupposto che sia e intenda restare in buona salute e in grado di compiere tutte le funzioni del proprio corpo sia per quanto riguarda l'essere sano fisicamente che mentalmente.

Una estensione del campo di competenza della "informazione sanitaria" comprende quanto sia da ritenere "salubre" per l'esistenza e la sopravvivenza di ogni persona e, ampliando ulteriormente l'ambito di competenza, quanto si riferisce tanto alla "sanità pubblica" – intesa come complesso delle attività pubbliche rivolte alla cura e alla prevenzione delle malattie – quanto alla "sanità privata" che, con gli stessi obiettivi di quella pubblica, viene svolta da soggetti con rapporto convenzionato o autonomo.

Infine, nella 'sanità' è compreso anche quanto può essere utile per il recupero della salute o è utilizzato per l'assistenza di quelle persone che, per diversi motivi, non sono da considerare "sani" per cause che li rendono psicofisicamente e socialmente non completamente autonomi.

Nella parola "sanità" è compreso quanto può essere utile per il recupero della salute o è utilizzato per l'assistenza di persone non autonome

Con questa premessa, anche per il giornalista è da intendere il moderno concetto di *salute* così come definito dall'Organizzazione mondiale della sanità (Oms): «stato di completo benessere fisico, psichico e sociale e non semplice assenza di malattia».

Nell'informazione sanitaria il giornalista ha il particolare dovere di informare tenendo conto di una caratteristica che condivide con il medico e con gli altri operatori di sanità e cioè comunicare attraverso la propria professione con la collettività, tenendo conto che il suo messaggio, oltre a rispondere a un interesse sociale, può anche soddisfare l'interesse personale di un determinato soggetto che magari è afflitto dalla patologia di cui si parla.

Il giornalista condivide così con il medico la responsabilità di essere professionista della cura della persona nel rispetto, però, di almeno due delle principali finalità della legislazione:

1) l'obbligo del rispetto delle regole della professione giornalistica;

2) l'obbligo del rispetto delle regole poste a presidio della salute e e dell'assistenza.

Aspetto quest'ultimo sul quale sarà il caso di soffermarsi quando si tratterà il tema del rispetto dei doveri propri del giornalista che, per alcune particolari finalità, deve condividere anche comportamenti propri della deontologia sanitaria.

Tornando alla normativa sull'informazione è pertanto necessario iniziare a distinguere nel campo della sanità quello che definiremo giornalismo di "cronaca" da quello che diventa giornalismo "informativo" sulla salute e, in alcuni casi, giornalismo di "specializzazione" per la comunicazione medico – scientifica.

Nel giornalismo di cronaca sanitaria deve essere rispettato quell'insieme di regole che riguarda un giornalismo professionalmente qualificato in quanto valido per ogni settore di interesse della collettività come quello che tratta notizie di politica, cultura, costume, sport, etc.; sempre ricordando però la necessaria particolare attenzione nella verifica delle fonti per gli specifici aspetti di sanità.

È opportuno selezionare le fonti maggiormente attendibili per verificare completezza e correttezza delle informazioni

Ovviamente, avendo ricordato che esiste una sanità pubblica, è opportuno selezionare quelle fonti maggiormente attendibili per verificare la completezza e la correttezza delle informazioni a carattere sanitario anche per quanto riguarda specifici contenuti e aspetti normativi, organizzativi, erogativi ed economici delle prestazioni garantite. È necessario quindi conoscere funzioni di enti, istituzioni e organizzazioni sanitarie particolarmente importanti, oltre che far riferimento alla legislazione che tutela particolari aspetti dei diritti della persona.

Per la cronaca di fatti legati al mondo della sanità – per esempio casi di soggetti con particolari patologie o affetti da malattie al centro dell'attenzione mediatica, come per esempio il "morbo della mucca pazza" oppure l'influenza di tipo A – è necessario conoscere e verificare con particolare attenzione quei contenuti che facciano riferimento ad aspetti legati alla tutela dei soggetti coinvolti ed al rispetto della loro *privacy*.

Diversa, ma altrettanto importante, è la verifica delle fonti nel riportare notizie di cronaca di particolare interesse medico quali sono il progresso della ricerca scientifica nella sanità e in settori attinenti la salute e la salubrità dell'ambiente. Per esempio particolare cura nelle verifiche va posta quando si parla di vaccini per patologie molto diffuse e molto gravi come l'Aids, oppure quando si dà notizia degli effetti indesiderati di un farmaco o di un alimento oppure degli effetti ambientali su un cibo, come la presenza di piombo o diossina su coltivazioni in territori esposti ad attività industriali.

È inoltre necessaria specifica competenza e il ricorso a fonti assolutamente attendibili nel riportare notizie sull'andamento e i risultati conseguiti nel settore della ricerca medico-scientifica e della tecnologia applicata allo studio della persona e delle tecniche diagnostiche e terapeutiche per la prevenzione e il trattamento di specifiche patologie.

12.2. Finalità

La corretta informazione è sempre più collegata ad una necessaria, maggiore collaborazione tra il giornalismo e il mondo della medicina, della scienza e della ricerca da realizzare attraverso un più attento e coinvolgente dialogo tra professionisti della comunicazione e professionisti della salute per un migliore servizio al cittadino come centro d'interesse e destinatario finale di quanto comunque connesso alla tutela del suo benessere psicofisico.

Fin dal 2003 con il "Piano sanitario" è stato previsto di «Promuovere... la comunicazione pubblica della salute». Vi si leggeva testualmente: «Le informazioni necessarie ai pazienti per orientarsi sulle decisioni in materia della salute dovrebbero essere fornite in modo comprensibile e aggiornato. Benché il ruolo del medico e del farmacista rimanga fondamentale nell'informare i pazienti, è necessario tener conto del fatto che lo sviluppo della società dell'informazione offre numerosi altri strumenti, ivi incluso Internet, il cui impatto potrebbe essere altamente benefico se opportunamente utilizzati. In effetti esistono già numerosi siti *web* che forniscono una varietà di informazioni di carattere sanitario, ma la qualità dell'informazione fornita non è sempre soddisfacente ed in alcuni casi è addirittura fuorviante».

Vero è che nessun richiamo esplicito è fatto alla figura del giornalista, ma sembra implicita l'ipotesi di un suo coinvolgimento se si considera che tra gli obiettivi strategici per la realizzazione di quanto appena ricordato si indica la necessità di «coinvolgere soggetti plurimi, pubblici e privati, in comuni imprese ed iniziative di comunicazione ed informazione sulla salute e la sanità».

Nelle notizie riguardanti la sanità sono tre i soggetti coinvolti: il giornalista, il medico e la collettività

12.3. Sanità e salute

Sono essenzialmente tre i soggetti interessati: giornalisti, medici e collettività. Giornalisti e medici sono elementi "attivi" dell'informazione. La collettività è stata il tradizionale destinatario "passivo". Oggi, però, per una più avvertita responsabilità partecipativa a scelte d'interesse collettivo ed anche grazie al progresso dei mezzi e dei sistemi di informazione si sta trasformando questo ruolo, assumendo sempre più quello di valido interlocutore, spesso fino a 'condizionare' la scelta degli argomenti giornalistici da seguire formulando specifici quesiti su particolari temi.

Il singolo cittadino diventa a sua volta 'informatore' e si sostituisce in qualche modo al giornalista – pur senza averne titolo – diffondendo messaggi di personale o collettivo interesse e utilizzando le potenzialità della comunicazione multimediale *(social network)*. Per esempio raccontando le proprie esperienze in campo sanitario, dando indicazioni su terapie seguite oppure semplicemente indicando ospedali o ambulatori in cui è stato assistito in maniera particolarmente attenta.

Il fenomeno induce a valutare questa nuova situazione che ha di fatto aumentato il numero dei soggetti interessati al "fatto informativo" portandolo da due a tre: dai tradizionali "soggetti attivi" rappresentanti la "fonte" e il "comunicatore" della notizia, al coinvolgimento partecipe, perché sempre più presente e determinante, di quello che in passato era solo il soggetto "passivo", cioè il "destinatario-utente" che oggi mostra elevate capacità critiche.

Occorre quindi ripartire da un presupposto fondamentale: diversamente dal passato e più che mai per il futuro, l'informazione sanitaria, specialmente in campo scientifico, dovrà mettere d'accordo e rispettare non solo le esigenze del giornalista, del medico e del ricercatore, ma anche quelle del destinatario inteso sia in senso generale che come specificamente competente in materia. L'informazione in campo sanitario non può prescindere dalle esigenze dell'assistito, del cittadino, del lettore. Il che significa da una parte il giornalista dovrà dare una notizia sempre più completa e corretta nei contenuti, dall'altra il medico o il ricercatore, nel fornire questa notizia, dovranno abituarsi a dialogare con il giornalista oltre che con il paziente.

Sarà poi compito del giornalista tener presente come il contenuto scientifico-culturale debba essere in qualche modo adattato, semplificato e reso accessibile, appetibile, utilizzabile da tutti i destinatari. Quello che le due categorie professionali del comunicatore e del sanitario dovrebbero sempre tenere presente è la necessità di confrontarsi e colloquiare. Diversamente non si può definire informazione sanitaria quanto viene indiscriminatamente comunicato, scritto e detto riguardo la sanità.

Quando si parla di "malasanità" la notizia è spesso monca di quegli elementi che possano farne individuare il tipo di responsabilità

12.4. Notizie di cronaca, informazione sanitaria, educazione alla salute

La cronaca sanitaria racconta con obiettività, senza commenti ma con certezza e verifica delle fonti, i fatti ritenuti di interesse per il destinatario (lettore, ascoltatore, spettatore). I cosiddetti casi di "malasanità" ne sono l'esempio più frequente. Quando si parla di sanità e malcostume o mala pratica, la notizia è spesso incompleta, non fornendo gli elementi per indicare la causa e differenziare se un evento di malasanità sia collegabile a precise responsabilità: organizzativa, medica, economica, politica etc.

L'informazione sulla salute confina spesso con l'educazione alla salute. Per il giornalista è importante trattare una notizia sanitaria con questa ottica: quando non è fatto di cronaca deve tenere presente che sta riferendo informazioni che non hanno caratteristiche di immediatezza, ma che possono avere elementi per tornare a parlarne, anche se a distanza di tempo. Vi potrebbe essere bisogno di riprendere l'argomento per seguirlo con successivi contributi di informazione, di conoscenza, di esperienze, di sperimentazioni che possono permettere – a chi legge, ascolta o vede – di formarsi una propria opinione, di acquisire cultura di quell'argomento sanitario sul quale ha già ricevuto precedenti informazioni, e che potrebbe essere connesso a scopi formativi ed educativi per la salute collettiva e del singolo.

Per questo motivo è importante che tanto il giornalista quanto l'operatore della sanità facciano riferimento e tengano conto, rispettandolo, quanto indicato dai rispettivi Codici comportamentali (Carta dei doveri e Codici professionali).

È importante essere certi di quanto si comunica.

Prima dell'avvento della multimedialità e di Internet, al tempo della carta stampata, una notizia scientifica aveva motivo per essere considerata certa soltanto dopo essere stata prima sperimentata, documentata, discussa e valutata in un appropriato e competente ambiente scientifico. Tale situazione si verificava abitualmente in occasione di appositi congressi di categorie sanitarie. Oggi non è sempre così e sempre di più e troppo spesso la cronaca concede spazio a notizie di contenuto medico con riferimento a studi e ricerche ancora in corso o caratterizzate soltanto da risultati ipotizzabili.

12.5. La Carta dei doveri e la deontologia sanitaria

La Carta dei doveri è il documento di riferimento per tutti gli iscritti all'Ordine dei giornalisti. Alla sua stesura sono seguiti documenti – Carte – relativi alla condotta professionale per quanto attiene specifici settori oggetto della comunicazione giornalistica e tra i quali non poteva mancare la sanità.

Ricordando l'obbligo della conoscenza e del rispetto di tutto quanto riportato nella 'Carta dei doveri', per lo specifico della comunicazione sanitaria, ricordiamo le disposizioni degli articoli relativi alla verifica delle fonti, all'obbligo di rettifica in caso di errori, alle norme sulle incompatibilità, ma, soprattutto quanto indicato a proposito di pubblicità, minori e soggetti deboli. Per la normativa sulla pubblicità sanitaria è il caso di ricordare che il cosiddetto 'Decreto Bersani' ripreso nella 'Legge finanziaria 2007' ha introdotto nuove regole e modificato precedenti disposizioni in materia di contenuti delle tariffe professionali e dei messaggi sulle prestazioni.

I giornalisti che si occupano di sanità devono passare da un ruolo comunicativo a uno informativo, sempre più legato all'attualità

Negli ultimi decenni la possibilità di comunicare ha registrato un continuo e costante progresso che oggi consente di vivere fatti e avvenimenti spesso in tempi sempre più rapidi o addirittura in "tempo reale". Questo per i giornalisti che si occupano di cronaca sanitaria o di specifica informazione sulla sanità comporta la necessità di essere preparati ad assumere un ruolo sempre più informativo, oltre che comunicativo.

Quello della ricerca in medicina è sicuramente un settore di interesse che, in talune situazioni, può assumere particolare importanza per la collettività, oltre a conservare un ruolo anche per i medici e altri "addetti alla salute". La ricerca medico-scientifica è motivo di interesse e curiosità per un numeroso pubblico e con diverso grado di interesse: è infatti attento a quanto può assumere rilievo per personali prospettive di maggior benessere psico-fisico, di qualità di vita e suo prolungamento, di attività professionale; ma è anche attento al progresso della salute come bene sociale e come miglioramento della specie. Sono considerazioni che ogni giornalista deve tenere presenti nel valutare l'importanza della notizia o dell'evento di cui intende. La decisione della pubblicazione deve quindi considerare, oltre il rilievo sociale della notizia, altri fattori legati a motivazioni di progresso e confronto scientifico, senza escludere potenziali tentativi di condizionamento politico, economico e professionale, legati alla sua divulgazione.

Sono aspetti etici e di costume spesso presenti in cosiddetti "movimenti di opinione" favorevoli o contrari ai risultati o agli sviluppi di determinate ricerche legate ad "aspettative sociali" che possono così subire orientamenti sul piano politico e commerciale. Giova ancora una volta ricordare che è prerogativa del giornalista l'esercizio del "diritto di cronaca" che consente di volta in volta la scelta delle "notizie" da diffondere secondo un professionale criterio di valutazione del loro interesse per la collettività.

Alle precedenti considerazioni si aggiunga che la ricerca scientifica con implicazioni biosanitarie e di biomedicina offre una vasta scelta di argomenti di comprovato interesse da parte della pubblica opinione, la quale è spesso anche chiamata ad esprimersi sulla opportunità e le modalità con le quali ulteriormente procedere in quel determinato campo (biotecnologie sanitarie e in ambito alimentare, risorse alternative ecc.).

Tra i più frequenti argomenti trattati ricordiamo: in farmacologia gli studi per prevenire e combattere le più comuni e diffuse patologie sociali e quelle degenerative; in chirurgia gli interventi estetici e correttivi fino alla applicazione di protesi e i trapianti di tessuti e di organi; in medicina, propriamente dedicata alla cura delle malattie il progresso della tecnologia diagnostica si accompagna agli studi sempre più profondi e mirati sulla struttura fisica dell'uomo e dei suoi organi con attenzione alla loro struttura cellulare fino al mistero della gnomica, della genetica a ai confini ancora inesplorati delle possibilità applicative considerando le implicazioni della moderna disciplina della 'bioetica'.

Anche la legge sulla privacy, attraverso il Codice di deontologia, tutela la dignità delle persone malate

Un panorama che per la comunicazione sanitaria apre la prospettiva della trattazione di nuovi argomenti dì interesse culturale che, pur collegati allo studio della struttura fisica della persona, stimolano l'attenzione alla considerazione di una componente individuale metafisica, o spirituale, che, anche nella formazione professionale del medico, non risulta ancora trattata con la dovuta considerazione.

12.6. La tutela dei dati personali (*privacy*)

La tutela dei dati personali introdotta con la Legge 675 del 1996 prevedeva all'articolo 25 un Codice deontologico nell'esercizio dell'attività giornalistica che, redatto dal Consiglio nazionale dell'Ordine dei giornalisti, ha previsto, tra l'altro, una norma di «tutela della dignità delle persone malate».

Nel rimandare l'approfondimento dell'intera normativa alla lettura dei documenti citati, è importante sottolineare due riferimenti al "consenso dell'interessato" necessario per la divulgazione di "dati sensibili" e dati inerenti la salute: la diffusione dei dati idonei a rivelare lo stato di salute è vietata, salvo nel caso in cui sia necessaria per finalità di prevenzione, accertamento o repressione dei reati, con l'osservanza delle norme che regolano la materia.

12.7. Le 'Carte' sulla sanità

Con l'obiettivo di fornire più precise indicazioni sul generico contenuto della 'Carta dei Doveri' alcuni Ordini regionali dei giornalisti hanno redatto documenti (Carte) sulla modalità di trattare argomenti di comunicazione sulla salute sia autonomamente che d'intesa con altre categorie professionali e associazioni di soggetti interessati. Rimandiamo gli interessati alla lettura integrale dei documenti di seguito trattati.

Partiamo dalla «Carta di Perugia» su 'Informazione e Malattia' (redatta in Umbria nel 1995 dal Consiglio dell'Ordine regionale dei Giornalisti, dalla Federazione regionale dei medici e dall'Ordine regionale degli Psicologi). Nel preambolo ai 13 articoli di cui è composta si legge che: la «"Carta di Perugia", identificando un comune centro di interesse, non è stata scritta a vantaggio di questa o quella professione, ma a favore degli utenti del nostro lavoro, dandoci dei punti di riferimento per migliorare la qualità del nostro interagire. È uno strumento che ciascuno di noi utilizzerà per garantire il rispetto dei diritti del cittadino malato e del cittadino che legge i giornali e guarda la televisione. Interagendo attiviamo processi di comunicazione: vogliamo farlo in maniera sempre più completa e corretta, salvaguardando la reciproca autonomia, ma con gli stessi obiettivi di fondo».

La Carta di S. Michele si pone «a tutela dei diritti del cittadino per una corretta informazione su stati morbosi, terapia, diagnosi e attività professionale del medico» ed è stata redatta nel 1996 dagli Ordini dei medici e degli odontoiatri e dei giornalisti delle province autonome di Bolzano e Trento. Composta di 10 articoli è stata presentata in un Convegno dedicato all'argomento a S. Michele all'Adige (Trento).

Sulla sanità esistono diversi documenti elaborati e sottoscritti da Federazioni dei medici e Ordini regionali

La «Carta di Torino 2001» dal titolo «Medici e Giornalisti per la deontologia dell'informazione» è frutto del lavoro del Consiglio dell'Ordine dei giornalisti del Piemonte e del Consiglio dell'Ordine dei medici chirurghi e degli odontoiatri della provincia di Torino. Nel preambolo ai 16 articoli si legge che: «Il testo è stato elaborato dal Consiglio dell'Ordine dei giornalisti del Piemonte e dal Consiglio dell'Ordine dei medici chirurghi e degli odontoiatri della Provincia di Torino, sulla base delle rispettive leggi istitutive, della Carta dei doveri del giornalista (Roma, 8 luglio 1993), della Legge 31 dicembre 1996 n. 675 sulla Tutela delle persone e degli altri soggetti rispetto al trattamento dei dati personali, del Codice di deontologia medica del 1998, della Carta di Perugia "Informazione e malattia" concordata dagli Ordini dei medici, dei giornalisti e degli psicologi dell'Umbria, delle "Linee-guida etiche per lo sviluppo e l'applicazione della tecnologia biomedica: raccomandazioni e conclusioni" a cura della Conferenza del College of American Pathologists Foundation del 1994». Nell'ottobre 2008 ne è stato redatto un aggiornamento al quale ha contribuito la Commissione 'Rapporti con Enti e Associazioni di Cittadini e Media'.

La Carta della Toscana su "La buona pratica nell'informazione bio-medica" (redatta nel 2005 a cura dell'Ordine dei giornalisti della Toscana e dalla Federazione regionale degli Ordini dei medici della Toscana) è composta di un Preambolo che presenta un 'Manifesto' articolato in 10 punti.

Nel preambolo si ricorda che: «Se un tempo l'accesso all'informazione biomedica era, per più motivi, estremamente limitato e legato al rapporto biunivoco medico-paziente, oggi, invece, intervengono altri interlocutori e l'informazione raggiunge ampi strati dell'opinione pubblica, prevalentemente attraverso i mass-media e le nuove tecnologie multimediali che restano al di fuori di contesti normativi precisi». Più avanti continua affermando che: «L'esigenza di linee-guida, che siano di riferimento per una "buona pratica" nella comunicazione bio-medica, viene sollecitata da più parti, in nome del diritto del cittadino a una informazione comprensibile, ampia e corretta e non è possibile eludere, da parte dei professionisti, quelle competenze che possono essere acquisite solo attraverso una alta formazione mirata».

La «Carta dell'informazione in sanità – Codice comportamentale del medico e del giornalista» (redatta nel 1997 da medici e giornalisti della Commissione di bioetica dell'Ordine dei medici di Roma con il patrocinio dell'Associazione stampa medica italiana Asmi-Fnsi) è articolata in 6 Titoli, 15 Capi e 42 Articoli. È stata approvata dal Consiglio direttivo dell'Ordine dei medici di Roma e trasmesso alla Federazione nazionale degli Ordini dei medici (Fnomceo) e al Consiglio nazionale dell'Ordine dei giornalisti (Cnog) che lo ha restituito con alcune osservazioni della Commissione culturale recepite nella definitiva stesura pubblicata il maggio 1998 a cura dell'Asmi.

Sulla informazione sanitaria ricade una grande responsabilità per la natura e per i comportamenti che una notizia può determinare

12.8. Considerazioni conclusive

Non sempre è possibile riconoscere se all'origine di una notizia scientifica vi sia un ricercatore che ne è la fonte e un giornalista che ne è il divulgatore. Eppure sono le due insostituibili figure professionali che esistono in funzione di un destinatario che non è soltanto un lettore curioso o da informare, ma è sempre una 'persona' e spesso una persona direttamente interessata per la sua situazione, i suoi desideri, le sue necessità, le sue attese. È questa la grande responsabilità della cronaca sanitaria in generale e di una specifica informazione giornalistica sulla salute con tutte le diverse esigenze e difficoltà comunicative di quella medico-scientifica.

Una grande responsabilità del giornalismo nei confronti dell'informazione per le implicazioni bioetiche legate alla ricerca e al progresso in campo sanitario a tutela della salute. Per questi motivi la "Stampa medica" è considerato gruppo di specializzazione del giornalismo che comprende un compito di 'comunicazione sociale' meritevole di particolare attenzione alla 'qualità' dell'informazione. Ricordo soltanto alcune delle caratteristiche di qualità dell'informazione che sono oggetto, già da alcuni anni, di studio e approfondimento da parte dello Osservatorio per la comunicazione sanitaria dell'Università di Pisa:

- *correttezza*: assenza di errori e esaustività sia nei concetti che nella terminologia;
- *affidabilità*: fonti scientifiche accreditate e istituzionali di specifica competenza per l'argomento trattato e precise indicazioni bibliografiche di riferimento;
- *comprensibilità*: uso di un linguaggio facile da capire anche per persone di basso livello culturale;
- *utilità e equilibrio*: notizie educative e informative senza eccessi ottimistici o di allarmismo;
- *indipendenza*: assenza di influenza economica e/o pubblicitaria.

Compito non facile è quello di perseguire una corretta, efficace, motivata e finalizzata collaborazione tra ricercatore e giornalista scientifico. Un impegno che può essere soggetto a molte possibili interferenze di componenti che in modo palese o indiretto possono condizionare contenuti e obiettivi.

Ne ricordiamo alcuni oltre quelli già accennati nel contesto espositivo:

- le procedure connesse alla comunicazione dei risultati delle ricerche che comprendono, ponendone in risalto, il ruolo degli uffici stampa e degli addetti stampa;
- le possibili interferenze di interesse economico, politico e culturale quali sono il finanziamento della ricerca, la scelta di predeterminati obiettivi, il predeterminato supporto divulgativo con iniziative di tipo economico-sociale-culturale;
- la commerciabilità di un prodotto connessa alla divulgazione dei risultati ottenuti o soltanto ottenibili;
- i diversi e molteplici motivi di interesse per i ricercatori ad una tempestiva quanto spesso anche anticipata comunicazione di progressi in assenza di risultati certi;
- la ricerca dello *scoop,* spesso condizionata più da interessi di tipo commerciale o di un calcolato esercizio del "diritto di cronaca" che non dal principio irrinunciabile della libertà e indipendenza della professione giornalistica.

Esiste anche il problema della carenza di giornalisti scientifici e della intereferenza di tipo redazionale nel trattamento delle notizie sanitarie

Ultimo problema, ma non certo per importanza, la carenza di giornalisti scientifici qualificati ed alcune interferenze di tipo redazionale quali ad esempio la tardiva, incompleta ed elusiva rettifica di notizie errate, la titolazione impropria degli articoli, una ipotizzabile e anche deontologicamente perseguibile connivenza tra ricercatori, giornalisti ed editori.

Nell'epoca della multimedialità parlando di comunicazione sanitaria non si può trascurare un particolare riferimento al più recente mezzo di comunicazione e informazione rappresentato da Internet. Esso rappresenta contemporaneamente il mezzo di comunicazione più utilizzabile e, almeno per ora, quello meno controllabile per la professionalità e le finalità dei redattori oltre che dei suoi contenuti: difficilmente Internet riuscirà a eliminare o a sostituire completamente la tradizionale funzione della carta stampata quale mezzo eccellente di informazione giornalistica, ma sicuramente stiamo vivendo un periodo di profondi cambiamenti per quanto riguarda l'editoria e il modo giornalistico di comunicare.

Internet ha essenzialmente bisogno di regole per chi lo voglia utilizzare con garanzia delle informazioni diffuse. Un'informazione è valida e utile se riesce a guadagnare la fiducia del destinatario, cioè di chi era ed è ancora un lettore, un ascoltatore, uno spettatore e sarà presto, se ancora non lo è già, un 'navigatore': in ogni caso deve avere una notizia garantita da un professionista dell'informazione che lo consideri sempre e comunque come una "persona".

Letture consigliate

Giuramento di Ippocrate.
Codice di deontologia medica.
Carte deontologiche per il giornalista sulla sanità (Treviso, Perugia, S. Michele, Torino, Toscana)
Codice del medico e del giornalista per l'informazione sanitaria e medico scientifica.

Francesco De Vito

13

Sondaggi e *par condicio*

13.1. I criteri di attendibilità di una rilevazione statistica

Più che una scienza esatta, quella dei sondaggi è una scienza del probabile. Nel senso che si fonda su criteri rigorosi, ma il risultato che si ricava dalla rilevazione non è l'esatta fotografia di cosa pensano in quel momento i cittadini su una determinata questione o come voterebbero, ma un'approssimazione ad essa. Il grado di approssimazione dipende soprattutto dalla dimensione del campione degli intervistati. Come vedremo, il margine d'errore diminuisce man mano che il campione si amplia, ma senza mai azzerarsi. «Per quanto un campione sia ben fatto – scrivono Mauro Barisione e Renato Mannheimer – difficilmente ricalcherà in tutto e per tutto le caratteristiche dell'intera popolazione e fornirà le stesse identiche risposte che questa fornirebbe. La spiegazione di ciò dipende semplicemente dal caso» (1).

Quella dei sondaggi è una scienza del probabile che fotografa la realtà in base al campione scelto

Insomma, se il sondaggio è realizzato correttamente, può essere un utile strumento di rilevazione degli orientamenti dell'opinione pubblica, tenendo sempre presente il margine di errore in relazione alla dimensione del campione. Se invece viene realizzato in maniera non corretta, diventa uno strumento di manipolazione.

I sondaggi si possono distinguere in tre categorie:

a) le ricerche di mercato, indirizzate generalmente a settori specifici della popolazione (porzioni di territorio, donne e uomini, giovani e adulti, gruppi sociali);

b) le indagini di opinione volte a indagare gli orientamenti dei cittadini in ordine a problemi di particolare attualità;

c) i sondaggi preelettorali.

Gli istituti di ricerca seri si attengono a metodi scientifici propri dello strumento demoscopico. L'attendibilità di una rilevazione dipende infatti dal rispetto di una serie di criteri il primo dei quali è la definizione di un campione rappresentativo della popolazione (universo di riferimento) di cui si vogliono rilevare le opinioni. Vi sono diversi metodi per la definizione di un campione. Il più utilizzato è il campione per quote.

Sulla base dello studio dell'universo di riferimento si calcola la distribuzione della popolazione, aggregata per gruppi di individui che presentano le stesse caratteristiche sociodemografiche (ad esempio sesso, età, zona di residenza, titolo di studio, professione). Il campione dovrà quindi rappresentare proporzionalmente la popolazione oggetto dell'indagine. L'incrocio tra le diverse variabili definisce le celle campionarie, cioè la quota di popolazione che corrisponde a determinate caratteristiche. Ad esempio, se l'universo da sondare è quello della popolazione italiana maggiorenne, l'incrocio tra sesso ed età determinerà una cella in cui il 5,15 per cento è rappresentato dai maschi tra i 18 e i 24 anni di età. Dovranno quindi essere intervistati un numero di maschi tra i 18 e i 24 anni pari al 5,15 per cento delle interviste da realizzare complessivamente.

Per non produrre distorsioni, il rispetto delle quote campionarie deve essere rigoroso. A tal fine tutte le domande che servono a individuare le caratteristiche sociodemografiche del soggetto da intervistare devono essere poste all'inizio del questionario, per individuare i soggetti compatibili. Intervistare chiunque significa invalidare la scientificità della ricerca. Se il campione è stato selezionato tenendo conto di tutti questi accorgimenti, il margine di errore dipende a quel punto dall'ampiezza del numero degli intervistati. Se le interviste sono 300, il margine di errore è 5,7, con il doppio, 600, scende al 4 per cento, mentre con 1.000 interviste si posiziona al 3,1 e con 2.000 al 2,2 per cento.

È fondamentale definire il campione: intervistare chiunque significa invalidare la scientificità della ricerca

Con 10.000 interviste il margine di errore è dell'1 per cento, mentre con 40.000 si dimezza (0,5 per cento). Il margine d'errore ha poca rilevanza quando si tratti di un'indagine di opinione in cui si esprime una maggioranza netta, mentre ne ha di più quando lo scarto è minimo. In quest'ultimo caso una maggioranza di poco superiore al 50 per cento potrebbe non essere rappresentativa dell'universo di riferimento. Mentre i sondaggi di opinione non sono sottoponibili a verifica, i sondaggi elettorali, al contrario, possono essere verificati con i voti veri contenuti nelle urne, e tra il voto virtuale e quello reale si possono registrare, come vedremo, differenze non di poco conto.

In ogni caso, ci deve essere corrispondenza tra il campione prescelto e il numero di interviste realizzate. Quando si legge, come spesso capita, che il campione è di 1.000 persone ma le interviste complete sono 400, quel sondaggio non ha alcuna affidabilità, è solo l'opinione di 400 persone che non hanno alcun rapporto di proporzionalità col campione statistico.

L'altra indicazione basilare è che le domande non devono orientare, devono essere neutre. La loro sequenza deve essere organizzata in modo che al tema del sondaggio, l'intervistato venga condotto in maniera graduale. Soprattutto in materia di sondaggi politici ed elettorali gli istituti demoscopici più seri usano vari accorgimenti. Quando si tratta di un sondaggio sul livello di gradimento di personaggi pubblici, generalmente viene fornito agli intervistati un elenco di personalità su cui pronunciarsi. Se l'elenco viene letto sempre nello stesso ordine, i personaggi elencati per primi possono risultare favoriti perché su di essi si concentra la maggiore attenzione. È buona regola, quindi, per non orientare surrettiziamente le risposte, alternare di volta in volta l'ordine in cui le personalità vengono elencate. Se poi si chiede un giudizio su una singola personalità, va indicata con le sue generalità, ma senza aggiungere cose che le vengono attribuite in positivo o in negativo.

Per restare nel campo delle indagini di opinione, ricordiamo che la prima rilevazione venne effettuata negli Stati Uniti da George Gallup nel 1935, ed ebbe come oggetto la politica sociale del presidente F.D. Roosevelt finalizzata a far uscire il Paese dalla Grande depressione del 1929. La domanda posta fu questa: «Lei pensa che le spese del governo per l'assistenza siano troppo piccole, troppo grandi o vadano bene così?». Il risultato venne pubblicato dal "Washington Post" e da altri 35 giornali. Per il 60 per cento del campione il governo spendeva troppo, per il 9 per cento troppo poco e per il 31 per cento il necessario.

13.2. I sondaggi elettorali

Il primo sondaggio elettorale moderno, riferito cioè ad un campione di elettori, risale ad un anno dopo le elezioni presidenziali americane del 1936, in cui si confrontano il presidente uscente Roosevelt e il repubblicano Landon. Gallup lavora su un campione di 50.000 americani e preannuncia una vittoria del candidato democratico con il 55 per cento dei voti. La rivista "Literary Digest" lavora invece sulle schede ricevute da una platea molto più ampia, 2 milioni e 250 mila americani, non selezionati col metodo della campionatura, e prevede la vittoria del candidato repubblicano col 57 per cento dei voti. A schede scrutinate, Roosevelt risulta confermato presidente col 65 per cento dei voti. La "Literary Digest" sbaglia clamorosamente il pronostico, a conferma dell'inaffidabilità di un sondaggio non fondato su un campione. Gallup attribuisce al vincitore un 7 per cento in meno di voti, a conferma che anche un sondaggio fondato su un campione ha margini di errore piuttosto ampi. Altri due ricercatori che lavorano col metodo del campionamento prevedono la vittoria di Roosevelt: Archibald Crossley, con 7 punti in meno, come Gallup, ed Elmo Roper con un solo punto di scarto.

Il primo sondaggio elettorale moderno risale alle elezioni presidenziali americane del 1936

L'infortunio arriva con le elezioni presidenziali del 1948. Il confronto è tra il presidente democratico Truman, vicepresidente con Roosevelt, cui era succeduto dopo la sua morte, e il repubblicano Dewey. Gallup, Roper e Crossley attribuiscono al candidato repubblicano un vantaggio di 10 punti. Dalle urne, invece, esce vincitore Truman. Da allora i metodi d'indagine si sono affinati e infortuni così clamorosi non si sono più verificati.

In Italia il primo sondaggio elettorale nasce in occasione del referendum monarchia-repubblica del 2 giugno 1946. È promosso da Pier Paolo Luzzatto Fegiz, fondatore della Doxa, e viene pubblicato dal settimanale "Oggi" un mese prima del voto. Non si tratta, in realtà, di un vero e proprio sondaggio elettorale. La domanda è finalizzata a individuare le preferenze per le forme di Stato, monarchica e repubblicana. Il 40 per cento del campione intervistato si mostra favorevole alla forma repubblicana, il 32 per cento a quella monarchica, mentre il 28 per cento non si esprime. Dal voto uscirà una vittoria di misura per la Repubblica, segno che quasi due terzi di coloro che non si erano espressi hanno votato per la Monarchia.

Un altro esperimento viene effettuato dalla Doxa in occasione delle elezioni politiche del 1948. Anche questa volta la domanda è indiretta. Non si chiede per quale partito l'intervistato voterà, bensì quale partito ritiene che si debba consolidare. La vittoria della Dc è preannunciata con uno scarto di 3,5 punti in meno, la sconfitta del Fronte popolare con uno scarto di 4 punti in meno. Risultano sopravvalutate le forze intermedie. Poca cosa rispetto all'infortunio, qualche mese dopo, dei sondaggisti statunitensi.

Rispetto alle indagini di opinione, i sondaggi elettorali hanno la sfortuna di essere sottoposti a verifica nel momento in cui si scrutinano le schede dei voti reali. Per di più, essi presentano, rispetto ad altri tipi di sondaggi, ulteriori elementi di difficoltà. Il campione è tarato su tutte le componenti già ricordate, ma non c'è alcuna possibilità di fare in modo che esso sia rappresentativo non solo della popolazione in età di voto, ma anche di come si è suddivisa nell'ultimo voto reale di riferimento. Va da sé che se gli elettori del partito X sono proporzionalmente più rappresentati nel campione rispetto al partito Y, il partito X risulta favorito. È buona regola, quindi, chiedere ad un certo punto dell'intervista, per quale partito l'intervistato abbia votato alle ultime elezioni. Ciò consente di rilevare se un partito è sovrarappresentato mentre un altro è sottorappresentato, e operare di conseguenza correzioni sul coefficiente di moltiplicazione. Per esempio, se un partito è sottorappresentato nel campione per la metà, il coefficiente di moltiplicazione sarà 10 invece di 5. Ma non sempre le dichiarazioni su come si è votato alle elezioni precedenti sono veritiere. A chi scrive è capitato più di una volta di sentirsi dire da qualche amico che al sondaggista aveva risposto di aver votato per il partito contrario al suo, ritenendo di poter avvantaggiare, così, la sua parte politica.

Dal sondaggio elettorale i partiti possono trarre una tendenza ma non la percentuale dei voti che ci sarebbe se si votasse quel giorno

C'è poi una difficoltà tutta italiana. Nel nostro singolare sistema bipolare ci sono una miriade di partiti che non raggiungono la soglia del 4 per cento e alcuni stanno addirittura sotto il 2 o l'1 per cento. Si tenga presente che un sondaggio elettorale è realizzato generalmente su un campione di 1.000 intervistati, dimensione che contiene, come si è già detto, un margine di errore del 3,1 per cento. Per un partito del 3,9 per cento il responso potrebbe quindi teoricamente oscillare tra lo 0,6 e il 7 per cento. Ma anche per un partito che alle più recenti elezioni ha preso, poniamo, il 18 per cento dei voti, il responso può oscillare tra il 14,9 e il 21,1 per cento. Naturalmente, per evitare errori così clamorosi, vengono introdotti correttivi ed aggiustamenti, ma nessuno di essi è tale da garantirci che se si votasse nella giornata in cui vengono realizzate le interviste, le percentuali di voto reale di ciascun partito sarebbero sicuramente quelle che risultano dal voto virtuale. Illuminante, sotto questo aspetto, è quanto successe in occasione delle elezioni politiche del 2006. Per tutta la durata della campagna elettorale l'Unione, la coalizione che sosteneva Romano Prodi, venne accreditata dagli istituti demoscopici di un vantaggio tra i 4 e i 6 punti percentuali, e questo fino all'immediata vigilia elettorale. A schede scrutinate, la differenza col centro-destra, alla Camera, fu di appena 24 mila voti, che consentirono al centro-sinistra di ottenere il premio di maggioranza. Al Senato il centro-destra ottenne 200 mila voti in più e il centro-sinistra ebbe una risicata maggioranza di soli tre seggi grazie al voto degli italiani all'estero. Nelle elezioni politiche del 2008, poi, la lista "Arcobaleno", che riuniva la cosiddetta sinistra radicale, venne accreditata nei sondaggi ampiamente sopra il 4 per cento, ma dalle urne uscì sotto quella soglia e restò fuori dal Parlamento.

Da quanto è stato detto si ricava che dal sondaggio elettorale si può trarre, per i partiti politici, una tendenza, in quel determinato momento, all'incremento o alla contrazione rispetto a quando si è votato l'ultima volta (e ha rilevanza, in questo caso, se si è trattato di un'elezione politica, europea, regionale o comunale) o rispetto al sondaggio effettuato in precedenza. Non già la percentuale che ciascun partito prenderebbe se si votasse nel giorno in cui si effettua il sondaggio, come invece si legge sui giornali quando ne viene illustrato uno. Quella percentuale va letta tenendo presente il margine di errore possibile a seconda dell'ampiezza del campione. Ma la condizione è che ci si rivolga a istituti demoscopici seri.

A chi scrive nel 1994 capitò di dover illustrare un sondaggio elettorale sul settimanale in cui lavorava. Per la prima volta si votava col collegio uninominale maggioritario. L'importante non era la percentuale di voto, ma quanti collegi si riusciva a conquistare. Nella regione Emilia-Romagna, dove il Pds era ampiamente maggioritario, il pronostico risultava chiaramente sottodimensionato. Venne fatto presente al sondagista, che così rispose: «Non c'è problema, correggiamo il dato».

Anche le proiezioni, più note come exit poll, *si fondano sul sistema del campionamento*

13.3. Pseudo-sondaggi, *exit poll* e proiezioni

Il cosidetto televoto, al quale le emittenti ricorrono con sempre maggiore frequenza, non appartiene alla categoria dei sondaggi fondati, per quanto possibile, su criteri scientifici. Questa rilevazione non si basa sul sistema del campionamento. Vi partecipa soltanto chi, in quel momento, sta seguendo quella determinata trasmissione. Anzi, vi partecipa soprattutto chi è più emotivamente coinvolto. Magari premendo il tasto più di una volta ed esprimendo un voto multiplo. Non può essere assunta, perciò, nemmeno come orientamento del pubblico televisivo di quel momento. Eppure capita, talvolta, che qualche commentatore disinvolto analizzi il televoto come espressione dell'orientamento dei cittadini.

Appartengono invece alla categoria delle indagini fondate su criteri scientifici sia gli *exit poll* che le proiezioni elettorali. Gli *exit poll* funzionano in questo modo. Si individua un campione di un certo numero di seggi elettorali e all'uscita e si fa ripetere il voto all'elettore. È un meccanismo costoso, spesso il numero di seggi è esiguo e gli istituti demoscopici tarano il risultato col sondaggio effettuato fino al giorno prima del voto. Anche perché non tutti votano nello stesso modo in cui hanno votato nella cabina elettorale. Per ovviare ai margini di errore, che potrebbero essere ampi, i ricercatori si premuniscono indicando una forchetta che può essere di 2-3 punti in più o in meno. Talvolta accade che non vi sia corrispondenza tra l'*exit poll* e le successive proiezioni.

Anche le proiezioni si fondano sul sistema del campionamento. Si individua un certo numero di seggi-campione e si lavora in questo caso sui voti reali man mano che vengono scrutinati. La prima proiezione, in genere, viene trasmessa con una copertura del 10 per cento del campione e una forchetta ampia, che si restringe man mano che la copertura aumenta. L'ultima proiezione, in genere la terza, dovrebbe differire dal risultato finale solo per qualche decimale. Ma non sempre è così. Talvolta accade che si discuta per un'intera serata su risultati che l'indomani mattina, a scrutinio ultimato, vengono smentiti.

Tra gli anni Settanta e Ottanta Celso Ghini, un funzionario emiliano responsabile dell'Ufficio elettorale del Pci, riusciva ad anticipare gli istituti demoscopici e a dare proiezioni molto attendibili. Si conquistò l'appellativo di mago dei numeri. Merito suo, ma anche del forte insediamento territoriale che il Pci aveva in quegli anni.

13.4. Un tentativo di regolamentazione: il Protocollo d'intesa tra Ordine dei giornalisti e Assirm

Il rischio dei sondaggi è di trasformarli in strumenti di manipolazione dell'opinione pubblica

Il problema di una regolamentazione al fine di ottenere che i sondaggi non si trasformassero da strumenti di rilevazione dell'orientamento dell'opinione pubblica in strumenti di manipolazione tendenti a influenzarla esisteva e si pose con maggiore urgenza dopo il 1994, quando la scomparsa di una parte dei partiti tradizionali, la trasformazione di alcuni di essi e l'emergere di nuove forze politiche fece diventare il sondaggio elettorale strumento di consumo quotidiano non tanto per rilevare l'accreditamento presso l'opinione pubblica di questo o quel partito, ma per convincerla della forza crescente di ciascuno di loro, e in questo modo condizionarla. Silvio Berlusconi fece una campagna martellante per accreditare "Forza Italia" come un partito che avrebbe preso il 40 per cento dei voti. Dalle urne uscì un 21 per cento, che lo classificava come primo partito, ma era lontano di ben 19 punti da quel 40 per cento.

Va a merito del Consiglio nazionale dell'Ordine dei giornalisti e dell'Assirm, l'associazione che raggruppa i più importanti istituti demoscopici, l'aver firmato un anno dopo, esattamente il 7 aprile 1995, un Protocollo d'intesa che per la prima volta detta regole di comportamento per la correttezza delle informazioni sui sondaggi sia a chi li esegue (gli istituti demoscopici) sia a chi li divulga o li diffonde in qualsiasi forma (giornalisti o committenti).

Dopo aver rilevato che «il diritto del cittadino ad una corretta informazione si estende a pieno titolo alla divulgazioni di dati e informazioni derivanti da sondaggi di opinione, rilevazioni di atteggiamenti politici, ricerche di mercato e in generale a tutte le informazioni ottenute con la tecnica del campione statistico», il Protocollo d'intesa così prosegue: «Dovere imprescindibile di entrambe le parti è di fornire in ogni caso all'utente/ascoltatore tutte le informazioni necessarie e indispensabili per valutare l'attendibilità dei dati, la loro completezza, la loro rilevanza e significatività rispetto ai temi trattati e alle conclusioni tratte. Dovranno altresì essere forniti tutti i riferimenti necessari a spiegare in modo corretto le eventuali discordanze tra risultati di sondaggi apparentemente simili».

In sostanza, si devono offrire al lettore o all'ascoltatore tutti gli elementi che gli consentano una lettura critica dei risultati del sondaggio.

In proposito il Protocollo impegna ad accompagnare la pubblicazione dei dati sui sondaggi con le seguenti informazioni:

a) soggetto che ha realizzato il sondaggio e, se realizzato con altri, le collaborazioni di cui si è avvalso;

b) criteri seguiti per l'individuazione del campione;

c) metodo di raccolta delle informazioni e dei dati;

d) numero delle persone interpellate e universo di riferimento;

e) domande rivolte;

f) percentuale delle persone che hanno risposto a ciascuna domanda;

g) date in cui è stato realizzato il sondaggio.

L'omissione di tali informazioni, afferma il Protocollo, «pone gravi problemi per l'etica professionale e per la stessa libertà di informazione democratica. Presentare come sondaggi una serie di informazioni che non corrispondono alle regole per poter essere definite tali costituisce un concreto attentato alla buona fede del fruitore, in quanto può essere influenzato dall'autorevolezza connessa con il termine "sondaggi" ed attribuire alle informazioni diffuse una credibilità totalmente diversa che se tali informazioni fossero presentate come libere opinioni di questo o quel gruppo di cittadini o soggetti politici».

Il protocollo Ordine-Assirm impegna a pubblicare i sondaggi accompagnandoli sempre con una serie di indicazioni

13.5. Regole e leggi attorno ai sondaggi

I princìpi contenuti nel Protocollo d'intesa tra Ordine dei giornalisti e Assirm, ulteriormente arricchiti, sono poi diventati norme di legge e regolamentari. Infatti, la legge 31 luglio 1997 n. 249, che istituisce l'Autorità per le garanzie nelle comunicazioni, attribuisce a tale Autorità il compito di emanare un regolamento che detti i criteri per la pubblicazione e la diffusione dei sondaggi sui mezzi di comunicazione di massa. Il regolamento in questione è stato approvato nella seduta del 25 luglio 2002.

All'art. 1, il Regolamento emanato dall'Autorità per le garanzie nelle comunicazioni distingue tra sondaggio e inchiesta. Per sondaggio deve intendersi «ogni rilevazione di opinioni, comportamenti, giudizi, atteggiamenti, previsioni, atti e fatti effettuata con metodo campionario, probabilistico o non probabilistico, che consente di generalizzare i risultati al collettivo di riferimento».

Per inchiesta deve intendersi «una rilevazione non rappresentativa che prevede una selezione dei rispondenti effettuata senza impiegare metodi statistici adeguati, il cui risultato non può essere generalizzato».

L'art. 2 detta norme per la pubblicazione o diffusione dei sondaggi sui mezzi di comunicazione di massa. Essa dev'essere corredata da una nota informativa che rechi una serie di indicazioni così elencate:

a) il soggetto che ha realizzato il sondaggio;

b) il nome del committente e dell'acquirente;

c) il tipo di rilevazione, l'universo o collettivo di riferimento, la tipologia degli intervistati e il tipo di campione, specificando che si tratta di un sondaggio rappresentativo;

d) l'estensione territoriale del sondaggio (nazionale, regionale, provinciale, etc.);

e) la consistenza numerica del campione di intervistati, il numero o la percentuale di chi non risponde e delle sostituzioni effettuate;

f) la data o il periodo in cui è stato realizzato il sondaggio;

g) il testo integrale delle domande;

h) l'indirizzo o il sito informatico dove è disponibile il documento completo riguardante il sondaggio. Inoltre: in caso di pubblicazione del sondaggio a mezzo stampa, la nota informativa prevista dall'art. 1 deve essere evidenziata in un apposito riquadro. In caso di diffusione televisiva, la nota informativa va trasmessa per tutta la durata di illustrazione del sondaggio. In caso di diffusione radiofonica, la nota informativa deve essere letta al pubblico.

L'art. 3, in caso di pubblicazione o diffusione, obbliga l'istituto che ha realizzato il sondaggio a rendere contestualmente disponibile sul sito Internet dell'Autorità per le garanzie nelle comunicazioni (www.agcom.it) il documento completo nella sua integrità.

Gli esponenti politici quando citano i sondaggi non aggiungono mai le indicazioni previste per legge

Nella fase d'avvio, l'Autorità per le comunicazioni si è preoccupata soprattutto di far conoscere le varie disposizioni agli organi d'informazione, segnalando gli errori commessi e invitandoli, anche attraverso incontri bilaterali, a correggerli. Normalmente, i giornali che pubblicano sondaggi si attengono alle regole dettate dall'Agcom. Non così gli esponenti politici, che dai palchi delle loro manifestazioni pubbliche annunciano a che livello è giunta la percentuale del loro voto virtuale, senza aggiungere nessuna delle indicazioni previste per legge. Quegli annunci vengono poi ripresi dagli organi di stampa, ma l'opinione pubblica continua a ignorare chi ha effettuato il sondaggio e quale sia il campione degli intervistati.

Per concludere in tema di sondaggi, va ricordato infine che la legge 22 febbraio 2000 n. 28, riprendendo norme già presenti in precedenti decreti legge, vieta la pubblicazione e diffusione di sondaggi preelettorali nei 15 giorni che precedono le consultazioni.

13.6. Parità di accesso

Non è per la disposizione ricordata in materia di sondaggi che la legge 28/2000 è maggiormente nota. Essa si intitola "Disposizioni per la parità di accesso ai mezzi d'informazione durante le campagne elettorali e referendarie e per la comunicazione politica" ed è meglio conosciuta come legge sulla *par condicio*. Anche questo tema s'impose con l'entrata in politica di Silvio Berlusconi. La novità di un'azienda, la Fininvest, che si trasformava in partito, e del suo proprietario che diveniva presidente del Consiglio e aveva quindi il controllo, oltre che della televisione commerciale e della Mondadori, anche della Rai, non aveva precedenti in nessuna democrazia e poneva problemi gravi in rapporto alle condizioni di parità che avrebbero dovuto essere assicurate a tutte le forze politiche.

Dopo la crisi del primo governo Berlusconi, che si determinò a seguito dell'uscita dalla maggioranza della Lega di Umberto Bossi e portò alla formazione dell'esecutivo diretto da Lamberto Dini, la questione di nuove regole che garantissero parità di accesso ai mezzi d'informazione divenne uno dei temi principali dello scontro politico.

In particolare, fu soprattutto l'allora Presidente della Repubblica, Oscar Luigi Scalfaro, a porlo come questione di massima urgenza, senza la cui soluzione la democrazia repubblicana sarebbe risultata impoverita.

Già la legge 223/90, pur non delineando ancora il concetto di "democrazia dell'informazione", introduceva per i media obblighi di "pluralismo, obiettività, completezza, imparzialità", nonché "apertura alle diverse opinioni e tendenze politiche, sociali, culturali e religiose". Si trattava, però, di una sollecitazione al "dover essere" più che di una prescrizione di norme.

Dopo il primo governo Berlusconi si pose con forza il problema di garantire la parità di accesso ai mezzi di informazione

La legge 81/93, che introduceva il nuovo sistema elettorale per comuni e province, conteneva invece, esclusivamente per il periodo della campagna elettorale, regole che chiedevano alle emittenti radio e alle televisioni pubbliche e private titolari di concessioni da parte dello Stato di garantire alle diverse forze politiche che partecipavano alle elezioni un trattamento eguale. La legge 515/93 fissava limitazioni per l'accesso ai mezzi di informazione dei candidati ai diversi gradi (parlamentari, regionali, provinciali, comunali) delle cariche elettive. Nell'uno e nell'altro caso si trattava di norme parziali, non ancora sufficienti al raggiungimento dello scopo.

Il primo tentativo di introdurre una normativa organica e coerente risale al decreto legge 83/95 emanato dall'allora ministro delle Poste e Telecomunicazioni Agostino Gambino, che venne più volte reiterato ma che il Parlamento non riuscì mai a convertire in legge per l'opposizione del centrodestra.

Il decreto Gambino venne varato alla vigilia delle elezioni regionali. Appena approvato dal Consiglio dei ministri venne inviato in aereo al capo dello Stato Scalfaro, che si trovava in visita ad Ankara, perché lo firmasse prima del suo rientro in Italia e si potesse procedere quindi alla sua pubblicazione sulla Gazzetta ufficiale in tempo utile.

Il decreto introduceva una distinzione tra informazione elettorale, propaganda elettorale e pubblicità elettorale. Per informazione elettorale, precisava, devono intendersi i programmi e i servizi di informazione, compresi i telegiornali e i giornali radio, riguardanti la campagna elettorale e i candidati delle varie liste; per propaganda elettorale, la presentazione sulla stampa e nelle emittenti radiotelevisive, dei programmi delle diverse forze politiche e delle liste ad esse collegate; per pubblicità elettorale, i messaggi brevi pubblicati con inserzioni sulla stampa o diffusi con spot radiotelevisivi.

La legge 28/2000 ha sostituito quelle norme e detta, in un disegno organico, regole di pari opportunità sia per le campagne elettorali e referendarie che per la comunicazione politica nei normali periodi in cui non ci sono elezioni.

13.7. La legge n. 28 del 22 febbraio 2000

Ma veniamo ai contenuti della legge 28/2000.

L'art. 1 ne indica le finalità:

> «La presente legge, promuove e disciplina, al fine di garantire la parità di trattamento e l'imparzialità, rispetto a tutti i soggetti politici, l'accesso ai mezzi di informazione per la comunicazione politica. La presente legge promuove e disciplina altresì, allo stesso fine, l'accesso ai mezzi di informazione durante le campagne per le elezioni al Parlamento europeo, per le elezioni politiche, regionali e amministrative e per ogni referendum».

L'art. 2 è dedicato alla comunicazione politica radiotelevisiva. Ecco il testo:

> "Le emittenti radiotelevisive devono assicurare a tutti i soggetti politici con imparzialità ed equità l'accesso all'informazione e alla comunicazione politica. S'intende per comunicazione politica radiotelevisiva ai fini della presente legge la diffusione sui mezzi radiotelevisivi di programmi contenenti opinioni e valutazioni politiche. Alla comunicazione politica si applicano le disposizioni dei commi successivi. Esse non si applicano alla diffusione di notizie nei programmi di informazione».
>
> È assicurata parità di condizioni nell'esposizione di opinioni e valutazioni politiche nelle tribune politiche, nei dibattiti, nelle tavole rotonde, nelle presentazioni in contraddittorio di programmi politici, nei confronti, nelle interviste e in ogni altra trasmissione nella quale assuma carattere rilevante l'esposizione di opinioni e valutazioni politiche.
>
> L'offerta di programmi di comunicazione politica radiotelevisiva è obbligatoria per le concessionarie radiofoniche nazionali e per le concessionarie televisive nazionali con obbligo di informazione che trasmettono in chiaro. La partecipazione ai programmi medesimi è in ogni caso gratuita».

La legge risulta particolarmente vincolante per quanto riguarda l'accesso al mezzo radiotelevisivo

Infine, alla Commissione parlamentare di vigilanza sui servizi radiotelevisivi e all'Autorità per le garanzie nelle comunicazioni è demandato il compito di stabilire le regole per l'applicazione della disciplina enunciata.

L'art. 3 riguarda i messaggi politici autogestiti. Possono essere trasmessi dalle emittenti radiofoniche e televisive che offrono spazi di comunicazione politica gratuita. La trasmissione di questi messaggi è facoltativa per le emittenti private, mentre è obbligatoria per la concessionaria pubblica, ovvero la Rai. I messaggi, della durata di 1-3 minuti per le emittenti televisive e di 30-90 secondi per le emittenti radiofoniche, a scelta del richiedente, devono consistere in una "motivata esposizione di un programma o di un'opinione politica". Non possono interrompere altri programmi, sono trasmessi in appositi contenitori, e non sono computati nel calcolo dei limiti di affollamento pubblicitario previsto dalla legge. I messaggi non possono superare il 25 per cento della durata totale dei programmi di comunicazione politica di ciascuna emittente nell'ambito della stessa settimana e nella stessa fascia oraria, con un massimo di due contenitori per ogni giornata di programmazione. Ciascun messaggio può essere trasmesso una sola volta in ciascun contenitore. Per le emittenti nazionali la trasmissione dei messaggi autogestiti è gratuita.

L'art. 4 si sofferma più specificamente sulla comunicazione politica e i messaggi radiotelevisivi autogestiti in campagna elettorale. Vengono definite innanzitutto le forme della comunicazione politica, dalla data di convocazione dei comizi elettorali, che sono le seguenti: tribune politiche, dibattiti, tavole rotonde, presentazione in contraddittorio di candidati e di programmi politici, interviste e ogni altra forma che consenta il confronto tra le posizioni politiche e i candidati in competizione.

Vengono poi definiti i criteri attraverso i quali la Commissione di vigilanza e l'Autorità sulle comunicazioni procedono al riparto degli spazi:

a) tra la convocazione dei comizi elettorali e la presentazione delle candidature essi sono ripartiti tra le forze politiche presenti nelle assemblee da rieleggere, nel Parlamento europeo o in uno dei due rami del Parlamento nazionale (Camera dei deputati e Senato della Repubblica);

b) tra la presentazione delle candidature e la chiusura della campagna elettorale, alla mezzanotte del venerdì che precede il voto, sono divisi secondo il principio delle pari opportunità tra le coalizioni e tra le liste presenti in almeno un quarto dei collegi o delle circoscrizioni interessate al voto, fatta salva l'eventuale presenza di soggetti politici che rappresentino minoranze linguistiche;

c) in caso di ballottaggio, sono ripartiti in modo uguale tra i due candidati ammessi;

d) per il referendum la ripartizione avviene in misura uguale tra i favorevoli e i contrari al quesito.

Per la carta stampata gli editori devono solo annunciare la volontà di diffondere i messaggi politici a pagamento

Vengono poi enunciati i criteri per la trasmissione di "messaggi autogestiti per la presentazione non in contraddittorio di liste e programmi" dalla data di presentazione delle candidature. Devono essere i seguenti:

a) gli spazi sono ripartiti a parità di condizioni, anche con riferimento alle fasce orarie di trasmissione;

b) sono trasmessi gratuitamente in appositi contenitori e non possono interrompere altri programmi;

c) possono esserci un massimo di sei contenitori per ogni giornata di programmazione.

L'art. 5 demanda alla Commissione di vigilanza e all'Autorità per le comunicazioni la definizione dei «criteri specifici ai quali, fino alla chiusura delle operazioni di voto, debbono conformarsi la concessionaria pubblica e le emittenti radiotelevisive private nei programmi di informazione, al fine di garantire la parità di trattamento, l'obiettività, la completezza e l'imparzialità dell'informazione». In ogni caso, «dalla data di convocazione dei comizi elettorali e fino alla chiusura delle operazioni di voto in qualunque trasmissione radiotelevisiva è vietato fornire, anche in forma indiretta, indicazioni di voto o manifestare le proprie preferenze di voto». Precisi obblighi sono indicati per registi e conduttori. Essi sono «tenuti ad un comportamento corretto ed imparziale nella gestione del programma, così da non esercitare, anche in forma surrettizia, influenza sulle libere scelte degli elettori».

Norme specifiche sono previste all'art. 7 per la pubblicazione di messaggi politici su quotidiani e periodici. Gli editori che intendano diffonderli devono darne comunicazione sulle proprie testate, «per consentire ai candidati e alle forze politiche l'accesso ai relativi spazi in condizioni di parità». Le forme di messaggi politico-elettorali ammesse sono le seguenti:

a) annunci di dibattiti, tavole rotonde, conferenze, discorsi;

b) pubblicazioni destinate alla presentazione dei programmi delle liste, dei gruppi di candidati e dei candidati;

c) pubblicazioni di confronto tra più candidati.

L'art. 9 vieta a tutte le amministrazioni pubbliche, durante le campagne elettorali, di fare attività di comunicazione «ad eccezione di quelle effettuate in forma impersonale ed indispensabili per l'efficace assolvimento delle proprie funzioni».

La legge 28/2000 prevede anche sanzioni in caso di violazione degli obblighi in essa contenuti. L'Autorità per le comunicazioni può ordinare la trasmissione di messaggi o di programmi di comunicazione politica per i soggetti eventualmente danneggiati e può decidere la sospensione delle trasmissioni effettuate in violazione della legge.

Le emittenti locali, che vedono nelle campagne elettorali una occasione di autofinanziamento, hanno ritenuto la normativa troppo restrittiva

Una normativa particolare era prevista, dalla legge 28/2000, per le emittenti radiotelevisive locali. Chi intendeva trasmettere messaggi politici autogestiti a pagamento era tenuto a offrire spazi di comunicazione politica gratuita per un tempo pari a quello dei messaggi diffusi nei contenitori. Era tenuto inoltre, per i messaggi a pagamento, a praticare uno sconto del 50 per cento sulle tariffe normalmente in vigore. In campagna elettorale, alle emittenti radiotelevisive locali che accettavano di trasmettere gratuitamente messaggi autogestiti era riconosciuto un rimborso, da parte dello Stato, di 12.000 lire nel caso delle radio e di 40.000 lire nel caso delle televisioni, per ciascun messaggio.

Le emittenti locali, che vedono nelle campagne elettorali un'occasione di autofinanziamento, hanno ritenuto la normativa troppo restrittiva. A seguito della loro pressione, la Camera dei deputati ha approvato nel febbraio del 2003 un disegno di legge che stralcia le norme sull'emittenza locale contenute nella legge 28/2000 e affida alle organizzazioni più rappresentative del settore il compito di elaborare un Codice di autoregolamentazione da emanarsi, poi, da parte dell'Autorità per le comunicazioni e del ministero delle Telecomunicazioni.

La proposta del governo affidava tale compito esclusivamente alle organizzazioni più rappresentative delle emittenti. Ma la Camera ha opportunamente introdotto una modifica che prevede il parere obbligatorio del Consiglio nazionale dell'Ordine dei giornalisti e della Federazione nazionale della stampa italiana. In questo modo, la definizione del Codice di autoregolamentazione diventa problema non affidato esclusivamente alla discrezione degli editori.

Le norme sulla *par condicio* sono sempre state oggetto di vivace polemica politica. Silvio Berlusconi, in particolare, l'ha sempre giudicate una cosa illiberale. Ma nei cinque anni di ininterrotto governo tra il 2001 e il 2006 non è riuscito a modificarle anche per l'opposizione dei suoi stessi alleati, Alleanza nazionale, Udc e Lega Nord. D'altra parte in tutti i paesi europei di consolidata democrazia, che peraltro non hanno mai avuto e non hanno governanti o *leader* di partito con posizioni dominanti nel settore dei mass media, si registrano normative ispirate al principio della *par condicio*. In Spagna e Portogallo, per esempio, la pubblicità elettorale è proibita sulle reti televisive, e ai partiti sono concessi spazi in base ai risultati ottenuti nelle precedenti elezioni. Le liste che si presentano per la prima volta hanno a disposizione uno spazio di 10 minuti.

In Francia gli interventi televisivi sono divisi in tre spazi: uno per il governo, uno per l'opposizione e uno per la maggioranza parlamentare. Al di fuori di questi spazi, la pubblicità politico-elettorale è vietata. In Germania, le forze politiche possono trasmettere spot elettorali sulle televisioni pubbliche, mentre quelle private praticano sconti tra il 30 e il 50 per cento. In Gran Bretagna, ai partiti è offerto gratuitamente uno spazio di 3-5 minuti per propaganda elettorale, assegnato in proporzione al risultato ottenuto nelle elezioni precedenti. Inoltre, ad un spazio concesso ad un esponente del governo corrisponde uno spazio assegnato ad un esponente dell'opposizione. Infine, in Grecia, tutti i partiti godono di spazi gratuiti nella televisione pubblica, mentre in Irlanda e Finlandia gli spot sono vietati nella televisione pubblica ma consentiti in quelle private.

(1) "I sondaggi", Il Mulino, 2005"

Note

Antonio Viali

14

Il procedimento e le sanzioni disciplinari

14.1. L'esercizio del potere disciplinare: l'iniziativa

La tutela del decoro, della dignità, del prestigio e dell'autonomia della professione è esercitata dai Consigli dell'Ordine attraverso il potere disciplinare.

Questo potere trova la sua realizzazione in un procedimento, articolato in due fasi: l'una innanzi al Consiglio locale e – in sede di ricorso – avanti al Consiglio nazionale; l'altra davanti alle autorità giudiziarie (Tribunale, Corte di appello, Corte di cassazione).

Il procedimento disciplinare è iniziato d'ufficio dal Consiglio regionale o su richiesta del procuratore generale presso la Corte d'appello

È opportuno ricordare che i Consigli dell'Ordine sono enti pubblici autonomi e i loro provvedimenti hanno natura di atti amministrativi. Anche il Consiglio nazionale è, in seconda istanza, organo di giustizia amministrativa.

La natura amministrativa del procedimento disciplinare non viene meno per il fatto che, nel giudizio davanti al Consiglio nazionale, è previsto l'intervento, anche consultivo, del p.m.

Dalla natura amministrativa del procedimento davanti ai Consigli dell'Ordine, regionali e nazionale, discendono alcune conseguenze di carattere procedimentale; in primo luogo l'applicazione, per gli aspetti non espressamente dichiarati dalla legge, delle norme processuali civilistiche. In secondo luogo – e questa è una novità non prevista dalla legge professionale – l'applicazione della legge 241/1990 sulla trasparenza degli atti amministrativi. Quest'ultima legge interessa il procedimento disciplinare soprattutto sotto due aspetti: l'accesso ai documenti e la partecipazione al procedimento dell'interessato e di eventuali altri terzi interessati, che esamineremo più avanti.

Sotto il primo profilo la richiesta di accesso deve essere vagliata caso per caso per accertare se la conoscenza del documento risulti effettivamente necessaria per la tutela degli interessi deontologici del richiedente (fatte salve, pertanto, le esigenze di salvaguardare la riservatezza di terze persone nonché la loro vita privata).

Il procedimento disciplinare è iniziato d'ufficio dal Consiglio regionale o su richiesta del procuratore generale presso la Corte d'appello.

È da escludere che la richiesta del p.m. determini necessariamente l'inizio del procedimento disciplinare: tale richiesta costituisce solo un invito *ad hoc* al Consiglio dell'Ordine, il quale può anche disattenderla.

Questa interpretazione trova la sua ragione nel rilievo, ribadito dalla dottrina, secondo cui la violazione delle norme del sistema etico lede direttamente i valori della categoria e, quindi, è perseguibile solo ad istanza di quei soggetti che la rappresentano (Consigli dell'Ordine).

Ciò non significa, peraltro, che i terzi non possano segnalare al Consiglio dell'Ordine e al pubblico ministero fatti ritenuti deontologicamente rilevanti per sollecitare l'esercizio del potere disciplinare.

I terzi, infatti, sono titolari di valori protetti da norme che si attestano nella sfera civile ed in quella penale e ne possono chiedere la tutela al magistrato ordinario; essi non sono però portatori d'interessi legalmente protetti in sede disciplinare, per cui l'eventuale loro esposto al Consiglio dell'Ordine ha il carattere di una mera denunzia o comunicazione di un fatto, che deve essere valutata dai soggetti titolari del potere d'iniziativa disciplinare.

Per tali motivi, se il denunciante desiste dall'accusa o dichiara di essere stato soddisfatto nelle sue pretese o di aver chiarito le ragioni di contrasto con l'iscritto negli albi o, ancora, ammette l'erroneità delle affermazioni a danno di quest'ultimo, tali dichiarazioni non possono determinare l'effetto d'impedire l'avvio o la prosecuzione del procedimento disciplinare (anche se sono tutti elementi che possono essere considerati dal Consiglio dell'Ordine ai fini dell'accertamento della sussistenza o no dell'illecito disciplinare, della gravità e rilevanza di esso).

L'accertamento dell'infrazione disciplinare e l'erogazione della sanzione costituiscono manifestazioni di un potere esclusivo dell'Ordine

L'accertamento dell'infrazione disciplinare e l'erogazione della sanzione, infatti, costituiscono manifestazioni di un potere esclusivo del Consiglio dell'Ordine e prescindono dalla volontà del terzo di perseguire o no l'incolpato.

14.2. La fase preliminare al procedimento disciplinare

Spesso accade che il Consiglio dell'Ordine, venuto a conoscenza – su denunzia di terzi o della stampa o attraverso altre fonti – di un evento che può avere rilevanza deontologica, compie alcuni sommari accertamenti per ricevere conferma della veridicità del fatto. Tali indagini possono essere effettuate anche invitando il professionista interessato a fornire chiarimenti.

Non sempre questa fase preliminare è indispensabile, come, ad esempio, nel caso in cui l'evento da valutare sia ampiamente documentato.

La fase preliminare, in altre parole, può essere considerata propedeutica, ma non necessaria, al procedimento disciplinare, giacché non v'è ragione di percorrerla tutte le volte nelle quali la notizia del fatto da valutare sotto il profilo deontologico sia acquisita contemporaneamente agli elementi di prova che ne confermino l'esistenza. In tal caso, il Consiglio dell'Ordine può procedere direttamente alla sommaria deliberazione di quanto a sua conoscenza, per decidere se sussistano i presupposti per esercitare o no il potere d'ufficio di aprire il procedimento disciplinare.

L'ordinamento professionale, mentre detta numerose norme per regolare il procedimento disciplinare, ignora – invece – la fase preliminare.

Nella prassi essa si svolge senza precise formalità, ascoltando – se ritenuto necessario – il giornalista interessato e controllando, se possibile, i dati di fatto esposti dal terzo denunciante o comunque conosciuti.

Secondo taluni il diritto di difesa dell'iscritto va tutelato anche in questa fase e, pertanto, sarebbe necessario contestare all'interessato, sia pure sommariamente, i fatti sui quali viene svolta l'indagine.

La tesi è da condividere. L'avvento della legge 241/90 ha sciolto ogni dubbio in proposito. Pertanto, l'avvio del procedimento deve essere comunicato all'interessato con l'indicazione dell'oggetto del procedimento promosso.

L'inosservanza di tale obbligo costituisce vizio di violazione di legge e comporta l'illegittimità del provvedimento finale adottato.

Nell'ipotesi in cui il Consiglio dell'Ordine – dopo la fase preliminare – ritenga che non sussistano elementi, adotta un provvedimento di non luogo a procedere, comunemente definito di "archiviazione".

Tale atto – in buona sostanza – significa che l'organo non intende esercitare *ex officio* l'azione disciplinare.

L'avvio del procedimento deve essere comunicato all'interessato con l'indicazione dell'oggetto del procedimento promosso

La delibera di archiviazione è assimilabile al decreto di impromovibilità dell'azione penale previsto dall'articolo 74 del codice di procedura penale, sempre revocabile in seguito a nuovi accertamenti. A differenza della sentenza, che presuppone un processo, il provvedimento di archiviazione ha per presupposto la mancanza di un processo e non dà luogo a preclusioni di alcun genere.

Nel caso in cui, a conclusione della fase preliminare, il Consiglio dell'Ordine deliberi che non intende esercitare il potere di apertura d'ufficio del procedimento disciplinare, il relativo provvedimento deve essere comunicato al p.m., all'interessato e al cosiddetto "esponente" al fine di consentire loro l'esercizio del diritto di impugnativa.

Qualora il Consiglio dell'Ordine ritenga d'individuare fatti commessi dal giornalista e potenzialmente illeciti sotto il profilo deontologico, adotta, invece, una delibera di apertura del procedimento disciplinare, della quale il presidente del Consiglio dell'Ordine è obbligato a dare immediata comunicazione all'interessato mediante atto, spedito a mezzo raccomandata con ricevuta di ritorno, contenente una indicazione sommaria dei fatti che gli vengono addebitati e delle eventuali prove raccolte.

14.3. Competenza, avvio e prescrizione dell'azione disciplinare

La sorveglianza sulla condotta degli iscritti negli albi, negli elenchi e nei registri e l'esercizio del potere disciplinare, con l'irrogazione delle eventuali sanzioni in caso di accertata violazione dei precetti deontologici compete, come detto, al Consiglio dell'Ordine presso il quale è iscritto l'incolpato.

A questa regola generale fa eccezione il caso che l'incolpato sia membro di tale Consiglio. In tale ipotesi il procedimento deve essere rimesso ad altro Consiglio dell'Ordine, designato dal Consiglio nazionale.

Il procedimento innanzi al Consiglio dell'Ordine – a prescindere dalla fase preliminare, anteriore ad esso, illustrata nel precedente paragrafo – si articola:

a) nella delibera di apertura;

b) nell'eventuale istruttoria successiva;

c) nell'audizione dell'interessato;

d) nell'adozione del provvedimento finale.

L'avvio della procedura, dunque, ha inizio unicamente in presenza di un atto del Consiglio dell'Ordine.

L'effettivo inizio del procedimento, in ogni caso, è segnato dalla delibera, con la quale il Consiglio dell'Ordine ne determina l'apertura, fissando le contestazioni da muovere all'iscritto.

Tali contestazioni possono anche non essere specifiche, dato che la loro formulazione definitiva va determinata nell'atto di citazione che deve contenere "la menzione circostanziata degli addebiti e delle prove raccolte". Le contestazioni, però, devono essere comunque tali da consentire all'iscritto di individuare i limiti dell'accusa e di difendersi.

Il procedimento si articola poi nelle successive fasi: istruttoria, trattazione e adozione del provvedimento.

L'effettivo inizio del procedimento, in ogni caso, è segnato dalla delibera, con la quale il Consiglio dell'Ordine ne determina l'apertura, fissando le contestazioni da muovere all'iscritto

Per la validità della deliberazione di apertura del procedimento e quelle successive è necessaria la presenza di non meno della metà del numero complessivo dei consiglieri ed il voto favorevole della maggioranza dei votanti. In caso di parità prevale il voto del presidente. La deliberazione è sottoscritta dal presidente e dal segretario ed è pubblicata mediante deposito dell'originale negli uffici di segreteria. Successivamente, il presidente del Consiglio dell'Ordine dà notizia all'interessato del provvedimento d'apertura del procedimento, con lettera raccomandata con avviso di ricevimento enunciando sommariamente i fatti per i quali si procede.

La ricezione della comunicazione del provvedimento di apertura del procedimento è necessaria per il compimento degli ulteriori atti, ma anche per interrompere il corso della prescrizione dell'azione disciplinare.

14.4. Il procedimento innanzi al Consiglio dell'Ordine

La ricezione da parte dell'iscritto della comunicazione dell'apertura del procedimento disciplinare consente l'effettivo avvio di quest'ultimo, che – non è superfluo ribadire ancora una volta – ha natura amministrativa e non giurisdizionale.

Nel silenzio della legge, è da ritenersi che il procedimento disciplinare abbia interesse e carattere prevalentemente civile mancando l'espresso richiamo alle norme del codice di procedura penale.

La comunicazione all'iscritto dell'apertura del procedimento disciplinare, qualora il caso non richieda esigenze istruttorie complesse, può contenere, assieme alla contestazione degli addebiti e delle prove raccolte, l'invito allo stesso di presentarsi davanti al Consiglio in un termine non inferiore a 30 giorni per essere sentito nelle sue discolpe.

Può invece verificarsi che, per la complessità del caso, si renda necessario, da parte del Consiglio regionale, una successiva istruttoria; in tal caso, ricevuta la prova della ricezione della comunicazione dell'apertura del procedimento disciplinare, il presidente del Consiglio dell'Ordine, o un componente di questo da lui delegato, provvede a tale istruttoria, raccogliendo le informazioni che ritiene opportune ed i documenti necessari ai fini della decisione nel merito, nonché le deduzioni che gli pervengono dall'incolpato.

A tale scopo, oltre all'interrogatorio dell'eventuale denunziante possono essere sentiti testimoni ed ammesse consulenze tecniche.

Successivamente alla comunicazione di apertura del procedimento, deve essere dato avviso all'incolpato di tutti gli atti compiuti nel corso del procedimento stesso. L'omissione di tale adempimento costituisce nullità, rilevabile d'ufficio in ogni stato e grado del procedimento.

Terminata la fase istruttoria, il presidente nomina il relatore tra i componenti del Consiglio e fissa la data della seduta per il giudizio, ordinando l'audizione dell'incolpato.

Durante il procedimento, oltre allo interrogatorio dell'eventuale denunziante possono essere sentiti testimoni ed ammesse consulenze tecniche

Tale atto deve essere comunicato a cura degli uffici di segreteria, con raccomandata con ricevuta di ritorno all'inquisito e la sua audizione in ogni caso non può avvenire entro un termine inferiore a 30 giorni.

La citazione deve contenere: le generalità dell'incolpato; la menzione circostanziata degli addebiti; l'indicazione del luogo, del giorno e dell'ora della comparizione; l'avvertimento che l'inquisito potrà essere assistito da un difensore e che, in caso di mancata comparizione, sarà proceduto al giudizio in sua assenza; l'eventuale elenco dei testimoni che saranno presentati in giudizio; il termine entro il quale l'incolpato e il suo difensore potranno prendere visione degli atti del procedimento, proporre deduzioni ed indicare testimoni.

Tutti questi elementi non richiedono commenti, ma va solo sottolineato che la "menzione circostanziata degli addebiti" deve consistere non solo nell'enunciazione del fatto o dell'omissione contestata all'iscritto, ma anche dei princìpi deontologici violati. Non è sufficiente, in altre parole, indicare solo una specifica condotta – pure se, per ipotesi, penalmente rilevante – ma è necessario precisare il precetto non osservato.

L'addebito, infatti, deve essere chiaro nei suoi contenuti, anche se l'eventuale genericità od imprecisione della formulazione può essere superata se l'incolpato ne ha chiaramente inteso i contenuti e si è difeso nel merito.

L'omessa menzione, nella citazione dell'incolpato, dell'elenco dei testimoni chiamati in giudizio determina la nullità del procedimento disciplinare.

Qualora l'incolpato intenda indicare – nel termine concesso – ulteriori testimoni, oltre quelli citati *ex officio* deve esporre sommariamente le circostanze sulle quali intende che questi ultimi siano esaminati.

Il provvedimento, con il quale il presidente del Consiglio dell'Ordine ammette l'assunzione di testi indicati dall'incolpato, non deve essere comunicato a quest'ultimo, ma la parte ha la facoltà e l'onere di prenderne cognizione. Non sussiste quindi un obbligo del Consiglio, nell'ipotesi in cui l'incolpato non abbia citato i testi ammessi a sua difesa, di disporne la convocazione d'ufficio, né di rinviare ad altra data il procedimento. Solo in caso di documentata ed oggettiva impossibilità di tempestiva citazione dei testi, il presidente del Consiglio dell'Ordine può disporre il rinvio del giudizio ad altra seduta, dandone immediata comunicazione all'incolpato ed ai testimoni già citati.

L'adunanza del Consiglio dell'Ordine dedicata alla celebrazione del procedimento non è pubblica e di essa è redatto apposito verbale nel quale deve essere dato espressamente atto della rituale convocazione dei consiglieri e dei presenti, al fine di consentire il controllo del *quorum* costitutivo.

Il procedimento è celebrato nella sede del Consiglio dell'Ordine, ma lo svolgimento e la conclusione dello stesso fuori da tali locali, in difetto di una norma che lo vieti, non determina la nullità del provvedimento.

La fase dibattimentale è diretta dal presidente del Consiglio dell'Ordine, nei casi di sua assenza od impedimento dal vicepresidente; qualora l'incolpato non si presenti né giustifichi un legittimo impedimento, si procede in sua assenza.

Il teste, prima di deporre, deve prestare giuramento, in virtù del disposto dell'art. 251 del Codice di procedura civile

Nell'ipotesi che l'iscritto, od il suo difensore, proponga istanza di rinvio della trattazione del procedimento, il Consiglio deve motivarne, a pena di nullità, l'eventuale rigetto.

Ad inizio della seduta il relatore espone i fatti e le risultanze dell'istruttoria. Viene interrogato quindi l'incolpato e sono esaminati gli eventuali testimoni.

A tal riguardo, è opportuno sottolineare che la persona citata a rendere testimonianza del procedimento disciplinare – se non compaia per legittimo impedimento – può essere ascoltata nel luogo ove si trova, anche per rogatoria. Nell'ipotesi in cui il teste, senza giustificato motivo, sia assente o rifiuti di deporre ovvero deponga il falso o sia reticente, è incerto se allo stesso possano applicarsi le disposizioni del codice di procedura penale nella specifica materia (artt. 359 c.p.p. del 1930 e 207 del 1988); non v'è dubbio però che se il teste è iscritto all'albo, lo stesso sia perseguibile disciplinarmente per il comportamento tenuto.

Il teste, prima di deporre, deve prestare giuramento, in virtù del disposto dell'art. 251 del codice di procedura civile, non essendo richieste dalla legge professionale, in proposito, le norme del codice di rito penale.

Nell'ipotesi che l'audizione non si esaurisca in un'unica adunanza, il prosieguo può essere rinviato ad altra data, nella quale la formazione del Consiglio può anche variare giacché il procedimento, avendo natura meramente amministrativa, rimane sottratto dalla norma sull'unità e continuità della formazione del collegio giudicante.

Nella tornata successiva, infatti, è ammessa l'assenza di qualcuno dei componenti che hanno assistito alla prima adunanza, ma la composizione del Consiglio dell'Ordine deve essere tale da consentire che, al momento della decisione, siano presenti tanti componenti il collegio innanzi al quale è stata effettuata l'audizione in numero necessario a raggiungere il *quorum* legale per la validità della riunione.

Nella seconda o nelle successive adunanze, inoltre, non è ammessa la partecipazione di consiglieri che non abbiano assistito a tutte quelle precedenti.

È opportuno, peraltro, sottolineare che non ha rilevanza la diversa composizione del collegio, nel caso in cui quest'ultimo – nella nuova formazione – abbia emesso la decisione dopo che la posizione dell'interessato sia stata trattata *ex novo*, sia stata nuovamente fatta la relazione e l'incolpato abbia svolto le proprie difese.

Nell'ipotesi di rinnovazione dell'audizione, comunque, è consentita – con il consenso dell'incolpato – la lettura di deposizioni assunte in precedenza dal medesimo Consiglio in diversa composizione collegiale.

Chiusa la discussione, il Consiglio si ritira per adottare la sua decisione o, viceversa, il presidente dispone l'allontanamento dell'incolpato e del difensore.

Il provvedimento disciplinare è adottato a votazione segreta. La decisione è valida anche se non venga presa subito dopo la conclusione della riunione.

Il testo della decisione è redatto dal relatore e deve contenere la indicazione della composizione del collegio giudicante, l'esposizione delle contestazioni mosse all'iscritto, dei fatti e dei motivi sui quali essa si fonda, il dispositivo, l'indicazione del giorno, del mese e dell'anno in cui è pronunziata e la sottoscrizione del presidente e del segretario.

Il provvedimento disciplinare è adottato a votazione segreta. La decisione è valida anche se non venga presa subito dopo la conclusione della riunione

Particolare valore assume la motivazione, che deve essere fondata – per quanto attiene i fatti contestati all'incolpato – su precisi elementi di prova, rigorosamente certi, e non può fare riferimento a congetture, ipotesi od illazioni od a fatti non contestati.

Non è necessario indicare se il provvedimento sia stato assunto all'unanimità od a maggioranza di voti ed il numero di questi.

La decisione è pubblicata mediante deposito dell'originale negli uffici di segreteria. Il provvedimento, subito dopo la pubblicazione, è notificato, a mezzo ufficiale giudiziario, in copia integrale, entro 30 giorni, all'interessato e al pubblico ministero. Tale termine ha carattere ordinatorio, onde la sua inosservanza non determina alcuna nullità, ma unicamente lo spostamento del *dies a quo* per l'eventuale impugnazione.

Va ricordato che l'interessato e il p.m. possono ricorrere nel termine di 30 giorni al Consiglio nazionale dell'Ordine dei giornalisti.

Il ricorso non sospende l'esecuzione della sanzione erogata. A meno che il ricorrente non produca istanza cautelare, nel ricorso o con atto a parte, volta alla sospensione dell'esecutività della sanzione inflitta fino al giorno della discussione dell'istanza di sospensione stessa.

Il provvedimento del Consiglio dell'Ordine che pone termine al procedimento disciplinare ha natura amministrativa e, quindi, anche per esso trova applicazione il principio dell'autotutela, che consente al medesimo collegio – qualora successivamente accerti il vizio nel procedimento – di annullare la sua precedente decisione invalida.

Tale potere peraltro viene meno nell'ipotesi in cui l'incolpato abbia prodotto ricorso avverso l'originario provvedimento e la decisione del Consiglio nazionale sia passata in giudicato.

Per quanto attiene al regime di pubblicità degli atti del procedimento disciplinare, va osservato che non tutti possono essere considerati in linea di principio liberamente consultabili dai soggetti ad esso estranei.

Al riguardo, va sottolineato che la titolarità dell'azione disciplinare compete al Consiglio dell'Ordine e, pertanto, in linea di principio, i terzi non possono essere considerati portatori di interessi giuridicamente protetti nei procedimenti così instaurati.

Contemporaneamente non può essere trascurato il diritto alla riservatezza dell'inquisito e la necessità di tutelare la sua personalità dalla non necessaria diffusione di notizie che investono il suo decoro e la sua dignità.

Sono queste le ragioni che giustificano la norma secondo la quale le adunanze del Consiglio dell'Ordine non sono pubbliche.

Gli atti del procedimento disciplinare possono essere distinti in due gruppi: il primo, composto dai verbali delle fasi preliminare, istruttoria e dibattimentale nonché dai documenti acquisiti al fascicolo d'ufficio. Il secondo, costituito dai provvedimenti che pongono termine ad esso.

Non può essere trascurato il diritto alla riservatezza dell'inquisito e la necessità di tutelare la sua personalità dalla non necessaria diffusione di notizie che investono il suo decoro e la sua dignità

È da escludere che gli atti che documentano le attività compiute nel caso del giudizio disciplinare, attesa la non pubblicità di quest'ultimo, possono essere resi di pubblico dominio.

Pur non essendo previsto dalla legge, è da ritenersi che i provvedimenti disciplinari che comportino la definitiva o temporanea perdita dello *status* di giornalista (sospensione dell'iscritto dall'esercizio professionale, radiazione e anche la cancellazione dall'albo pur se non conseguente a sanzione disciplinare), possano essere comunicati a tutti i Consigli dell'Ordine.

Detti provvedimenti – divenuti definitivi per mancata impugnazione o per il rigetto dell'eventuale gravame proposto dall'interessato – impediscono temporaneamente o definitivamente l'esercizio della professione e, quindi, determinano una modifica nello *status* dell'iscritto, quale risulta dagli albi; pertanto, di essi deve essere necessariamente data pubblicità a tutela dei terzi che devono essere posti in condizione di avere notizia di variazioni rispetto a quanto emerge dagli albi pubblicati dal Consiglio dell'Ordine.

Le considerazioni ora esposte sono valide anche per i provvedimenti sanzionatori più lievi, e precisamente l'avvertimento e la censura, che non incidono sullo *status* del professionista, ma esplicano i loro effetti solo sul piano etico.

Esistono poi particolari situazioni che consentono di ritenere che, in concreto, un terzo possa avere un obiettivo e rilevante interesse, giuridicamente tutelabile, ad ottenere copia del provvedimento sanzionatorio, derivante dall'esigenza di tutelare in altra sede un suo diritto soggettivo. In tal caso il Consiglio dell'Ordine può valutare l'opportunità di autorizzare il rilascio della copia della sua decisione, motivando in ordine alla sussistenza di uno specifico, dimostrato, diretto e personale interesse di chi ne fa richiesta, tale da essere considerato prevalente – per ragioni di giustizia – sul diritto alla riservatezza dell'iscritto.

14.5. Astensione e ricusazione dei componenti il Consiglio

Il procedimento disciplinare innanzi al Consiglio dell'Ordine, pur avendo molti profili che lo assimilano ad un ordinario processo, ha natura amministrativa.

La legge professionale prevede che i componenti del Consiglio dell'Ordine possono essere ricusati per i medesimi motivi, in quanto applicabili, che indica l'articolo 51 del codice di procedura civile e devono astenersi quando vi sia un motivo di ricusazione da essi conosciuto, anche se non proposto dalle parti.

L'astensione e la ricusazione, quindi, sono istituti espressamente previsti anche per i procedimenti disciplinari, che sono applicabili allorquando un componente del Consiglio dell'Ordine ha un interesse nella vicenda di cui si controverte od in altra relativa ad identica questione; egli o il coniuge è parente fino al quarto grado legato da vincoli di affiliazione o è convivente o commensale abituale dell'incolpato o di un difensore; egli o il coniuge ha causa pendente o ragioni di grande inimicizia o rapporti di credito o di debito con l'inquisito o un difensore; ha dato consiglio all'incolpato o lo ha assistito nel procedimento o vi ha deposto come teste; infine, ha gravi ragioni che lo inducono ad astenersi.

L'astensione e la ricusazione sono istituti espressamente previsti anche per i procedimenti disciplinari

La fattispecie di una presunta parzialità del giudice per motivi che attengono esclusivamente allo svolgimento dell'attività giornalistica non costituisce, comunque, presupposto per la ricusazione.

La ricusazione può essere proposta nei confronti dei singoli consiglieri e non del Consiglio dell'Ordine, quale organo innanzi al quale pende il procedimento.

L'articolo 52 del codice di procedura civile – richiamato dal citato articolo 50 – disciplina il termine per formulare l'istanza di ricusazione a seconda se il nome dei giudici sia già noto o meno; nel primo caso, essa va proposta due giorni prima dell'udienza e, nel secondo caso, anteriormente all'inizio della trattazione o discussione.

Nel procedimento disciplinare, il nome dei consiglieri è sempre noto e, pertanto, deve ritenersi che l'istanza di ricusazione può essere proposta fino al giorno precedente a quello fissato per il giudizio e deve essere presentata negli uffici di segreteria del Consiglio.

Il dettato normativo fa riferimento al "giudizio" e non alle udienze, nelle quali questo può eventualmente essere articolato, onde deve ritenersi che l'incolpato decade dalla facoltà di ricusare i componenti del Consiglio qualora non proponga l'istanza entro il giorno precedente a quello fissato per l'inizio del procedimento disciplinare, anche se questo poi si protragga in due o più udienze.

In analogia al principio indicato in materia di astensione, qualora il motivo di ricusazione sorga nelle more di procedimento, deve ritenersi che la relativa istanza sia ammissibile, sempre però che sia proposta immediatamente dopo l'avvenuta cognizione del fatto sopravvenuto.

Il ricorso deve contenere, sotto pena di inammissibilità, i motivi sui quali la ricusazione si fonda.

I motivi di ricusazione devono essere valutati dallo stesso Consiglio innanzi al quale pende il procedimento, sempre che i componenti non ricusati siano in numero prescritto per decidere.

Nell'ipotesi che la ricusazione o le astensioni investano la maggioranza dei consiglieri, la competenza a giudicare è attribuita al Consiglio dell'Ordine designato dal Consiglio nazionale al quale sono trasmessi gli atti. Il Consiglio competente, se autorizza l'astensione o riconosce legittima la ricusazione, si sostituisce al Consiglio dell'Ordine cui appartengono i componenti che hanno chiesto di astenersi o che sono stati ricusati; altrimenti, restituisce gli atti per la prosecuzione del procedimento.

La proposizione dell'istanza di ricusazione non determina la sospensione automatica del giudizio, giacché il Consiglio dell'Ordine, la cui maggioranza di componenti sia stata ricusata, deve comunque accertare che il ricorso sia stato proposto nelle forme prescritte e tempestivamente; ma non può compiere ulteriori indagini o valutazioni che sono tutte rimesse al Consiglio dell'Ordine designato dal Consiglio nazionale.

Prima di decidere il Consiglio dell'Ordine deve comunicare l'atto di ricusazione alle parti interessate al procedimento ed invitare i componenti ricusati a fornire senza ritardo le proprie deduzioni sui motivi addotti dall'istante.

I motivi di ricusazione devono essere valutati dallo stesso Consiglio innanzi al quale pende il procedimento, sempre che i componenti non ricusati siano in numero prescritto per decidere

Il collegio può procedere, altresì, ad indagini in ordine all'accertamento dei fatti sui quali si fonda la ricusazione.

In ordine all'astensione, va sottolineato che questa, qualora ne ricorrano i presupposti, deve aver luogo sin dall'inizio del procedimento, ma il relativo obbligo sorge se il componente del Consiglio conosce tempestivamente l'esistenza del motivo da cui esso scaturisce.

Nell'ipotesi in cui la causa di astensione sia conosciuta dopo l'inizio del procedimento, il consigliere deve manifestare la sua volontà di astenersi appena sia processualmente possibile e, quindi, anche se il giudizio sia già iniziato.

La mancata astensione di un componente del Consiglio non determina, comunque, la nullità del procedimento allorquando le parti interessate non abbiano ritenuto di proporre istanza di ricusazione.

Peraltro, il componente del Consiglio che si sia astenuto non può essere presente al dibattimento, né – a maggior ragione – alla deliberazione, giacché potrebbe influenzare l'esito del procedimento.

La ricusazione e l'astensione non hanno effetto sugli atti del procedimento compiuti anteriormente.

Anche se la legge in proposito tace, le decisioni assunte dal Consiglio dell'Ordine in materia di ricusazione o di astensione possono essere impugnate innanzi al Consiglio nazionale, ma il gravame non sospende il corso del procedimento disciplinare.

È opportuno, infine, sottolineare che, in mancanza di un esplicito richiamo nell'ordinamento professionale, non può trovare applicazione nel procedimento disciplinare l'istituto della rimessione del giudizio ad altro collegio per *legitima suspicione* prevista dal codice di procedura penale.

Ai sensi dell'art. 51 c.p.c. (cui l'art. 50 della l. n. 69/1963 fa esplicito rinvio) i motivi di astensione, peraltro tassativi, si fondano su situazioni personali del giudice; la dichiarazione di astensione, dunque, anche per le sue conseguenze, rientra nell'esclusiva disponibilità del giudice medesimo e, pertanto, deve essere esplicitamente da questi (e solo da questi) pronunciata. Da qui l'irritualità (e, quindi, l'illegittimità) di una dichiarazione effettuata collegialmente in nome e per conto di tutti i componenti lo stesso Collegio (ciò, tra l'altro, potrebbe comportare un condizionamento, anche inconscio, di uno o più componenti del Collegio medesimo, e quanto meno potrebbe dare adito ad una tale ipotesi); ove tutti i componenti di un Collegio giudicante dovessero ritenersi incompatibili a decidere uno specifico caso, devono pronunciare distinte ed autonome dichiarazioni in tal senso.

14.6. Le sanzioni disciplinari

Le violazioni deontologiche sono perseguite con l'irrogazione di una sanzione; a differenza di quanto avviene per i reati, la legge professionale non determina preventivamente il tipo di pena applicabile per ciascuna infrazione, ma si limita a precisare che questa va irrogata secondo la gravità o meno del fatto.

La legge professionale non determina preventivamente il tipo di pena applicabile per ciascuna infrazione, ma si limita a precisare che questa va irrogata secondo la gravità o meno del fatto

L'art. 48, primo comma, della legge 3 febbraio 1963 n. 69 non contiene, infatti, una tipizzazione degli illeciti disciplinari, individuando singole o specifiche fattispecie, ma prevede genericamente i «fatti non conformi al decoro e alla dignità professionale» o «che compromettano la propria reputazione o la dignità dell'Ordine».

Un riferimento implicito, ma allo stesso tempo immediato nella logica dell'intero sistema, è l'art. 2 legge professionale 69/1963, che nel richiamare i doveri del giornalista nell'esercizio della professione individua i parametri della deontologia professionale; tuttavia, appare sotto altro profilo evidente l'estensione della discrezionalità – nei limiti determinati dalla legge e garantiti dalla impugnabilità dei provvedimenti disciplinari dinnanzi all'autorità giudiziaria ordinaria – della giurisdizione professionale nella individuazione delle fattispecie concrete e nella graduazione delle sanzioni da infliggere, valutati il nesso di causalità e la condotta complessiva dell'iscritto.

I fatti non conformi alla dignità e al decoro professionale riguardano, da un lato, il corretto esercizio dell'attività professionale giornalistica e dall'altro, anche la condotta dell'iscritto nella sua vita di relazione, cioè tutti quei fatti che ne possono ledere l'immagine anche se posta in relazione ad attività estranee all'esercizio professionale.

Un inciso in proposito va fatto sul problema dei rapporti dei giornalisti con l'Ordine e con i colleghi.

Le occasioni d'incontro di un iscritto nell'albo con i propri colleghi sono molteplici ma, se divenissero sistematicamente motivi di conflitto sul piano dei rapporti personali, l'attività giornalistica si svolgerebbe in un clima insopportabile in contrasto con i comuni e fondamentali valori etici che la uniscono.

I rapporti con i colleghi, dunque, sia nell'ambito professionale sia al di fuori di esso, devono essere ispirati alla solidarietà ed allo spirito di colleganza e collaborazione.

Espressioni di questo principio della solidarietà sono, tra gli altri, il dovere di partecipare alla vita dell'Ordine, alle assemblee ed alle riunioni indette per dibattere argomenti d'interesse comune; il rispetto del prestigio del Consiglio e l'osservanza delle disposizioni impartite dai competenti organi dell'Ordine per l'attuazione dei suoi fini, il puntuale adempimento degli obblighi contributivi nei confronti di quest'ultimo.

La correttezza dei rapporti tra iscritto e il Consiglio è importante per una ordinata convivenza dei componenti la comunità professionale.

Questi, quindi, devono sollecitamente adempiere ai deliberati degli organi rappresentativi della categoria e riconoscerne la rilevante funzione.

Alla luce di questi princìpi, pertanto, è utile ricordare, a titolo esemplificativo, che qualora il Consiglio dell'Ordine inviti un iscritto a fornire chiarimenti circa determinati fatti, il rifiuto a rispondere configura violazione disciplinare, perché integra un comportamento non giustificato da esigenze di difesa ed è contrario ai princìpi di solidarietà e collaborazione, che impongono all'iscritto il rispetto di disposizioni impartite dai competenti organi dell'Ordine nell'attuazione dei suoi fini istituzionali.

La correttezza dei rapporti tra iscritto e il Consiglio è importante per una ordinata convivenza dei componenti la comunità professionale

Non può essere censurato invece il comportamento dell'iscritto incolpato che si astenga dal difendersi nella fase istruttoria, se tale condotta non risulti contrassegnata da manifestazioni di disprezzo nei confronti del Consiglio dell'Ordine.

Sul piano invece del corretto esercizio del giornalismo, ovviamente il riferimento principale sono i doveri sanciti dall'art. 2 della legge professionale. A tale proposito è stato acutamente osservato che l'unica chiave interpretativa dell'ordinamento professionale dei giornalisti (e cioè l'unico elemento testuale che, coordinato con tutti i restanti princìpi di "azione" e le regole di "struttura", consente di individuare l'esatta sfera di incidenza della normativa sull'operato del giornalista) è proprio l'art. 2 della legge. Si ha ragione di ritenere – è stato osservato – che la legge abbia voluto lasciare integro il contenuto dell'attività giornalistica, imponendo – in aggiunta ai preesistenti e concorrenti limiti propri delle libertà implicate, ivi compresi quelli imposti da norme a tutela della personalità altrui – limiti "deontologici", i quali, per loro natura, incidono esclusivamente sulla forma dell'attività giornalistica e cioè sulla professionalità.

Tornando alle sanzioni disciplinari, appare evidente come nella materia non possono essere prefissate le sanzioni corrispondenti a ciascuna trasgressione.

L'indeterminabilità in via preventiva dei fatti rilevanti sotto il profilo disciplinare non consente di graduare in astratto le gravità delle ipotesi perseguibili e le sanzioni corrispondenti.

La potestà disciplinare non è però senza limiti; vale, infatti, per i soggetti sottoposti a procedimento, la titolarità del diritto a non subire sanzioni che non siano previste dall'ordinamento ed al di là dei casi previsti.

Quindi, il potere disciplinare, è contenuto in un ambito ben preciso sia nell'individuazione dei precetti deontologici sia nelle relative sanzioni.

Come già detto, alcuni di questi principi deontologici sono codificati dall'ordinamento professionale che, all'art. 2, sancisce che l'informazione e la critica devono rispettare la verità sostanziale dei fatti, i doveri di lealtà e di buona fede, le norme di legge a tutela della personalità altrui.

Altri principi o regole, legati alle caratteristiche specifiche della professione, all'attività svolta nell'interesse della collettività e dei diritti fondamentali dei destinatari dell'informazione e alla evoluzione storica del costume, si producono per lo più spontaneamente nell'ambito della categoria e si consolidano nella coscienza sociale della stessa in un dato momento storico. Ne discende che tali precetti sono obiettivamente rilevabili, così come lo è l'accertamento del concreto verificarsi delle fattispecie previste da tali regole.

Il potere di irrogare – tra le sanzioni espressamente previste – quella ritenuta più adeguata alla violazione commessa è connesso alla valutazione non solo della gravità del fatto in sé ma anche alla condotta dell'iscritto nel suo complesso.

Il potere di irrogare la sanzione ritenuta più adeguata alla violazione commessa è connesso alla valutazione non solo della gravità del fatto in sé ma anche alla condotta dell'iscritto nel suo complesso

Questa valutazione complessiva della condotta risponde a criteri di logica e sistematici.

Se il professionista, in un medesimo periodo di tempo, infatti, dà vita ad episodi diversi o reiterati, in contrasto con distinti precetti deontologici, commette pur sempre un'unica infrazione disciplinare, giacché l'apparente molteplicità degli eventi comunque è unificata dall'effetto di aver leso la dignità ed il decoro professionale. Sotto questo profilo la giurisprudenza è consolidata nell'affermare che il procedimento disciplinare deve comportare un giudizio complessivo sulla condotta dell'incolpato.

L'atteggiamento posto in essere dall'iscritto in altre parole – pure se articolato in distinti episodi – è unico ai fini della valutazione deontologica e, di conseguenza, in caso di accertamento positivo, deve essere assoggettato ad un'unica pena.

Alla luce di tale precetto, pertanto, in materia disciplinare non possono trovare applicazione istituti propri del diritto penale, quali il concorso dei reati e la continuazione del reato, ovvero quelli relativi al cumulo, materiale o giuridico, delle varie sanzioni.

Il Consiglio dell'Ordine deve esaminare, nella sua globalità, il comportamento di un iscritto per un determinato periodo di tempo e irrogare un'unica pena disciplinare, anche se le trasgressioni deontologiche sono state molteplici e relative ad episodi del tutto distinti tra loro.

Tale principio, però non si applica quando l'iscritto, precedentemente sottoposto per alcuni addebiti ad un procedimento disciplinare ormai definito, viene incolpato per altre violazioni, successivamente individuate, commesse nello stesso periodo in cui erano state poste in essere quelle già giudicate.

In questo caso, il principio dell'unicità della sanzione non è applicabile anche se si dovrà tenere conto, nell'irrogazione della pena, di quelle precedentemente inflitte all'incolpato.

Oggetto di valutazione disciplinare è la condotta dell'incolpato nel suo complesso: per questo motivo assumono rilevanza tutte quelle circostanze che l'hanno determinata o che hanno comunque influito su essa, nonché i precedenti disciplinari dell'iscritto e l'atteggiamento da lui seguito dopo il fatto contestatogli.

Così, ad esempio, può considerarsi determinante per la irrogazione di una sanzione più lieve, rispetto a quella che poteva apparire in astratto più adeguata alla gravità del fatto contestato, il lungo esercizio della professione senza demeriti disciplinari, l'aver commesso l'infrazione in giovane età o per inesperienza, in età avanzata od in condizioni di salute malferma, oppure in una situazione abnorme e nuovissima, o nell'ambito di una grave situazione familiare o patrimoniale.

Anche la condotta serbata dall'iscritto successivamente ai fatti contestati influisce sulla determinazione della pena, per cui può essere inflitta una sanzione più lieve se l'incolpato abbia tenuto, dopo la contestazione degli addebiti, un corretto comportamento, concretamente dimostrando di essersi ravveduto ed operando per porre rimedio alle precedenti mancanze.

Anche la condotta serbata dall'iscritto successivamente ai fatti contestati influisce sulla determinazione della pena

Qualora, invece, i precedenti disciplinari dell'iscritto comprovino che non ha tenuto sempre una condotta corretta, ma ha già commesso altre infrazioni, il Consiglio può tenere conto di questo indice di pericolosità nell'individuare la pena.

Tutte queste circostanze non si riferiscono a gravità o meno del fatto commesso, ma contribuiscono ad una più precisa valutazione della sua condotta e, quindi, sono connesse alla presumibile probabilità che il giornalista commetta o meno in futuro altre infrazioni disciplinari. Esse influiscono positivamente o negativamente nella individuazione della sanzione da irrogare, ma senza predeterminazione legislativa, così come avviene per le circostanze attenuanti ed aggravanti in materia penale (artt. 59-70 c.p.).

In altre parole se, ad esempio, si ritiene che la sanzione irrogabile per una certa violazione consista nella sospensione dall'esercizio per un periodo di sei mesi e che, tenuto conto della giovane età dell'iscritto, debba essere ridotta, la pena base può essere diminuita anche oltre il terzo fissato dall'art. 65 c.p., fino a due mesi, ovvero – poiché esiste la sanzione della sospensione inferiore a tale periodo – può essere applicato, anche la censura, che è minore per gravità rispetto alla sospensione.

Considerate la particolare natura del procedimento disciplinare e le norme che lo regolano, non è ammesso il proscioglimento dell'incolpato per insufficienza di prove, non richiamando la legge l'art. 479 del codice di procedura penale.

L'art. 61 della legge 69/1963 specifica le pene disciplinari che possono essere inflitte agli iscritti nell'albo.

La più lieve è l'*avvertimento*, che consiste nel richiamare il colpevole sulla mancanza commessa e nell'esortarlo ad osservare i suoi doveri. Si tratta di un richiamo inflitto dal presidente del Consiglio dell'Ordine per infrazioni particolarmente modeste, compiute più per leggerezza che per un consapevole proposito, e consiste nell'invito ad agire con più oculata cautela, per evitare di commettere, in futuro, altri fatti deontologicamente scorretti.

Tale ammonimento non viene dato in forma orale e di esso viene redatto un verbale sottoscritto dal presidente e dal segretario.

Si tratta, quindi, di un'iniziativa personale del presidente, che non costituisce una sanzione e, pertanto, non è impugnabile innanzi al Consiglio nazionale. Il giornalista però può, nei trenta giorni successivi, chiedere di essere sottoposto a procedimento disciplinare. In tal caso il richiamo si trasforma in vera e propria sanzione e quindi allo stesso si applicano i sistemi e le modalità previste dalla legge.

La censura, a differenza dell'avvertimento, consiste in un biasimo formale conseguente all'accertamento di una mancanza di grave entità. Il provvedimento è notificato all'interessato, onde assume un carattere di maggiore pubblicità ed un contenuto sanzionatorio ben più marcato rispetto alla pena minore.

Le due sanzioni ora illustrate non producono effetti ai fini dell'esercizio professionale ma solo a livello etico.

Attraverso l'avvertimento e la censura, in altre parole, il Consiglio dell'Ordine fa richiamo alla sensibilità morale dell'iscritto, biasimandone, in forma più o meno accentuata, la condotta.

Le pene disciplinari costituiscono una limitazione dell'attività lavorativa, giustificata da interessi generali e non incidono sulla libertà fisica della persona

Le altre sanzioni, invece, incidono direttamente sull'attività professionale dell'interessato, impedendone l'esercizio per un periodo limitato o definitivo.

A tal proposito è stata sostenuta la tesi che questi tipi di pena sarebbero in contrasto con i diritti al lavoro (art. 35 Cost.) ed alla libertà personale (art. 13 Cost.); ma la questione d'illegittimità costituzionale è stata ritenuta manifestamente infondata, giacché le pene disciplinari innanzi indicate costituiscono una limitazione dell'attività lavorativa, giustificata da interessi generali e non incidono sulla libertà fisica della persona.

La prima sanzione del secondo tipo è la *sospensione* dall'esercizio della professione per un tempo non inferiore a due mesi e non maggiore di un anno.

Essa non va confusa con la sospensione cautelare, di cui si parlerà.

Quando l'infrazione assume un carattere ancora più rilevante, tale da compromettere "gravemente" la dignità professionale, si applica la sanzione della *radiazione*, che comporta la perdita dello *status* di giornalista è, pertanto, della capacità di esercitare l'attività professionale.

Tale sanzione determina l'espulsione dell'iscritto all'albo, con il conseguente divieto di esercizio professionale, oltre che la perdita del diritto all'uso del titolo corrispondente.

L'individuazione della pena avviene in rapporto alla gravità della mancanza compiuta e, contemporaneamente, alle circostanze di fatto e psicologiche nelle quali l'autore ha operato ed alla condotta successivamente tenuta.

Questi dati, valutati complessivamente, consentono di determinare il grado di mancata conformità della condotta dell'iscritto «alla dignità e al decoro professionale» e, quindi, la sanzione da irrogare.

Non è, pertanto, accettabile la tesi secondo la quale le violazioni di norme morali o professionali costituiscono soltanto lievi infrazioni, mentre le violazioni di carattere penale costituiscono le ipotesi più gravi ed esigono le condanne più severe, onde le prime dovrebbero essere sanzionate con l'avvertimento e la censura e le seconde con le pene più incisive.

Può accadere infatti che alcuni eventi, anche se riprovevoli solo sotto il profilo etico, possono comportare la sanzione della radiazione, giacché dimostrano, per la loro ripetitività, un'assoluta carenza di senso morale e di coscienza delle responsabilità che comporta l'esercizio della professione.

Viceversa, da fatti penalmente rilevabili, inquadrati alla luce di specifiche circostanze, possono, a volte, derivare pene più lievi della sospensione dall'esercizio professionale o della radiazione.

Il fatto commesso, che ha un peso notevole per la determinazione della sanzione, va però valutato contestualmente alla condotta complessiva dell'incolpato, per cui un criterio distintivo di pena, basato soltanto sulla qualificazione dell'evento addebitato, non è adeguato.

L'art. 59 della legge n. 69/63 precisa che l'iscritto radiato dall'albo può esservi reiscritto purché siano trascorsi cinque anni dal provvedimento di radiazione

L'art. 59 della legge n. 69/1963 precisa che l'iscritto radiato dall'albo può esservi reiscritto purché siano trascorsi cinque anni dal provvedimento di radiazione.

Il Consiglio dell'Ordine, cui è proposta la domanda di reiscrizione, non è vincolato dalla circostanza dell'avvenuto decorso del tempo e gode di ampia discrezionalità nel provvedere in merito, onde – anche se l'azione disciplinare si prescrive in cinque anni – può attenersi a criteri più rigorosi di quello cui è ispirata la citata disposizione, esaminando, oltre al comportamento dell'interessato successivo alla radiazione, anche eventuali episodi svoltisi in data anteriore all'ultimo quinquennio. A tale riguardo va, però, precisato che i fatti già giudicati in sede disciplinare devono essere presi in considerazione unicamente per stabilire se ed in quale misura il comportamento dell'istante sia mutato e si possa, in conseguenza, fare affidamento sull'osservanza, da parte sua, di quei princìpi etici, il cui costante rispetto è considerato dalla legge professionale elemento essenziale per l'iscrizione nell'albo.

14.7. Azione disciplinare e azione penale

Il Consiglio nazionale dell'Ordine in numerose decisioni ha più volte affermato l'autonomia dell'azione disciplinare rispetto a quella penale.

In proposito è stato infatti rilevato che l'azione disciplinare – il cui fondamento va ricercato nel legame sociale del gruppo e nella rilevanza dei fini dell'istituzione e dell'autonomia di esse – è autonoma rispetto a quella penale, civile e amministrativa, stante la diversità dei presupposti e di finalità dell'una e delle altre. Riguardo alla prima, quella penale, l'autonomia dell'azione disciplinare è relativa nel senso che la precedenza spetta sempre al procedimento penale e che certe pronunce di condanna, emesse attraverso quest'ultimo, mettono in moto l'azione disciplinare e non viceversa. Ciò però non vuol dire che questa vi sia legata obbligatoriamente, in quanto può essere intentata in via autonoma come si desume dalla circostanza che la pronuncia penale non è vincolante per l'organo professionale che ha sempre piena autonomia ed indipendenza di decisioni e che può benissimo ritenere il fatto, che per il giudice penale non costituisce reato, infrazione e doveri disciplinari; così come la pendenza di un processo penale non vieta all'organo professionale di giudicare l'iscritto in sede disciplinare per fatti diversi da quelli formanti oggetto del procedimento penale (Cass. 14/12/1963, n. 3151, 14/5/1956, n. 1577, 19/9/1967, n. 2178).

Non va, infatti, confusa con la punibilità in sede penale la inconciliabilità con la dignità e il decoro della professione dei fatti e delle azioni addebitate essendo troppo noto e pacifico che la sfera della deontologia, particolarmente delle libere professioni, è ben più ampia dell'illecito penale; se, infatti, per l'immunità dalla sanzione penale è sufficiente il rispetto del *neminem laedere* (sia codesto *nemo* una persona singola o l'intero organismo sociale, oppure l'ordine pubblico, e sempre che si tratti di lesioni ritenute dalla legge meritevoli di sanzione penale), la deontologia professionale invece contempla e richiede la coerenza del *honeste vivere*, anche ove non si sia verificata alcuna lesione di diritti o interessi particolari.

Se un iscritto all'albo viene prosciolto da una imputazione penale perché il fatto non costituisce reato ciò non preclude l'esperimento del procedimento disciplinare

Tale assunto, in dottrina e in giurisprudenza, è ampiamente condiviso in quanto si ritiene che il procedimento disciplinare, diverso da quello penale per presupposti e finalità, è autonomo rispetto a quest'ultimo con la sola limitazione dell'immutabilità del fatto quando questo sia stato accertato dal giudice penale con un provvedimento irrevocabile ovvero avente autorità di cosa giudicata.

A tale principio occorre far riferimento, quindi, quando la legge professionale – art. 39 ult. comma – afferma che nel caso di condanna penale, che non importi la pena accessoria della interdizione perpetua o temporanea dai pubblici uffici, il Consiglio dell'Ordine inizia il procedimento disciplinare ricorrendone le condizioni previste.

È ovvio quindi che i fatti accertati in un processo penale definitivo assumono rilievo in un procedimento disciplinare solo sotto il profilo materiale ma che però la loro valutazione ai fini deontologici è compito riservato in via esclusiva al giudice disciplinare. Correlativamente può dirsi che se un iscritto all'albo viene prosciolto da una imputazione penale perché il fatto non costituisce reato ciò non preclude l'esperimento del procedimento disciplinare giacché il medesimo episodio, penalmente non sanzionabile, può essere in contrasto con le norme deontologiche.

Lo stesso vale anche nel caso di una sentenza penale di assoluzione per insufficienza di prove sul dolo. Anche in questo caso non si può escludere a priori la sanzionabilità in sede disciplinare per il medesimo fatto.

A titolo esemplificativo si può ritenere quindi che un iscritto all'albo, in caso di scambio reciproco di ingiurie o di una condotta offensiva in reazione ad un altrui comportamento illegittimo e provocatorio non può invocare le norme dettate dall'art. 599 del c.p. e chiedere quindi l'esclusione della punibilità per la reciprocità di comportamenti o per aver agito in stato d'ira determinato da un fatto ingiusto altrui; l'articolo citato, infatti, che non afferma peraltro la liceità delle offese, ne stabilisce la non punibilità e, quindi, l'indifferenza sotto il profilo penale in conseguenza della disposta esimente. Sul piano disciplinare, però, non ha rilievo, considerato il bene protetto, il principio della reazione giustificata. Pertanto la condotta di un iscritto – anche se provocato o comunque conseguente ad una offesa – se supera i limiti della misura e dell'equilibrio è sanzionabile in sede disciplinare a prescindere dalle circostanze esimenti.

Per quanto concerne il rapporto fra procedimento penale e quello disciplinare, va ricordato che nel codice di procedura penale del 1930 la relazione tra i due procedimenti era retta dal criterio della pregiudizialità del procedimento penale.

L'art. 3 c.p.p. del 1930, se iniziata l'azione penale, e la cognizione del reato influiva sulla decisione della controversia civile, rendeva obbligatoria la sospensione del processo fino a che fosse pronunciata nell'istruzione la sentenza di proscioglimento non più soggetta ad impugnazione o nel giudizio la sentenza irrevocabile, ovvero fosse divenuto esecutivo il decreto di condanna. La stessa disposizione si applicava, in virtù del comma III dello stesso articolo, ai giudizi davanti alle giurisdizioni amministrative ed ai giudizi disciplinari davanti alle pubbliche autorità.

Tra procedimento disciplinare e processo penale vige il principio delle autonomie delle rispettive giurisdizioni

Lo stesso articolo prevedeva poi che quando l'azione penale è già in corso, il giudice civile o amministrativo o la pubblica autorità che procede disciplinarmente, ordina la sospensione del giudizio.

Con l'abrogazione dell'art. 3 c.p.p. ora vige il principio della autonomia delle rispettive giurisdizioni: da un lato, gli accertamenti risultanti da sentenze civili o amministrative sono valutati nel processo penale alla stregua di ogni altro materiale utile sul piano probatorio; dall'altro, qualora la cognizione del reato influisca sul processo civile o amministrativo, questo non viene necessariamente sospeso.

Rimane però il fatto che la definizione del giudizio disciplinare comunque dipende dall'accertamento irrevocabile dei fatti disposto dalla sentenza penale.

La legge del 27 marzo 2001 n. 97 ha, infatti, modificato, rispetto al sistema disciplinare che tocca tutte le professioni, alcuni articoli del c.p.p. (445 e 653) in tema di effetti della sentenza di patteggiamento e di efficacia della sentenza penale nel giudizio disciplinare.

Ed invero, mentre nel sistema previgente la sentenza di patteggiamento non poteva essere considerata come sentenza di condanna agli effetti del procedimento disciplinare, ora (con la semplice inserzione di un inciso, che richiama l'art. 653 c.p.p.) può dirsi raggiunta la conclusione opposta, nel senso che anche le sentenze di patteggiamento devono essere considerate come sentenze di condanna agli effetti disciplinari.

Quanto poi all'art. 653 c.p.p., è stato modificato il primo comma (che pure si riferiva alle sole sentenze di assoluzione pronunciate in seguito a dibattimento, mentre ora si riferisce a tutte le sentenze), ma soprattutto è stato aggiunto il comma 1-bis che stabilisce che la sentenza penale irrevocabile di condanna viene ad avere efficacia di giudicato anche nel giudizio per responsabilità disciplinare davanti alle pubbliche autorità «quanto all'accertamento della sussistenza del fatto, della sua illiceità penale e all'affermazione che l'imputato lo ha commesso».

La definizione del giudizio disciplinare viene dunque a dipendere dall'accertamento irrevocabile dei fatti con la sentenza penale.

E ancorché non si possa dire che è stata reintrodotta la c.d. pregiudiziale penale (cancellata dall'ordinamento con l'abrogazione del vecchio art. 3 c.p.p.), poiché legittimamente i Consigli dell'Ordine possono procedere alla definizione dei giudizi disciplinari indipendentemente dalla conclusione del giudizio penale, è certo che, ora, anche le sentenze penali di condanna (comprese quelle di patteggiamento) fanno stato nel giudizio disciplinare quanto alla sussistenza del fatto, alla sua illiceità penale e all'affermazione che l'imputato lo ha commesso; e ciò significa che il Consiglio dell'Ordine è vincolato al giudicato penale su tali specifici punti, pur rimanendo sempre la sua autonoma valutazione sulle conseguenze dei fatti agli effetti della sanzione deontologica.

14.8. La sospensione cautelare

L'art. 39 della legge professionale stabilisce la sospensione del diritto dell'iscritto all'albo nel caso di condanna che importi l'interdizione temporanea dai pubblici uffici

L'art. 39 della legge professionale stabilisce la sospensione del diritto dell'iscritto all'albo nel caso di condanna che importi l'interdizione temporanea dai pubblici uffici durante il periodo dell'interdizione medesima. Lo stesso articolo stabilisce che gli effetti dell'iscrizione sono sospesi di diritto nel caso di emissione di ordine o mandato di cattura fino alla revoca del mandato stesso o dell'ordine.

Va rilevato, nel caso di specie, che la sospensione cautelare è una misura preventiva obbligatoria che il Consiglio dell'Ordine competente deve pronunciare al di là di ogni valutazione discrezionale e senza previo esame nel merito dell'oggetto dell'imputazione. Si tratta cioè di un provvedimento che non può essere definito una sanzione disciplinare ma di uno strumento attraverso il quale si esercita il potere-dovere del Consiglio dell'Ordine, incaricato della tenuta degli albi, di tutelare in via immediata il gruppo professionale dal disdoro e dal pericolo che possono derivare dal prosieguo dell'attività dell'iscritto venutosi a trovare in una situazione tale da far ritenere compromessa la conservazione, da parte sua, di quei requisiti che devono presiedere all'espletamento della funzione professionale.

Ne deriva che la sospensione cautelare, derivando direttamente dalla legge, non richiede l'audizione dell'interessato né, tantomeno, l'invito allo stesso di presentare proprie deduzioni; il Consiglio dell'Ordine può soltanto limitarsi, semmai, ad accertare la sussistenza o no dei provvedimenti da cui discende necessariamente l'applicazione della misura, non essendo rimessa al Consiglio altra valutazione discrezionale relativa alla gravità e alla fondatezza delle imputazioni.

Il provvedimento di sospensione cautelare può essere impugnato davanti al Consiglio Nazionale solo per vizi di legittimità (violazione di legge o eccesso di potere).

L'impugnativa, proposta con ricorso nelle forme e nei termini prescritti, non sospende l'esecuzione del provvedimento.

La concessione della libertà provvisoria, non costituendo revoca implicita del mandato o dell'ordine di cattura, comunque produce l'effetto di revocare il provvedimento di sospensione di diritto dell'iscrizione all'albo.

14.9. Pene accessorie: interdizione e sospensione dall'attività giornalistica

Le pene disciplinari non vanno confuse con quelle accessorie che derivano dalla commissione di un reato disciplinato dagli artt. 30, 31 e 35 del c.p.

Queste comportano, se irrogate, l'interdizione o la sospensione dall'esercizio della professione per una durata, nel primo caso, "non inferiore a un mese, né superiore a cinque anni" e, nel secondo, "da quindici giorni né superiore a due anni".

Entrambe queste pene accessorie privano l'iscritto nell'albo, condannato in sede penale, della "capacità di esercitare" durante l'interdizione o la sospensione, la professione ed integrano uno stato d'incapacità temporanea al compimento dell'attività professionale.

L'interdizione o la sospensione dall'esercizio della professione prevede una durata, nel primo caso, "non inferiore a un mese, né superiore a cinque anni" e, nel secondo, "da quindici giorni né superiore a due anni"

A differenza dell'interdizione, però, la sospensione non comporta la decadenza dell'abilitazione professionale.

La prima pena accessoria consegue a "ogni condanna per delitti commessi con... l'abuso" della professione; mentre la seconda "a ogni condanna per contravvenzione, che sia commessa con abuso della professione..., ovvero con violazione dei doveri ad essi inerenti, quando la pena inflitta non è inferiore a un anno d'arresto".

La pena accessoria è irrogata dall'autorità, ma è da ritenersi che la sua esecuzione sia condizionata al provvedimento – avente contenuto di mero atto di accertamento – del Consiglio dell'Ordine che ha la tenuta degli albi nei quali è iscritto il professionista condannato.

14.10. La prescrizione

La prescrizione dell'azione disciplinare è regolata dall'art. 58 della legge 69/ 1963, e il relativo termine è stabilito in cinque anni dal fatto. La pacifica interpretazione della norma individua il termine iniziale nel giorno in cui si è verificata la trasgressione deontologica.

La previsione di legge si ritiene preclusiva dell'ipotesi secondo cui il termine iniziale si collocherebbe nel momento dell'effettiva conoscenza del fatto illecito da parte dell'organo competente all'esercizio dell'azione disciplinare e della concreta esperibilità dell'azione nei confronti del professionista.

La norma di legge, poi, dispone che se la violazione deontologica costituisce anche reato per il quale sia stato promosso procedimento penale, il termine prescrizionale decorre dal giorno in cui è divenuta irrevocabile la sentenza di condanna o di proscioglimento: si ha, quindi, un caso di sospensione della prescrizione fino alla definizione del giudizio penale.

Va ricordato, comunque, che il procedimento disciplinare deve essere riassunto, pena la sua estinzione, entro il termine di sei mesi dalla definizione del giudizio penale.

La causa interruttiva principale della prescrizione quinquennale è costituita dalla delibera di apertura del procedimento disciplinare e dalla relativa comunicazione, nei modi già esaminati, al pubblico ministero e all'incolpato, con la contestazione degli addebiti: infatti, la prescrizione viene interrotta dalla data della comunicazione, costituendo quest'ultima atto idoneo a portare a conoscenza dell'interessato gli addebiti mossi e a porlo in condizione di esercitare il diritto di difesa.

Inoltre, ogni successivo atto dell'incolpato, a partire dal deposito di memorie scritte, è idoneo a interrompere il decorso del termine prescrizionale, che, in caso di pluralità di atti interruttivi, riprende a decorrere dall'ultimo di essi e non può comunque essere prolungato oltre la metà. L'effetto interruttivo, in ogni caso, si estende nei confronti di tutti coloro che abbiano concorso nel fatto che ha dato luogo al procedimento disciplinare.

Una volta riconosciuta l'intervenuta prescrizione (con statuizione "passata in giudicato", ossia non impugnata), il Consiglio dell'Ordine non può pronunciarsi nel merito.

In tema di azione disciplinare a carico dei giornalisti, il termine massimo di prescrizione, è di sette anni e sei mesi

In tema di azione disciplinare a carico dei giornalisti, il termine massimo di prescrizione, quale risulta dal combinato disposto dell'art. 58, commi primo e quarto, della legge 3 febbraio 1963, n. 69 (di sette anni e sei mesi dal fatto, durata che rappresenta il massimo prolungamento consentito, in caso di più atti interruttivi del corso del termine prescrizionale, di quello ordinario di cinque anni), deve intendersi riferito all'intero procedimento disciplinare, comprensivo di entrambe le fasi, quella amministrativa e quella giurisdizionale, nelle quali esso si articola. Ne consegue che lo spirare di detto termine nel corso dell'azione giudiziaria, determina la improseguibilità dell'azione stessa, rilevabile, anche d'ufficio, in ogni stato e grado del procedimento, e, quindi, anche in sede di legittimità, con preclusione di ogni altra questione di rito e di merito.

14.11. Le impugnative delle sanzioni disciplinari

Le decisioni del Consiglio dell'Ordine in materia disciplinare – come tutte le altre decisioni – sono soggette a impugnativa innanzi al Consiglio nazionale.

La competenza del Consiglio nazionale non si sostanzia in attribuzioni di mero controllo della legittimità del primo grado, ma attiva una funzione definita come "amministrativa contenziosa", ossia di natura decisionale sostitutiva mediante annullamento, riforma o revoca dei provvedimenti di primo grado: in ciò perpetuando la già rilevata "contaminazione" fra procedimento formalmente amministrativo e funzione sostanzialmente giurisdizionale, non essendo limitata l'attività del Consiglio nazionale a funzioni tipiche del superiore gerarchico. Pertanto, il Consiglio nazionale, essendo in tale fase giudice anche del merito, può procedere, su richiesta delle parti o d'ufficio, a tutte le indagini necessarie per la ricostruzione dei fatti, valutare prove e documenti non esaminati in primo grado e rilevare gli eventuali *errores in procedendo*.

La proposizione del ricorso non sospende comunque l'esecutorietà del provvedimento, salvo il caso in cui la sospensione sia espressamente deliberata, su istanza del ricorrente, per gravi motivi, sostanzialmente individuati nell'oggettiva potenzialità di danni gravi e irreparabili derivanti al ricorrente stesso dall'esecuzione del provvedimento impugnato.

Il ricorso in materia disciplinare segue, per la massima parte, la normativa predisposta per le impugnative generali dei provvedimenti dei Consigli dell'Ordine con il decreto del ministro di Grazia e Giustizia 2 febbraio 1973 (recante Regolamento per la trattazione dei ricorsi e degli affari di competenza del Consiglio nazionale dell'Ordine dei giornalisti, in particolare nei suoi artt. 40-48).

Soggetti legittimati all'impugnativa sono: l'esponente, ossia colui che ha segnalato la violazione al Consiglio regionale. Tale facoltà è stata introdotta con il Regolamento per la trattazione dei ricorsi approvato il 18 luglio 2003. È poi legittimato il Pg presso la Corte d'appello dove ha sede l'Ordine e, infine, l'interessato, ossia il destinatario del provvedimento di primo grado. Quest'ultimo può esercitare il gravame nel termine *perentorio* di trenta giorni dalla notifica del provvedimento disciplinare così come il pubblico ministero, che in tale veste esercita una funzione di garanzia degli interessi generali. Dalla categoria degli interessati è escluso che possa rientrare l'editore, in quanto i suoi interessi sono estranei all'etica della professione, a presidio della quale è istituito l'Ordine; tale categoria, invece, include i terzi direttamente o indirettamente coinvolti nella vicenda oggetto di procedimento disciplinare.

La proposizione del ricorso non sospende l'esecutorietà del provvedimento salvo il caso in cui la sospensione sia espressamente deliberata

La seduta di trattazione del ricorso non è pubblica, ma le parti possono chiedere di essere sentite (art. 63 d.p.r. 115/1965): l'interessato deve essere sentito dal Consiglio nazionale per fornire chiarimenti o produrre documenti. Nell'esercizio della sua funzione giudicante nel merito, oltre che sulla legittimità, il Consiglio nazionale può, infatti, procedere a ulteriori indagini, nell'ambito dei motivi di gravame.

In caso di intervento delle parti, è prevista l'assistenza di un legale iscritto nell'albo speciale dei patrocinanti dinnanzi alle giurisdizioni superiori; nel corso della seduta, il ricorrente o il suo legale possono essere interrogati soltanto dal presidente della commissione istruttoria o dal relatore.

Prima della deliberazione dei ricorsi in materia disciplinare il Consiglio nazionale è tenuto a sentire il pubblico ministero e a tener conto delle sue conclusioni, le quali devono altresì essere comunicate all'incolpato nelle stesse forme della contestazione degli addebiti.

Le decisioni adottate a scrutinio segreto (in caso di parità prevale l'opinione più favorevole all'interessato) devono essere motivate e notificate entro trenta giorni agli interessati, al Consiglio dell'Ordine che ha emesso la decisione di primo grado, nonché al Procuratore generale presso la Corte d'appello nel cui distretto ha sede tale ultimo Consiglio.

Contro le decisioni del Consiglio nazionale si può ricorrere all'autorità giudiziaria. Il ricorso giurisdizionale prevede gli ordinari mezzi di gravame, per cui avverso la sentenza del tribunale è possibile ricorrere alla Corte di appello competente per il territorio, nel termine di trenta giorni dalla notifica; e la decisione della Corte d'appello è ricorribile in Cassazione entro sessanta giorni dalla relativa notifica, ai sensi dell'art. 360 del codice di procedura penale.

I legittimati alla impugnativa sono l'interessato e il pubblico ministero. Nella fase innanzi al tribunale è esclusa una legittimazione attiva del Consiglio regionale competente, in quanto preposto alla cura degli stessi interessi del Consiglio nazionale il cui provvedimento è impugnato, ma ne è riconosciuta la natura di contraddittore necessario: pertanto, esso sarà legittimato a proporre gravame avverso la sentenza del tribunale.

La previsione di un ricorso giurisdizionale, con competenza piena di annullamento, revoca e modifica di provvedimenti qualificati come amministrativi, da parte del giudice ordinario e non amministrativo, è ricondotta sostanzialmente alla natura di diritti soggettivi, e non di interessi legittimi, delle situazioni che vengono in rilievo in linea generale nelle deliberazioni degli organi professionali, in quanto incidenti su *status*, e in particolare con riferimento all'ordinamento professionale del giornalista, il cui interesse preminente è rivestito dalla garanzia della libertà di espressione di cui all'art. 21 della Costituzione.

Il ricorso giurisdizionale prevede poi i successivi gradi in Corte d'appello e in Corte di cassazione

In ogni caso, il collegio chiamato a giudicare del ricorso presenta una singolarità nella sua composizione: infatti, sia presso il Tribunale che presso la Corte di appello, esso è integrato da un giornalista e da un pubblicista nominati in numero doppio, ogni quadriennio, all'inizio dell'anno giudiziario dal presidente della Corte di appello su designazione del Consiglio nazionale dell'Ordine.

Tale collegio integrato, per orientamento concorde in giurisprudenza, ha natura non di *giudice speciale* (che sarebbe in contrasto con il divieto stabilito in Costituzione), bensì di *sezione specializzata,* stante la sua compenetrazione agli organi giudiziari ordinari.

Il Centro di Documentazione Giornalistica contribuisce al rispetto dell'ambiente

Utilizza per le sue pubblicazioni carta a basso impatto ecologico, stampate con inchiostri a base vegetale.

Questo volume è stato realizzato con carta Top White
Carta senza cloro, senza acidi, a ph neutro,
totalmente riciclabile e senza legno
che ha ottenuto le certificazioni:

Finito di stampare nel mese di novembre 2009
presso Print on web srl
03036 Isola del Liri (Fr)
via Napoli, 85